HENAN JIAOYU XIANDAIHUA
2035 ZHANLUE YANJIU

河南教育现代化
2035 战略研究

河南教育现代化研究课题组

组　长　郑邦山

副组长　陈垠亭　何秀敏

河南人民出版社

·郑州·

图书在版编目（CIP）数据

河南教育现代化2035战略研究 / 河南教育现代化研究课题组编写. —郑州：河南人民出版社，2021. 1
ISBN 978-7-215-12267-3

Ⅰ. ①河… Ⅱ. ①河… Ⅲ. ①教育现代化-发展战略-研究-河南-2020-2035 Ⅳ. ①G527.61

中国版本图书馆CIP数据核字(2019)第282843号

组　长　郑邦山
副组长　陈垠亭　何秀敏
成　员　（按姓氏笔画顺序）
万　森　王星霞　王振存　孔维申　尹　猛
刘振海　刘思瑶　宋　伟　宋　振　宋　晔
吴　岚　张　琳　张银付　张炳林　张　威
李醒东　周　倩　杨　冰　杨光钦　杨志敏
罗红艳　赵学义　徐魁鸿　傅晓凯

河南人民出版社 出版发行
（地址：郑州市郑东新区祥盛街27号　邮政编码：450016　电话：65788052）
新华书店经销　　河南瑞之光印刷股份有限公司印刷
开本　787毫米×1092毫米　1/16　印张　18
字数　330千字
2021年1月第1版　　2021年1月第1次印刷

定价：49.00元

序　言

党的十九大以来,以习近平同志为核心的党中央对教育事业高度重视,相继召开一系列重要会议,出台一系列重要文件,作出一系列重要部署。特别是习近平总书记多次深入教育一线开展调研,亲自研究教育问题,并发表了一系列重要论述。2018 年 9 月 10 日,中央召开全国教育大会,习近平总书记出席会议并作重要讲话,从党和国家事业发展全局出发,以更高的历史站位、更宽广的国际视野、更深邃的战略眼光来谋划新时代的教育事业发展,对新时代教育工作进行了全面、系统、深入的阐述和部署,强调教育是国之大计、党之大计,进一步确立了教育在经济社会发展中的战略地位,明确了新时代教育事业发展的方向和原则,为加快实现教育现代化绘就了战略蓝图,提供了根本遵循。全国教育大会后,中共中央国务院印发了《中国教育现代化 2035》和《加快推进教育现代化实施方案(2018—2022 年)》,着眼实现国家教育现代化的目标,对中长期和近期重点任务进行了战略安排。中央的系列部署,拉开了新时代推进教育现代化、加快教育强国建设的新帷幕,发出了最强音,奏响了奋进曲。

在以习近平同志为核心的党中央坚强领导下,河南省委、省政府坚定实施科教兴豫、人才强省战略,坚持教育优先发展,围绕补短板、强弱项、提质量、促改革,出台了一系列政策,采取了一系列措施,全省教育事业取得长足进步,人民群众获得感明显增强。同时,我们也清醒地认识到,河南教育大而不强,发展不平衡不充分的问题尤为突出,主要表现在:科学的教育理念尚未牢固确立,基本公共服务均等化水平有待提升,教师队伍建设与发展需要还不适应,教育体制机制障碍依然较多。为深入贯彻落实全国教育大会精神,切实解决好教育事业中存在的突出问题,2019 年 4 月底,河南省委、省政府召开了全省教育大会,12 月底又出台了《河南教育现代化 2035》和《加快推进河南教育现代化实施方案(2019—2022 年)》,深入分析了全省教育事业面临的新形势新任务,提出了加快推进教育现代化、建设教育强省的重大战略部署，规划了教育现代化的长远目标，明确了建设教育强省的重点任务，形成了既管当前又管长远、既管宏观又管微观的政策体系，为全省教育事业未来发展指明了方向。

为了开好全省教育大会，编制好两个文件，在河南省委、省政府的正确领导下，教育主管部门提前谋划，周密安排，做了大量扎实有效的工作。一是组织重大课题研究。早在2017年年底，由河南省教育厅牵头组织申报的"河南省教育事业2035年发展目标及推进策略研究"课题，被河南省教育科学规划领导小组核准为省规划重点立项课题，课题组对"河南教育现代化2035战略"进行了前瞻性研究，为后续编写两个文件奠定了理论基础。二是开展重大专题调研。针对当前教育改革发展中的重大问题，组织11个重大战略专题组，通过抽样调查、专家咨询、召开座谈会、问卷调查、实地考察、文献研究、国际比较等多种方式，进行了全面深入的研究，提出了解决问题的思路、办法和重大政策建议，形成了高质量的调研报告。三是广泛汲取各界智慧。通过报刊、网络等开展教育工作大讨论，求计问策，倾听民声，凝聚共识。部署各省辖市政府及其教育行政部门，结合本地区发展情况，分析当前教育发展中存在的问题，提出区域发展对教育的需求。邀请各民主党派为教育事业改革和发展提出政策建议。动员全省教育系统的学会组织、专业协会、教育科研机构及各级各类学校开展调研。通过各种方式及时了解把握国际教育发展状况和政策趋势，积极借鉴、吸收国际和发达省份教育发展的先进经验。四是集中精干编制文件。抽调专人组建《河南教育现代化2035》《加快推进河南教育现代化实施方案（2019—2022年）》两个文件的起草组，前后历时一年多，多次集中研讨，多方征求意见，多轮修改完善，最终高质量地完成了两个文件的编写工作。

河南省教育大会的胜利召开，开启了河南加快推进教育现代化、建设教育强省的新征程。学习好、贯彻好、落实好全省教育大会精神，我们必须准确把握重大原则和关键方面，着力抓牢抓实以下几项工作。

一是要全面加强党对教育事业的领导。党的领导是办好教育事业的根本保证。要着力加强和改进教育系统党的建设，把全面从严治党贯彻落实到教育事业各方面，推动各级党组织建立完善党建工作责任制，进一步增强"四个意识"，坚定"四个自信"，做到"两个维护"，保证教育战线始终成为培养社会主义事业建设者和接班人的坚强阵地。

二是要全面实施教育优先发展战略。教育具有基础性、先导性、全局性地位和作用，中原更加出彩对教育的需要、对科学知识和优秀人才的需要比以往任何时候都更为迫切。要健全优先发展教育事业的体制机制，在组织领导、资源保障上把教育事业摆在优先发展地位，不断使教育同经济社会发展要求相适应、同人民群众期待相契合，努力建设教育强省。

三是要切实落实立德树人根本任务。立德树人是坚持中国特色社会主义办学方向的必然要求。要全面贯彻党的教育方针，坚持正确办学方向，切实在六个方面下功夫，把立德树人融入思想道德教育、文化知识教育、社会实践教育各环节，贯彻到教育实践各领域，促进学生思想道德素质、科学文化素质和身心健康素质协调发展。

四是要建好新时代教师队伍。教师是立教之本、兴教之源。要按照“四有”好老师的标准，把师德师风作为评价教师队伍素质的第一标准，全面加强教师队伍建设，特别是乡村教师队伍和校长队伍建设，努力建设一支高素质的教师队伍，培养一批治校专家。

五是要着力深化教育综合改革创新。改革是教育事业发展的根本动力，创新是教育事业发展的永恒主题。要坚持以提高质量为核心，进一步深化教育体制改革和教学改革，进一步扩大对外开放，创新教育发展道路，合理布局，优化结构，充分释放教育事业发展的生机和活力。深化教育领域“放管服”改革，为学校潜心办学、教师安心从教创造良好环境。

六是要大力推进教育公平。教育公平是社会公平的重要基础。要更加突出教育的公益属性，加大资源投入和配置力度，落实好促进教育公平的重大政策和重大工程，大力支持农村地区、贫困地区教育发展，保障人民群众接受良好教育的机会，办好人民满意的教育。

在“十四五”即将开局之年，“河南教育现代化2035”课题组紧密扣合全省教育大会精神，根植河南教育工作实际，站在河南经济和社会发展的战略高度，历时3年，经过深入调研、充分论证、潜心研究，完成了重大课题《河南省教育事业2035年发展目标及推进策略研究》，编写了《河南教育现代化2035战略研究》一书，现已由河南人民出版社正式出版。本书研究成果思路清晰，资料翔实，见解独到，亮点纷呈。作为理论与应用并重的研究成果，本书提出的创新性思路和对策，对深入解读《河南教育现代化2035》《加快推进河南教育现代化实施方案

(2019—2022 年)》等顶层设计文件的内涵，更好地领会和把握新时代河南教育事业发展的战略布局和推进策略，深入理解推进河南教育现代化和建设教育强省的重大目标任务等大有裨益。

伟大的时代呼唤伟大的精神，崇高的事业需要崇高的追求。我们要紧密团结在以习近平同志为核心的党中央周围，坚持以习近平新时代中国特色社会主义思想为指导，勇于担当、主动作为，齐心协力、真抓实干，为加快推进教育现代化步伐，尽快建成教育强省而不懈奋斗。

河南省教育厅党组书记　厅长 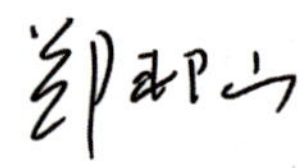

目　录

上编　研究报告篇

绪论 …… 3
理论基础 …… 13
河南省教育事业发展状况 …… 22
战略目标及定位 …… 27
战略任务与推进策略 …… 36
保障机制 …… 88

中编　专题调研篇

推进高校立德树人教育调研报告 …… 103
基础教育发展战略调研报告 …… 110
职业教育发展战略调研报告 …… 128
高等教育发展战略调研报告 …… 135
终身教育发展战略调研报告 …… 149
义务教育公平与协调发展调研报告 …… 157
教育改革与制度创新调研报告 …… 166
中小学教师队伍建设改革情况调研报告 …… 174
义务教育生均公用经费标准体系保障状况调研报告 …… 179
教育信息化工作进展情况调研报告 …… 197
教育系统党的建设调研报告 …… 203

下编 政策文件篇

中共河南省委河南省人民政府关于印发《河南教育现代化 2035》《加快推进河南教育现代化实施方案(2019—2022 年)》的通知(豫发[2019]29 号) …… 215

上编　研究报告篇

（河南省教育事业2035年发展目标及推进策略研究）

绪　论

一、研究背景

（一）国际社会高度重视教育中长期规划

自2000年《达喀尔行动纲领》的六项全民教育目标和联合国千年发展目标提出以来，全球教育已经取得了显著进步。然而，2015年4月联合国教科文组织发布的最新报告《全民教育全球监测报告》显示，全球只有三分之一国家实现了2000—2015全民教育计划全部目标，只有一半国家实现了2000—2015全民教育计划主要目的——普及初等教育。这些教育目标在最后期限——2015年年底前不能实现，需要继续采取行动。同时，世界也需要应对当前和未来的新的教育挑战。教育2030是在联合国教科文组织及其他合作伙伴的协调下，经过成员国的广泛磋商，在全民教育指导委员会指导下通过的全球教育议程。2015年5月，由联合国教科文组织主办，联合国开发计划署、人口基金、难民署、儿童基金会、妇女署以及世界银行6家机构协办的2015年世界教育论坛在韩国仁川举行，来自130多个国家和地区的1500多名代表，包括政府部长、国际组织与非政府组织的领导、专家学者、私营企业代表在内的全球教育团体参加了大会。论坛充分讨论了为实施教育2030提供指导的“教育2030行动框架”，并通过了《仁川宣言》。《仁川宣言》确立了教育团体对实现教育2030和2030年可持续发展议程的承诺，承认教育是发展的主要驱动力，对教育2030行动框架的核心要素达成了一致。2015年9月，在联合国成立70周年之际，全球193个国家在联合国可持续发展峰会上通过了《变革我们的世界：联合国〈2030年可持续发展议程〉》（*Transforming our World*：*The* 2030 *Agenda for Sustainable Development*），提出17

个主要可持续发展目标(SDGs),为未来全球发展事业奠定了基础。[①] 在该文件中,国际社会提出了一个更加进取、关乎世界未来15年教育发展的新的教育发展目标——"确保全纳、公平的优质教育,使人人可以获得终身学习的机会",成为2030年可持续发展议程17个发展目标的一部分(目标4)。2015年11月4日,联合国教科文组织在巴黎总部召开第38次联合国教科文组织大会期间,发布了《教育2030仁川宣言和行动框架:确保包容、公平的优质教育,促进全民获得终身学习的机会》(*Education 2030:Incheon Declaration and Framework for Action:Ensure Inclusive and Equitable Quality Education and Promote Lifelong Learning Opportunities for All*)[②],正式确立了"教育2030"的概念框架,并为实现"教育2030"的愿景做出了具体规划。该文件指出:"《2030可持续发展议程》认识到教育的重要作用,强调教育是一项独立的可持续发展目标,并包括若干其他可持续发展目标下的教育目标,特别是关于健康、经济增长和就业、可持续消费和生产以及气候变化等方面的目标。实际上,教育可以加速实现所有可持续发展目标,因此,教育应该成为实现每个可持续发展目标战略的一部分。"[③]在这之后,"教育2030"概念在国际上得到广泛传播,国际组织和其他国家关于"2030年的教育"的相关研究成果和行动探索也逐渐增多。

教育2030行动框架概述了如何在国家、地区和全球层面上将仁川会议制定的承诺转化为实践,动员所有国家和合作伙伴响应教育的可持续发展目标,提出了实施协调、筹措资金及监测教育2030的方法,以确保全纳、公平的优质教育、使人人可以获得终身学习的机会。同时,该行动框架还提出了指示性策略,指导各国根据不同的实际、能力、发展水平、政策及优先发展的考虑,制定符合本土情况的计划和战略。[④] 该议程自提出以来得到国际社会的积极响应,在全球形成了积极落实联合国《2030年可持续发展议程》的强劲势头,不同的国家和地区对"教育2030"具体的规划与建设有不同的切入点。滑铁卢全球科学倡议(Waterloo Global Science Initiative,WGSI)于2013年9月29日至10月3日召开了"学习2030峰会",并于2014年4月发布了《Equinox蓝图:学习2030》(*Equinox Blueprint Learning* 2030),提出了未来学习的变革方

---

① 汪万发,蓝艳,蒙天宇.OECD国家落实联合国2030年可持续发展议程进展分析及启示[J].环境保护,2019,47(14):68-73.

② 杨尊伟.面向2030可持续发展教育目标与中国行动策略[J].全球教育展望,2019,48(06):12-23.

③ Education 2030:Incheon Declaration and Framework for Action for the implementation of Sustainable Development Goal 4. https://unesdoc.unesco.org/ark:/48223/pf0000245656/PDF/245656eng.pdf.multi.

④ 徐莉,王默,程换弟.全球教育向终身学习迈进的新里程——"教育2030行动框架"目标译解[J].开放教育研究,2015(06):16-25.

向。① 2010 年，美国著名智库胡佛研究所面向 2030 年的社会现实，讨论了美国的教育问题并出版了《美国教育 2030》（American Education in 2030），对课程 2030 进行了初步探讨。② 同年，美国非营利机构教学质量中心总裁巴涅特·贝里与“2030 教师解决方案”小组共同研制了《教师 2030》、《教学 2030》和《2030 旅程：未来教与学的愿景》报告，旨在回答一个紧迫问题：如何变革教学以满足从现在到2030 年美国公立学校学生的需求？③ 2011 年，欧盟联合研究中心发布面向 2030 年报告《学习的未来：为变革做准备》，该报告以“众筹”的方式收集了大量专家、教师和政策制定者的意见，对未来10—20 年的教育与学习变革进行预测，描绘未来学习的蓝图。④ 2018 年 11 月，日本中央教育审议会发布了《2040 年高等教育总体规划报告》。⑤ 该报告明确了以下几个问题：2018 年出生的儿童于 2040 年大学毕业时，日本社会需要怎样的人才？高等教育机构应该是怎样的？日本需要怎样的教育？这些面向 2030 年的发展战略为未来的教育做了前瞻性的预测，将会为中国的发展提供宝贵借鉴。

（二）我国对“教育 2035”的研究

从 1992 年联合国环境与发展大会发表《21 世纪议程》提出可持续发展教育理念以来，中国政府及时响应并制定了相应的文件，积极开展可持续发展教育的实践。1994 年国务院通过的《中国 21 世纪议程》，提出了我国可持续发展的战略目标、战略重点和重大行动，其中第六章的内容涉及教育与可持续发展能力建设，强调教育在可持续发展中的作用。可持续发展教育目标的核心是促进人的可持续发展，2010 年 7 月教育部颁布的《国家中长期教育改革和发展规划纲要（2010—2020）》强调“要坚持学生的全面发展必须重视可持续发展教育”。

2015 年联合国通过了《2030 年可持续发展议程》《教育 2030 行动框架》《反思教育：向“全球共同核心利益”的理念转变》等一系列文件，清晰地向我们展现了 2030 全球教育的未来蓝图。在此背景下，我国集中了多个团队，根据我国国情和发展需要，开始研究、制定 2030 年教育发展规划，形成了 2030 年教育现代化发展框架性文

① Learning 2030 | WGSI. org. http://www. wgsi. org/learning - 2030.

② FinnJr. C. E. American Educationin 2030[M]. California:2010 Board of Trustees of the Leland Stanford Junior University,2010:7.

③ 邓莉，彭正梅．全球学习战略 2030 与中国教育的回应[J]．开放教育研究，2017，23(03)：18 - 28.

④ 邓莉，彭正梅．迈向 2030 年的课程变革：以美国和芬兰为例[J]．湖南师范大学教育科学学报，2018，17(01)：99 - 108.

⑤ 陈晓婷．日本发布《2040 年高等教育总体规划报告》[J]．世界教育信息，2019，32(04)：74 - 75.

件，致力于迈向教育的新征程。2016年4月，为落实《2030可持续发展议程》，我国政府发布了《落实2030年可持续发展议程的中方立场文件》，认为各国应当根据自身国情，“共同但有区别地”为全球教育2030计划做出贡献。① 同年9月，又出台了《中国落实2030可持续发展议程国别方案》，就推进和落实可持续发展目标做出了重要承诺。② 2017年，李克强总理在政府工作报告中亦强调，我们要制定实施中国教育现代化2030，以教育现代化支撑国家现代化。③

党的十八大以来，习近平总书记提出了实现中华民族伟大复兴的中国梦，成为中国现代化的新目标。两个100年的奋斗目标，是现代化进程的两个重要标志。党的十九大明确提出了三个阶段发展目标，到2020年全面建成小康社会，实现第一个百年奋斗目标；到2035年基本实现社会主义现代化；到21世纪中叶全面建成富强民主文明和谐美丽的社会主义现代化强国。

习近平总书记在十九大报告中对教育建设提出了宏观规划，到2035年“基本实现社会主义现代化”。④ 2019年2月发布的《中国教育现代化2035》文件中，系统勾画了未来一个时期我国教育现代化的发展蓝图，其中特别将2035作为教育现代化的一个节点，赋予其更大的期待与展望。⑤ 2035年的主要发展目标是：建成服务全民终身学习的现代教育体系；普及有质量的学前教育；实现优质均衡的义务教育；全面普及高中阶段教育；职业教育服务能力显著提升；高等教育竞争力明显提升；残疾儿童少年享有适合的教育；形成全社会共同参与的教育治理新格局。⑥ 以国家现代化建设的总体战略目标为依据确定这些目标，与全球2030年可持续发展议程相呼应，体现了中国特色，符合国情，体现了使教育同党和国家事业发展要求相适应、同人民群众期待相契合、同我国综合国力和国际地位相匹配的目标要求。⑦ 2030体现的是“世情”，2035体现的是“国情”，是在国家现代化和建设人类命运共同体的全局中的教育发展定位。

---

① 中华人民共和国常驻联合国代表团. 落实2030年可持续发展议程的中方立场文件[Z]. 2016-04-21.

② 杨尊伟. 面向2030可持续发展教育目标与中国行动策略[J]. 全球教育展望，2019，48(06)：12-23.

③ 周洪宇，徐莉. 联合国教科文组织教育2030框架对中国教育现代化2030的启示[J]. 河北师范大学学报(教育科学版)，2017，19(05)：5-13.

④ 习近平. 决胜全面建设成小康社会夺取新时代中国特色社会主义伟大胜利——在中国共产党十九次全国代表大会上的报告[N]. 人民日报，2017-10-28(1).

⑤ 吴遵民. 展望中国教育2035[J]. 中国教育学刊，2019(09)：5.

⑥ 中共中央、国务院印发《中国教育现代化2035》：http://www.moe.gov.cn/jyb_xwfb/s6052/moe_838/201902/t20190223_370857.html.

⑦ 绘制新时代加快推进教育现代化建设教育强国的宏伟蓝图——教育部负责人就《中国教育现代化2035》和《加快推进教育现代化实施方案(2018—2022年)》答记者问. 中国政府网 http://www.gov.cn/zhengce/2019-02/23/content_5367993.html.

与此同时，在我国经济发达的一些省份也在不断进行教育发展各种方面的规划。如2015年12月上海市发布了《上海高等教育布局结构与发展规划（2015—2030年）》[①]，论述了上海高等教育改革发展的结构现状及面临的主要挑战，并明晰了指导思想与基本原则，确立了上海高等教育的发展目标、战略举措和组织保障等；2016年3月江苏省发布了《江苏省"十三五"教育发展规划》[②]，论述了江苏省的发展基础、机遇挑战、总体要求等，并针对义务教育、职业教育、高等教育做了重点论述。因此，河南应主动向教育事业发展领先的省份和地区学习，积极改善教育发展状况。

（三）实现中国教育2035目标需要河南的谋划与支撑

河南人口占全国总人口的十分之一，是典型的教育人口大省。回顾人口第一大省的教育发展历程，恰如大象起跑，沉重而有力。作为人口大省、农业大省，教育事业长期负重前行，每一分一毫的进步都显得弥足珍贵。尤其是在改革开放40多年的发展中，河南教育事业已经实现了从教育大省向教育强省的迈进，站在了新的历史起点上，进入了新时代的发展新阶段。[③] 在此过程中，河南教育事业在学前教育、基础教育、高等教育、职业教育等方面取得了突出的成就，并积累了一些基本经验：始终坚持把教育摆在优先发展的战略地位；始终坚持政府对教育发展的主导地位；始终坚持教育改革创新；始终坚持以人为本，努力办好人民满意的教育；等等。为河南发展、中原崛起提供了有力的人才支撑和智力支持。但是，当前河南教育事业改革发展中仍然存在一些困难和问题，包括教育快速发展与经费投入不足的矛盾依然存在，存在现代化建设事业和人民群众对于良好教育的强烈需求与良好教育资源供给不足的矛盾，"三育"发展的不均衡等问题。[④]

教育发展的状况直接关乎我国教育战略发展目标的实现。2011年河南省人民政府颁布了《河南省中长期教育改革和发展规划纲要（2010—2020年）》[⑤]，明确提出了河南省近十年教育发展的总体战略、发展任务、体制改革和保障措施，指引河南从教育大省向教育强省、从人力资源大省向人力资源强省迈进。2017年制定的《河南

---

① 市教委等关于印发《上海高等教育布局结构与发展规划（2015—2030年）》的通知. http://www. shanghai. gov. cn/nw2/nw2314/nw2319/nw12344/u26aw45954. html

② 《江苏省"十三五"教育发展规划》发布. http://www. js. chinanews. com/news/2016/1105/164293. html.

③ 张侃．教育事业发展的历程与经验分析——基于改革开放40年[J]．现代商贸工业，2018，39（35）：29－32.

④ 省教育事业改革发展现状分析[M]//2008年社会形势分析与预测．社会科学文献出版社，2008.

⑤ 省中长期教育改革和发展规划纲要（2010—2020年）－中国教育新闻网 http://www. jyb. cn/info/dfjyk/201101/t20110113_410536_19. html.

省教育事业发展“十三五”规划》中明确提出了教育发展基础和总体思路，巩固提高基础教育水平、大力发展现代职业教育、全面提升高等教育、加强教师队伍建设、努力促进教育公平、深化体制改革等内容。[①] 进一步明确了全省在“十三五”时期教育改革发展的主要目标和任务。河南教育2035发展目标的制定和实施为中国教育现代化发展目标提供了有力的支撑。中国教育现代化发展目标为河南教育2035目标的制定提供了重要指导，中国教育现代化目标的实现离不开河南教育目标的实现。需要树立强烈的规划意识，以此推进河南教育事业快速、健康发展和整体提升，为“四个河南”建设提供有力的教育支撑、人才和智力支持。关于“教育2035”的探讨更多是在国际层面、国家层面展开，以省域为单位对此进行研究的并不多。河南在国家教育现代化2035的基础上要加强研究，解放思想、开阔视野、放远眼光、大胆假设、提前谋划，更好布局河南教育现代化2035。

二、研究内容

当前，中国人民正在为全面建成小康社会、实现中华民族伟大复兴的中国梦而奋斗。为了实现这一目标，中国提出了创新、协调、绿色、开放、共享的五大发展理念，加快推进现代化。教育现代化是我国教育事业发展的目标，也是实现国家现代化的重点内容。实现教育现代化，建设教育强国，是几代中国人的共同梦想。为此，在谋划“中国教育现代化2030”相关政策框架文件时，已经提出：到2030年，中国的教育不仅要让孩子们“有学上”，更要“上好学”，努力办出更加公平、更高质量的教育，努力实现教育现代化。[②] 面向2030年，实现各国共同的美好教育愿景，需要高质量的研究为教育决策提供支撑，需要科学的决策为教育发展提供行动指南，需要高效的创新破解教育难题。本书是落实国家教育现代化2035的具体行动，目标是构建教育现代化体系的省域版本，将直接服务于河南省教育现代化2035方案的制定，推动河南教育积极融入国家教育现代化进程。

本书在对河南教育2035提出的战略背景进行分析的基础上，揭示河南教育2035发展目标及推进策略研究的重要意义，通过省情分析、省际比较、政策剖析、科

---

① 省教育事业发展“十三五”规划 http://www.ruzhou.gov.cn/477.news.msgopendetail.dhtml? news_id = 73800

② 杜占元. 面向2030的教育改革与发展[J]. 教育研究，2016，37(11)：4－7.

学预测，科学设定河南教育2035的指导思想、基本理念、基本原则、战略目标等，提出建设“世界一流、中原风格、优质特色、创新开放”的教育体系，推动各级各类教育协调高水平发展，实现基本公共教育服务均等化、构建相互融通的终身教育学习体系、建设高素质教师队伍，打造内陆教育开放高地、完善教育服务支撑机制、健全教育治理体系、提升治理能力水平等战略任务，并构建了实施路径和保障机制。

本研究的具体内容如下：

在绪论部分，主要阐述了本书的研究背景、研究内容、研究思路、研究方法等，并对本研究的重难点进行了剖析解读。

第一部分介绍本研究的理论基础。比较详尽地论述了习近平新时代中国特色社会主义思想、中国特色社会主义制度优越性理论、教育现代化理论的基本内容及其与本研究的契合性，同时指明本研究应坚持的基本理念和原则。

第二部分是对河南省教育事业进入新时代以来整体发展状况的梳理。对近年河南省教育事业发展过程中取得的成就和面临的困难进行了梳理，并对近年河南省教育事业发展过程遇到的机遇和面临的挑战进行了分析解读。

第三部分着重从整体上讨论河南省教育现代化2035的发展战略目标及定位。在分析河南省教育事业发展的总体情况的基础上，分别说明学前教育、义务教育、高中阶段教育、职业教育、高等教育、特殊教育和教育综合改革等领域的相关情况，进而将河南省教育事业发展状况与中部其他省份进行比较分析，从而确定河南教育现代化2035的战略总体目标和主要发展目标。

第四部分侧重于系统论述河南教育现代化2035战略任务的确定和推进策略的学理。该部分与《河南教育现代化2035》的十大任务相对应，分别是：

高举习近平新时代中国特色社会主义思想伟大旗帜；推动以质量提升为主线的教育发展；推动各级教育高水平高质量普及；实现基本公共教育服务均等化；构建相互融通的终身学习体系；一流人才培养支撑创新发展能力；全面振兴教师教育；加快信息化时代的教育变革；构建新时代教育对外开放新格局；推进教育治理体系和治理能力现代化的内在逻辑；等等。

第五部分将重点放在保障机制的研究。为加快推进河南省教育现代化，必须加强党对教育的全面领导、积极推进依法治教、保障教育经费投入等。为推进教育现代化高质量发展，需要不断深化并完善各项保障机制。

课题研究的重点、难点如下：

研究重点：科学设定河南教育2035年发展目标，合理构建推进策略。基于对本省教育事业的分析，在多项指标上与中部省份进行纵向、横向对比分析，厘清教育发展的短板、机遇和挑战。在此基础上思考如何更科学地设定河南教育 2035 年目标，合理构建推进策略；寻找教育现代化与中国现代化、教育与经济社会发展目标之间关系，寻找关系之间的最佳平衡点是本研究的重点，也是推动河南省教育现代化 2035 发展目标的支点。

研究难点：国际比较、省际比较及河南教育发展成就、经验问题、未来预测研究。如何更好地立足省情、体现教情，服务国家、面向世界、面向未来；如何把河南教育发展放置于国际教育发展趋势、国家教育发展战略中进行审视；通过省域间教育发展指数的对比分析，正确评价自身教育发展状况和目标，实现自身发展的科学定位；结合人口、经济社会发展状况，评价河南教育现代化的基础、发展优势以及发展局限性。

三、研究思路

总体研究思路：

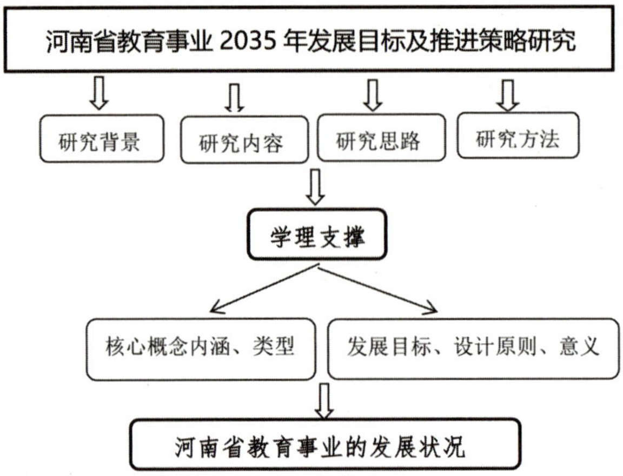

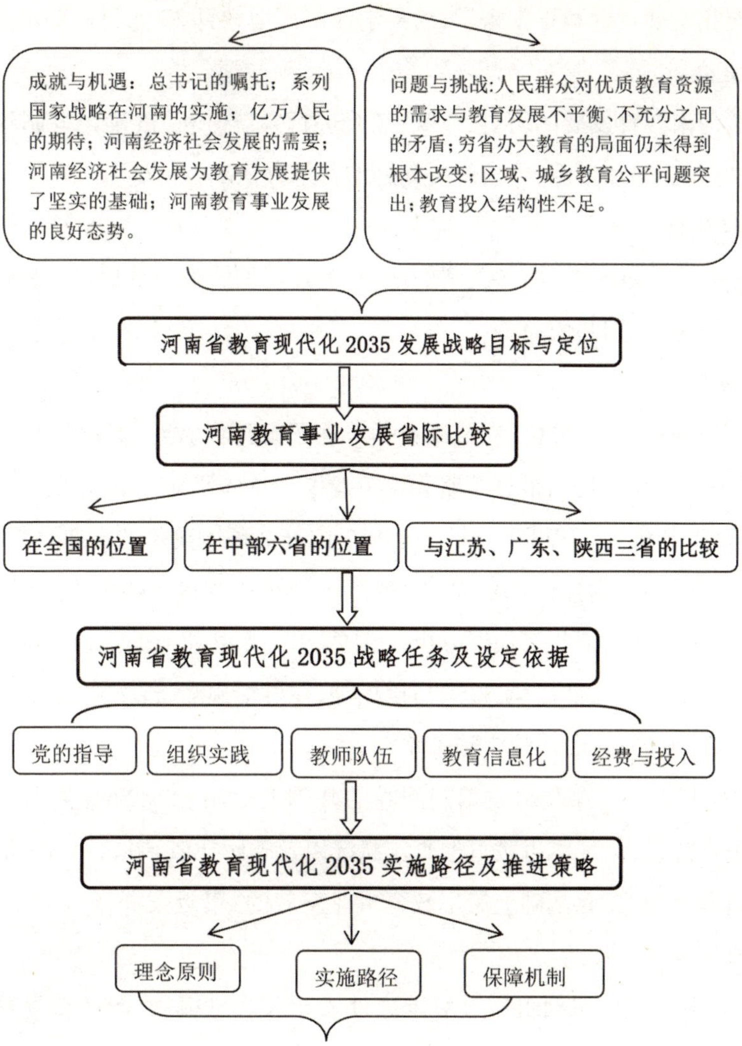

四、研究方法

根据课题研究内容，主要采取分析法展开研究。分析对象包括：

1. 政策分析

通过对国际社会、我国出台的相关政策、文件以及河南省的相关教育政策、文件的分析了解政策导向。

2. 理论分析

通过对文献的阅读、搜集了解教育现代化、教育2035的前沿理论和基本理念，把握教育现代化发展目标和根本宗旨，为科学设定河南教育2035目标奠定基础。

3. 历史分析

通过对河南教育发展的历史、成就、经验进行系统分析，准确把握制约河南教育的短板、问题的症结和根源，寻求解决问题的科学办法。

4. 比较分析

通过国际比较，中、东、西部之间的比较，可以更加清晰地认识河南教育在全国教育发展中的地位、作用和使命。

5. 现状分析

通过历史分析、比较分析、实践调查等方法了解河南教育的发展现状，在现状基础上进行SWOT分析，提出推进策略和政策建议。具体研究方法包括：

(1)SWOT分析法。SWOT分析法是基于内外部环境竞争的态势分析，将与研究对象密切相关的各种主要内部优势、劣势和外部的机会和威胁等，通过调查列举出来，把各种因素相互匹配起来加以分析，从中得出一系列相应的结论。本研究通过对河南省教育发展的内外部环境、机遇与挑战等，在科学预测、科学施策的基础上，提出河南教育2035发展目标，构建实施策略。

(2)实地调查法。课题组在编制问卷的基础上运用SPSS22.0数据分析法对搜集的数据进行分析，呈现本省教育的真实状况以及省际比较结果，用数据展现教育发展中的成就和问题，在此基础上制定教育事业发展的“最近发展区”，力争在2035年使河南教育实现质的飞跃。

(3)数据分析法。课题组通过对国内外的相关文献梳理，厘清教育发展的相关政策演变，了解中国教育现代化2035最新理论进展，并对相关政策文献进行比较分析，进而科学设定河南教育发展现代化2035发展目标和推进策略。

(4)比较分析法。河南省教育现代化的发展离不开国家政策的指导、支持，也离不开周边省份的协助。因此，在注重国际经验借鉴的同时，加强河南教育发展与东部、西部省份尤其是中部省份之间的比较，以期更清晰地认识河南教育发展的优势及不足，更加科学、精准地设定河南教育2035发展目标。

理 论 基 础

一、习近平新时代中国特色社会主义思想

中国共产党第十九次全国代表大会把习近平新时代中国特色社会主义思想确立为党必须长期坚持的指导思想并写入党章，实现了党的指导思想的与时俱进。这是一个历史性决策和历史性贡献，体现了党在政治上理论上的高度成熟、高度自信。第十三届全国人民代表大会第一次会议通过的宪法修正案，郑重地把习近平新时代中国特色社会主义思想载入宪法，实现了国家指导思想的与时俱进，反映了全国各族人民共同意志和全社会共同意愿。习近平新时代中国特色社会主义思想，坚持马克思主义立场观点方法，坚持科学社会主义基本原则，科学总结世界社会主义经验教训，提出一系列具有开创性意义的新理念新思想新战略，内容丰富，思想成熟，系统完整，总系统和子系统有机联系，体现理论逻辑、实践逻辑、历史逻辑的集成统一，以崭新的思想内容丰富和发展了马克思主义，是当代中国马克思主义、二十一世纪马克思主义，是新时代中国共产党的思想旗帜，是国家政治生活和社会生活的根本指针，也是我国社会主义新阶段的思想纲领、指路航灯。

（一）习近平关于教育的重要论述是习近平新时代中国特色社会主义思想的重要组成部分

以习近平同志为核心的党中央高度重视教育事业在坚持和发展中国特色社会主义战略全局中的地位和作用，把教育摆在优先发展战略位置，全面加强党对教育工作的领导，提出了一系列新理念新思想新观点，系统回答了教育工作的方向性、根本性、全局性、战略性问题，形成了习近平总书记关于教育的重要论述，为做好新时代教育工作提供了行动指南。习近平总书记关于教育的重要论述，是习近平新时代中国特色社会主义思想的重要组成部分，是中国特色社会主义教育理论发展的最新成果，形

成了科学系统的新时代中国特色社会主义教育理论体系,开辟了马克思主义教育理论和实践发展的新境界。

(二)“九个坚持”是中国特色社会主义教育事业的根本遵循

2018 年 9 月 10 日,习近平总书记在全国教育大会上发表重要讲话,站在新时代坚持和发展中国特色社会主义的战略高度,深刻回顾了党的十八大以来我国教育事业发展取得的显著成就,系统总结了推进我国教育改革发展的“九个坚持”。即坚持党对教育事业的全面领导,坚持把立德树人作为根本任务,坚持优先发展教育事业,坚持社会主义办学方向,坚持扎根中国大地办教育,坚持以人民为中心发展教育,坚持深化教育改革创新,坚持把服务中华民族伟大复兴作为教育的重要使命,坚持把教师队伍建设作为基础工作。

“九个坚持”是习近平总书记关于教育重要论述的精髓和核心要义,是对我国教育事业规律性认识的深化,为加快推进教育现代化、建设教育强国、办好人民满意的教育提供了根本保证。“九个坚持”反映了习近平总书记关于教育重要论述的基本理论、基本观点、基本方法,丰富发展了马克思主义教育思想,成为中国特色社会主义教育事业发展的根本遵循,为新时代教育理论建设提供了世界观和方法论。

(三)“九个坚持”是中国特色社会主义教育实践的行动指南

习近平总书记站在治国理政的高度,高瞻远瞩提出的“九个坚持”,论述了我国教育改革发展的理论问题和实践问题,具有政治性、思想性、科学性、时代性,成为中国特色社会主义教育实践的行动指南,指引着我国加快教育现代化、建设教育强国发展的前进方向,是推动新时代教育事业科学发展的强大思想武器。当今世界正在经历百年未有之大变局,经济全球化、社会信息化、文化多样化深入发展。在中国共产党的领导下,我国正举办着世界最大规模的教育,正在开启加快教育现代化、建设教育强国的新征程。要对标“九个坚持”,遵循教育客观规律,面对新形势、研究新情况、分析新问题、提出新思路、破解新矛盾,不断促进教育实践创新、教育制度创新、教育模式创新,不断开创教育工作的新局面。

二、中国特色社会主义制度优势理论

党的十九大明确提出:“中国特色社会主义进入了新时代,这是我国发展新的历史方位。”中华人民共和国成立七十年来,全国各族人民励精图治、筚路蓝缕,创造了令世界高度关注的伟大成就。无数实践证明,“中国特色社会主义制度是当代中国发展进步的根本制度保障,是具有鲜明中国特色、明显制度优势、强大自我完善能力的先进制度”,“中国特色社会主义最本质的特征是中国共产党领导,中国特色社会主义制度的最大优势是中国共产党领导”,一个国家的治理体系必须注重历史和现实的有机统一,既要满足现实要求,又不能脱离历史文化传统。中国特色社会主义伟大实践彰显和发挥了中国特色社会主义制度的优势。

(一)中国特色社会主义制度优势是人类发展史上的伟大创举

改革开放40多年以来,中国共产党的全部理论和实践的主题是坚持和发展中国特色社会主义。坚持和发展中国特色社会主义的重要内容,就是在实践中不断探索建立一套系统完备、科学规范、运行有效的制度体系,即建立中国特色社会主义制度。我国40年的发展经验充分证明,中国特色社会主义制度是有效的、先进的,是具有鲜明中国特色、明显制度优势、强大自我完善能力的先进制度。

当代中国的国家治理汲取了中国历史上国家治理的智慧,并立足社会主义制度不断创新发展。正如习近平总书记指出的,“我国今天的国家治理体系,是在我国历史传承、文化传统、经济社会发展的基础上长期发展、渐进改进、内生性演化的结果”。集中力量办大事是我们国家治理的优势,要在新时代加以继承和发展,使其成为当代中国国家治理的巨大优势。我国社会主义制度决定了广大人民群众在根本利益上的高度一致,党作为最高政治领导力量,在党和国家事业发展中始终总揽全局、协调各方。在党的集中统一领导下,全党全国各族人民围绕共同的奋斗目标,集中各个方面的力量,全国一盘棋、上下一条心,高效执行、有力推进,从而办成了一件件大事。中国特色社会主义制度能够最大程度促进我国社会生产力发展,使广大人民群众共享发展成果,是我们成就事业的重要法宝。新中国教育事业的伟大成就也充分体现了中国社会主义制度的优越性。

（二）强大的战略规划能力是中国特色社会主义制度优势的体现

规划是中国特色国家治理体系的重要政策工具，以规划引领经济社会发展是党治国理政的重要方式，是中国特色社会主义发展模式的重要体现。与其他国家相比，我国的战略规划更加全面、系统、深入。作为社会主义国家，生产资料公有制的经济基础使国家有能力根据国民经济发展要求配置社会资源。集中力量办大事的制度优势，使得中国政府具备超强整合能力、强大动员能力和高效执行能力，使我国较从容制定涵盖国家发展的短期、中期和长期发展目标。

改革开放以来，教育规划工作机制逐步健全，使全国教育规划，各省、市（地、州）、县（区）以及学校等各级规划相互衔接，构成了目标同向、层次清晰的教育规划体系。我国先后制定了一系列中长期发展规划，自1953年开始制定第一个“五年计划”开始，到目前已是“十三五规划”的收官阶段，教育事业发展规划都是其中重要的组成部分。1985年，第一次全国教育工作会议，颁布了《中共中央关于教育体制改革的决定》；1993年，制定了《中国教育改革和发展纲要》，并在次年召开第二次全国教育工作会议进行落实；1999年，第三次全国教育工作会议召开，作出《关于深化教育改革全面推进素质教育的决定》；2010年，第四次全国教育工作会议，出台了《国家中长期教育改革和发展规划纲要（2010—2020）》；党的十九大之后，我们站在新的历史起点上，编制了《中国教育现代化2035》；十九届四中全会，提出了“构建服务全民终身学习的教育体系”。河南省委省政府积极落实中央指示精神，结合本省教育事业发展态势，编制《河南教育现代化2035》。这些都是中国特色社会主义制度优势的具体体现。

教育是国之大计、党之大计。教育是全党全社会的共同事业。加快教育现代化、建设教育强国是一个长期的过程，必须要一张蓝图绘到底，持之以恒，久久为功。党中央审时度势，超前布局，对加快推进教育现代化、建设教育强国作出战略部署和总体设计，无疑将有力推动我国教育不断朝着更高质量、更有效率、更加公平、更可持续的方向前进。中国教育的现代化是具有中国特色的现代化，是符合中国国情、应对未来挑战、造福人民的现代化。通过构建教育现代化标准体系，大力推进教育理念、体系、制度、内容、方法、治理现代化，助力实现提高教育质量、促进教育公平和优化教育结构的发展目标。

三、教育现代化实践经验与理论探索

党的十九大和全国教育大会,对加快推进教育现代化作出重大部署。党的十九大报告明确指出,“必须把教育事业放在优先位置,深化教育改革,加快教育现代化,办好人民满意的教育”。习近平总书记在全国教育大会上指出,我们要抓住机遇、超前布局,以更高远的历史站位、更宽广的国际视野、更深邃的战略眼光,对加快推进教育现代化、建设教育强国作出总体部署和战略设计。教育现代化作为我国现代化进程的重要组成部分,其理论与实践是新时代建设教育强国的宝贵财富。

(一)教育现代化是中国现代化进程的重要组成部分

现代化是贯穿世界近现代史的一条主线。现代化发轫于西方,但通向现代化的道路不止一条。中国共产党秉持为中国人民谋幸福、为中华民族谋复兴的初心和使命,艰辛探索出一条适合中国国情的社会主义现代化道路,带领中国人民用几十年时间走完了发达国家几百年走过的工业化历程,拓展了发展中国家走向现代化的途径。

中华人民共和国成立之初,党就开始深入研究中国现代化建设道路和基本规律,逐步形成“四个现代化”的奋斗目标。改革开放后,国家进入全面开展社会主义现代化建设阶段。邓小平同志明确提出“四个现代化”如何更加符合中国实际、更加符合社会主义发展规律的问题,强调“我们要搞的现代化,是中国式的现代化”,提出我国现代化“三步走”发展战略。党的十八大以来,习近平总书记提出了实现中华民族伟大复兴的中国梦,成为中国现代化的新目标。两个100年的奋斗目标,是现代化进程的两个重要标志。党的十九大明确提出了三个阶段发展目标:到2020年全面建成小康社会,实现第一个百年奋斗目标;到2035年基本实现社会主义现代化;到21世纪中叶全面建成富强民主文明和谐美丽的社会主义现代化强国。

社会主义现代化,归根到底是人的现代化,教育是实现人的现代化的基本途径,需要以教育现代化推进社会主义现代化的实现。教育现代化是整个国家实现现代化的先手棋,教育现代化始终是中国教育改革发展的一贯主题和鲜明旗帜,已经成为凝聚全国各方面力量优先发展教育的理想追求和精神动力。教育现代化为经济社会现代化等提供人才保障和智力支持,对建成富强民主文明和谐美丽的社会主义现代化强国具有基础性、先导性意义。

(二)中国教育现代化实践探索与理论升华

中国特色社会主义进入新时代,教育的基础性、先导性、全局性地位和作用更加凸显。教育现代化是中国从教育大国迈向教育强国的必由之路,也是实现国家社会主义现代化的应有之义。只有加快教育现代化步伐,把我国建设成为教育强国,才能加快向创新型国家迈进。

中国教育现代化理论与实践不断丰富发展,早期邓小平同志提出“教育要面向现代化,面向世界,面向未来”,奠定了新时期教育发展的思想基础和战略方向。《中国教育改革和发展纲要》首次明确提出实现教育现代化的阶段性目标,指出“再经过几十年的努力,建立起比较成熟和完善的社会主义教育体系,实现教育的现代化”。2010年,《国家中长期教育改革和发展规划纲要(2010—2020年)》明确提出:“到2020年,基本实现教育现代化,基本形成学习型社会,进入人力资源强国行列。”《中国教育现代化2035》是我国第一个以教育现代化为主题的中长期战略规划,是新时代推进教育现代化、建设教育强国的纲领性文件,开启了教育现代化的新征程。

《中国教育现代化2035》以习近平新时代中国特色社会主义思想为指导,在党的坚强领导下,全面贯彻党的教育方针,坚持马克思主义指导地位,坚持中国特色社会主义教育发展道路,坚持社会主义办学方向,立足基本国情,遵循教育规律,坚持改革创新,以凝聚人心、完善人格、开发人力、培育人才、造福人民为工作目标,培养德智体美劳全面发展的社会主义建设者和接班人,加快推进教育现代化、建设教育强国、办好人民满意的教育。教育现代化的使命是服务中华民族伟大复兴,坚持教育为人民服务、为中国共产党治国理政服务、为巩固和发展中国特色社会主义制度服务、为改革开放和社会主义现代化建设服务。教育现代化的任务是优先发展教育,大力推进教育理念、体系、制度、内容、方法、治理现代化,着力提高教育质量,促进教育公平,优化教育结构,为决胜全面建成小康社会、实现新时代中国特色社会主义发展的奋斗目标提供有力支撑。

《中国教育现代化2035》既是探索现代化必由之路的理论设计,也是丰富完善中国教育现代化理论的实践行动,为加快实现教育现代化指明了方向,注入了新的强大动力。《河南省教育现代化2035》既是落实《中国教育现代化2035》的具体行动,也是推进省域教育现代化的理论设计和实践指南。

四、坚持的理念和原则

教育现代化是教育领域全方位的转型性变革，涉及思想观念、组织架构、结构体系、运行方式乃至制度规则等，是一个复杂的、系统的综合性工程。河南作为一个教育大省，承载着全国十分之一的教育人口，教育现代化的推进速度和质量，直接决定了全国教育现代化质量和水平。推进河南教育现代化，要准确把握教育现代化2035实施及推进的理念原则，必须做到统筹规划、明确实施路径，必须多策并举、提供充分保障。深刻理解教育现代化的基本理念和基本原则，是把好教育现代化前进方向、找准发展路径、统筹好教育事业发展全局的前提和条件。

（一）教育现代化的基本理念

理念是对教育规律的反映，是对教育内在属性的阐释，体现了对教育现代化的“认识论”。落实全国教育大会精神，结合本省教育大会的安排部署，站位河南教育现代化的任务要求，要尤其注重以下五个基本理念：

1. 注重以德为先

“德才兼备、以德为先”是我国几千年对人才评价的根本标准，是最持久和深入的“人才观”，直接影响着教育的基本观念。教育是育人的事业，根本任务是培养德智体美劳全面发展的社会主义事业建设者和接班人，一定要把德育作为一项战略工程、固本工程、铸魂工程，着力培养能够担当民族复兴大任的时代新人。

2. 注重全面发展

全面发展既是经济社会发展对人才的需要，也是人自身成长的本质需求。新时代党中央的教育战略进一步强化了美育、体育、劳动教育等方面内容，完善了教育体系和教育格局。推进教育现代化，必须以素质教育为抓手，推动人的全面发展和全面提升。

3. 注重面向人人

春秋战国时期的教育家孔子就提出了“有教无类”的教育理念，并一直作为我国教育事业的重要指针。新时代，党中央提出以人民为中心的发展理念，落实到教育事业上，就是要坚持教育面向全体人民，着力提升更为多元的教育选择，让人人都有人生出彩的机会。

4. 注重终身学习

20世纪60年代中期以来,在联合国教科文组织及其他有关国际机构的大力提倡、推广和普及下,1994年,"首届世界终身学习会议"在罗马隆重举行,终身学习在世界范围内形成共识。终身教育和终身学习提出后,各国普遍重视并积极实践。在信息化时代,知识的更新换代更为迅速,人对学习的需求更为持久,实现教育现代化,必须积极回应人对教育的需求,提供终身教育的环境和条件。

5. 注重融合发展

教育是促进人成长和发展的基本方式,教育行为不仅发生在校园,且普遍存在于社会的各个领域。要推动教育现代化,就要着力构建大教育的格局,推动更多的社会资源转化为教育资源,推动各类教育阵地和资源的有机互融。

(二)教育现代化的基本原则

原则是推进教育现代化进程的工作遵循,体现了指导教育事业发展的"方法论"。推进教育现代化,应坚持以下基本原则:

1. 坚持党的领导

新中国成立以来教育事业发展的经验告诉我们,必须始终坚持党对教育事业的领导,这是我们的优势,也是我们教育事业不断实现新发展的根本保障。实现教育现代化,必须把党的领导摆在首要位置,着力加强教育系统党的政治建设、思想建设、组织建设、作风建设和纪律建设,把制度建设贯穿其中,把思想政治工作贯穿学校教育管理全过程,保证教育领域始终成为培养德智体美劳全面发展的社会主义事业建设者和接班人的坚强阵地。

2. 坚持中国特色

中国具有独特的历史、文化、国情,决定我们只能扎根中国大地办教育,坚持走中国特色社会主义教育现代化道路。要以社会主义核心价值观为统领,强化价值和知识的"双塑造",把中国特色社会主义道路自信、理论自信、制度自信、文化自信转化为办好中国特色教育的自信。

3. 坚持优先发展

党的十八大以来,以习近平同志为核心的党中央高度重视教育事业,坚持把教育摆在优先发展战略地位,对教育工作作出一系列重大决策部署,扎实实施教育惠民举措,人民群众获得感明显增强。面对科技进步日新月异、国际竞争日趋激烈的新形势,教育的基础性、先导性、全局性地位和作用更加突显,必须优先部署教育现代化工作，努力提高全民族素质，为全面建设社会主义现代化强国夯实人力资源基础。

4. 坚持改革创新

改革是发展的动力，创新是时代的主题，着力推进教育现代化，必须大力推进教育体制改革，更加注重教育改革的系统性、整体性、协同性，及时研究解决教育改革发展的重大问题和群众关心的热点问题，以改革激活力、增动力。在理念思路、内容形式、方法手段等方面加大创新力度，增强工作的时代感和实效性。

5. 坚持依法治教

依法执教是推进教育领域治理能力和治理体系现代化的基本要求，必须不断完善法治体系，促进和保障教育综合改革，促进教育现代化进程。要加快推进教育法律法规的“立、改、废、释”，以法治方式推进和保障改革，以法治思维解决教育管理的热点难点问题，大力推行依法行政、依法办学、依法执教。

6. 坚持统筹推进

推进教育现代化是一项系统工程，必须树立“一盘棋”思想，以新发展理念统筹各级各类教育事业发展，充分调动各方面积极性，发挥各方面资源优势，深化教育领域综合改革，构建协同机制，形成齐抓共管的教育发展大格局。

河南省教育事业发展状况

河南是全国第一教育人口大省。近年，在党中央和国务院的正确领导下，河南始终坚持教育优先发展战略地位，教育投入持续扩大，体制机制改革深入推进，在扩充城镇义务教育资源、优化农村中小学布局、推进职教攻坚、高校转型发展等方面形成了一些特色和亮点，在全国产生了重要影响。但受历史条件、现实发展水平等因素制约，全省教育发展还存在一些短板。

一、成就与经验

（一）教育发展成就

改革开放以来特别是党的十八大以来，河南教育事业沿着中国特色社会主义道路，坚持党的教育方针，坚持教育优先发展，大力推进教育综合改革，持续加大教育投入，取得了历史性的成就。

1. 教育事业发展取得重大突破

基础教育实现基本均衡。其一，幼儿园办学质量不断提升，初步形成了公益普惠体系。学前三年入园率和在园幼儿数量快速增长，公益普惠性幼儿园成为学前教育发展的战略重点。其二，义务教育进入了基本均衡向优质均衡发展阶段，县域、城乡、校际之间的差距逐步缩小，义务教育质量稳步提升。其三，普通高中规模稳步扩大。其四，特殊教育保障水平不断提高。持续优化特殊教育学校的布局，扩大教育规模，完善随班就读支持保障政策体系，为每一个残疾孩子提供全纳性教育。

现代职教体系初步形成。职业教育重视程度不断加强。骨干职业院校建设成效明显。深化产教融合、校企合作，完善职业教育和培训体系，人才培养水平不断提升。近年，职业院校在全国技能大赛中屡创佳绩，竞赛成绩连续多年位居全国第一方阵，在中西部省份名列前茅。已经基本形成了适应发展需要、产教深度融合、中高职衔接、职业教育与普通教育相互沟通的良好局面。

高等教育迈向普及化。截至2019年，全省有普通高校141所，其中本科院校57所，高等教育毛入学率49.28%。高等教育布局结构更加合理。学科专业结构不断优化，启动实施高校高质量建设工程，加快推进“双一流”建设，加强师德师风建设。全省高校直接服务实体经济的应用技术类专业比例超过70%，随着高等教育投入的不断增加，高等教育内涵建设持续深入。

2. 教育改革持续深化

紧紧抓住影响教育发展的体制性障碍和深层次矛盾，不断深化教育领域综合改革，着力破解制约教育发展的体制机制障碍，为全省教育事业的发展不断注入活力。其一，管理体制改革不断推进。基础教育建立了“由地方政府负责、分级管理、以县为主”的管理体制。职业教育建立了在省政府领导下，分级管理、以省辖市为主、政府统筹、社会参与的管理体制。高等教育形成了中央、省和省辖市三级办学，省和省辖市两级管理，以省为主的管理体制。其二，办学体制改革不断深化。改革开放以来，积极引导社会力量办学，已经成为全省教育事业中的一个重要组成部分。

3. 教育公平取得新成效

完善受教育权利保障机制。健全完善家庭经济困难学生资助政策体系，确保每一个孩子不因贫失学、辍学。学前教育阶段，对经认定的普惠性幼儿园在园家庭困难儿童给予生活补助费和保教费减免。义务教育阶段，自2016年5月起，统一城乡义务教育“两免一补”政策，对城乡义务教育学生免除学杂费、免费提供教科书，对家庭经济困难寄宿生补助生活费；对建档立卡的普通高中学生免除学费、住宿费；职业教育阶段，设立了中等职业教育国家奖学金、助学金。高等教育阶段，初步形成了奖、贷、助、补、减有机结合的高校家庭经济困难学生资助政策体系。同时，更好地保障了进城农民工子女接受义务教育的权利；进一步加强了对农村留守儿童学习、生活的管理，初步建立起了学校、家庭、社会三结合的教育管理网络。加强留守儿童安全、心理等专题教育，保障好残疾儿童少年受教育权利。

4. 教育保障水平迈向新台阶

首先，各级政府不断加大对教育的投入，多渠道筹措教育经费，为教育事业的发展提供了强有力的支撑。高等学校形成了包括收费、贷款融资等多元投资体系，适时提高拨款标准，确保一般性公共预算教育总支出和人均支出逐年只增不减。其次，教师队伍建设成效显著，教师待遇不断提高，教师专业素质得到不断提升。师德师风建设取得成效。实施师德师风建设工程，将师德教育作为必修内容贯穿于教师职前培养、职后培训和管理的全过程。加快推进教师管理信息化建设,充分发挥教师管理信息系统平台的作用,做到一人一码,不断提升技术服务和教师管理水平。

5. 教育系统党的建设全面加强

党领导教育工作的体制机制不断完善,学校特别是高校意识形态工作不断加强,党管办学方向、管改革发展、管干部、管人才的要求得到有效落实。教育系统坚决做到"两个维护",各级党组织严格党内政治生活,驰而不息纠正"四风",党员干部"四个意识"明显增强,"四个自信"更加坚定,党风政风行风持续向好。推进习近平新时代中国特色社会主义思想进教材、进课堂、进头脑,学校思想政治理论课在改进中加强,广大师生思想政治素质持续提升。举办全省思想政治理论课教师教学技能大赛等活动,营造了讲好思想政治理论课的浓厚氛围。在2019年3月18日召开的全国学校思想政治理论课教师座谈会上,习近平总书记对河南高校思想政治课建设方面的做法予以肯定。

(二)教育发展的经验

经过近十年的持续努力,河南教育事业取得重大进展,教育事业对经济社会发展的促进作用不断增强。河南正处于由教育大省向教育强省跨越的重要阶段,形成了值得长期坚持的宝贵经验。

1. 坚持党对教育工作的全面领导

河南省委、省政府始终坚持加强党对教育工作的全面领导,全面贯彻党的教育方针,高度重视教育工作。通过强化组织领导、强化问题导向、强化工作统筹、强化考核问责,把落实教育工作作为"四个意识"强不强、"两个维护"坚定不坚定的"试金石",作为深化"放管服"改革的重要举措。

2. 坚持教育事业优先发展战略

超前谋划教育发展蓝图,持续为教育发展提供稳定的资源与制度保障,把发展教育事业摆在提高保障和改善民生的优先位置上。教育系统对标教育发展目标定位,紧盯问题、提高站位、立整立改,化压力为动力。面对教育摊子大、基础弱、底子薄,树立真抓实干的鲜明导向,综合施策着力解决义务教育"乡村弱、城镇挤"的工作经验,得到教育部的肯定。

3. 坚持科教兴省人才强省战略

制定出台一系列政策,持续向纵深推进教育改革,推动教育系统管理工作科学规范高效。在党和政府的正确领导和几代人的共同努力下,全省教育面貌和教育生态发生良好的变化，教育发展在人才支撑、科技创新、社会服务方面强力促进经济社会的全面发展，扩大了影响力。

4. 坚持教育体制机制创新

全面落实新时代发展理念，深化教育体制改革，构建德智体美劳全面培养的教育体系。重视教师师德培养和专业能力建设，扭转不科学的教育评价导向，为改进和提高教学质量持续发力。进一步推进教育治理体系和治理能力现代化，以法治思维推进各级各类教育规范发展。

二、挑战与机遇

1. 教育发展面临的挑战

党的十八大以来，从解决影响教育改革发展的体制机制和人民群众反映强烈的突出问题入手，河南省各级政府切实把“放管服”改革各项工作做好做实，通过抓改革、调结构、提质量、促公平，经费投入大幅增长，办学条件显著改善，办学水平不断提高，全省教育改革发展呈现出良好局面。但与省委省政府的要求，与河南经济社会发展的新需求，与人民群众对优质教育资源的期盼对照，与教育发达省份相比，都存在一定的差距。

人口多、底子薄、基础弱、人均水平低、发展不平衡在较长时期内仍是河南的基本省情。进入新时代，河南在加快中原城市群建设，推进百城建设提质，促进城乡融合发展的同时，面临着一系列的新矛盾和新挑战：发展方式转变滞后，经济结构调整不到位，城乡区域发展不平衡，科技创新能力不强，资源环境约束加剧，提升市民素质和转移人口市民化的任务艰巨，提高人民福祉、维护社会稳定的任务繁重。以构建更加开放、更加公平、更高质量、更有效率的终身教育体系为基础，以促进人的全面发展为核心，加快推进学习型社会建设，提高人力资本投资，已成为河南可持续发展、激发社会创新活力、实现教育现代化的迫切需要。

面对新时代我国教育发展大势，全面推进教育现代化，努力以教育发展高质量推动经济社会发展高质量，河南教育改革发展任务艰巨。面对新时代中国特色社会主义教育发展新要求，河南教育发展的短板不容忽视：教育理念仍相对滞后，教育教学模式和方法创新不够，以学生全面发展为中心的思想还未落实到工作实践当中。教育基本公共服务体系尚不完善，应试教育压力依然很大，人才培养的规模、结构、质量还不能很好适应经济社会发展需要。义务教育“城镇挤”“乡村弱”的现象依然存在，城镇中小学“大班额”“择校热”等现象还比较突出。教育发展水平在城乡、区域、校际之间还很不平衡，尚有部分中小学校未达到全面改善贫困地区义务教育薄弱学校基本办学条件二十条底线的要求。职业教育还存在结构性矛盾，缺乏吸引力成为职业教育发展瓶颈。高等教育整体实力不强，与周边省份相比也有相当差距；高水平大学不多，全国137所“双一流”建设高校，河南只有2所，465个规划建设的世界一流学科，河南只有4个；高层次人才缺乏；反映高等教育内涵发展质量的高等教育教学成果不多。在服务国家战略和河南经济社会发展需求上，高水平科研成果还不多，引领支撑作用发挥不够，人才培养的规模、结构、质量还不能很好适应经济社会发展的需要，评价标准和政策机制导向仍不够聚焦；教育经费主要指标均处在全国倒数位置。教师队伍建设急需加强，编制不足、待遇偏低、吸引力不强。

2. 教育发展的机遇

当今世界，新科技革命和产业革命的时代浪潮奔腾而至，一些重大颠覆性技术创新正在创造新产业新业态，助推着教育改革创新。近年，我国经济保持中高速发展，成为世界第二大经济体，但影响和制约高质量发展的关键核心科技受制于人，科技创新能力和整体实力仍然不强，加快构建高精尖经济结构，转变经济发展方式，需要教育在服务科技经济发展方面发挥更大作用。

从社会需求看，河南是全国人口大省，学龄人口的结构和规模大幅波动，人口老龄化加速，教育主体多元，利益诉求多样，依法参与教育治理的愿望日趋强烈，要求提供更加公平、优质的教育及服务，努力办好让人民满意的教育。河南经济总量稳居全国第5位，正处于蓄势崛起、攻坚转型的关键阶段。需要教育助推发展活力和后劲，积极适应人口规模及结构变化，在学制结构、教学方式、课程体系、治理模式、服务业态等方面的开放和创新，系统推进教育综合改革。

从发展趋势看，公平优质是世界教育发展的最大共识，要求河南遵循教育规律，促进教育公平，提升教育质量，加快推进教育现代化、建设教育强省，从根本上解决好“培养什么样的人、怎样培养人、为谁培养人”“办什么样的教育、怎样办教育”等重大问题。

战略目标及定位

战略目标是教育战略体系中最为具象化的一个构成,如何借助未来学与教发展规律设计我国教育发展的愿景,设定人才培养规格规模,无疑是教育战略探究的一个重要话题。习近平总书记在党的十九大报告中指出,“我国社会主要矛盾已经转化为人民日益增长的美好生活需要和不平衡不充分的发展之间的矛盾”。党的十九大关于中国教育未来发展的布局谋篇中,更是把“加快教育现代化”作为建设教育强国、办好人民满意教育的首要战略目标。本章通过不同经济社会发展水平地区的比较和多维参照分析,围绕河南教育现代化 2035 战略目标的构建和发展定位进行探讨。

一、战略目标构建的逻辑基础

(一)战略目标构建的前瞻性思考

河南教育事业已经进入加快推进现代化的新时代,科学合理定位河南教育现代化的目标,必须立足于河南社会经济发展的客观要求和教育发展的实际,依据国际国内教育发展的新趋势和新目标做出综合判断。

联合国教科文组织、经济合作组织等在制定教育发展目标中均把质量、公平、效率价值视角蕴含其中,例如教科文组织(UNESCO)全民教育发展评价重点突出教育公平,尤其是基础教育和扫除文盲;世界银行指标以毛、净入学率等指标来衡量普及;经济合作发展组织(OECD)则以“背景、投入、过程和产出”模式构建教育指标体系。综合当前国际组织教育评价趋向,着重体现以人为本、服务于人的需求,追求高水平公平与质量,优质教育的普及作为重要维度。

在推进教育现代化的过程中,北京、上海、江苏等省市在结合自身教育发展的客观基础上,都明确提出了教育现代化的实现目标。在指标内容上均体现了教育公平、教育质量、教育普及、教育投入、教师队伍、教育治理体系与治理能力现代化、教育信息化、教育国际化等指向；在指标的具体设定中充分体现了实际与长远、定量与定性相结合等特点。

可见，国际社会和国内教育发展领先地区在教育发展导向及指标设定上呈现出共同趋向，为确定河南教育现代化 2035 战略目标提供了前瞻性参照。

（二）战略目标构建的现实考量

党的十八大以来，河南省委省政府围绕补短板、强弱项、提质量、促改革，出台了一系列政策，采取系统性措施，教育发展水平明显提升，教育服务能力明显增强，教育公平程度明显提高，普惠性学前教育机构建设明显加快，教育保障条件明显改善，全省教育事业取得了长足进步。在大数据时代，教育指数研究能更好发挥其在教育现代化进程中的认识、测量、评价、追踪功能，为推进河南教育现代化战略、配套政策以及相关决策提供科学的数据支持。依照《中国教育现代化 2035》文件精神，结合长江教育研究院公布的《中国教育指数（2019 年版）》的有关数据，对比山西、安徽、江西、湖北、湖南等中部省份，为制定河南教育现代化 2035 战略目标提供参照。

1. 中部六省教育分类指数情况统计分析[①]

中国教育指数指标体系由发展指数、创新指数与绿色指数 3 个一级指标构成。其中，发展指数指标又以规模、投入、质量、信息、公平和贡献等 6 个维度为二级指标，向下细分为绝对规模、相对规模、地方教育财政投入、生均教育经费增长等 17 个三级指标；创新指数以创新、创业和创造 3 个维度作为二级指标，又分为竞赛获奖、现代教育体系发展、非学历教育发展等 8 个三级指标；绿色指标包括健康维度、生态维度和法制维度等 3 个二级指标，以及国民体质综合指数、校园绿色面积占比和校园运动用地占比等 9 个三级指标。

表 1 显示，相比较于 2017 年，2019 年版中河南教育综合指数提高 0.03，在中部六省中排名第三；发展指数提高 0.07，在中部六省中排名第二；创新指数降低 0.11，在中部六省中排名第四；绿色指数提高 0.09，在中部六省中排名第五。总体而言，河南省教育综合指数和发展指数在中部省份中表现良好，但是在创新指数和绿色指数方面处于弱势。

---

① 何水，高向波．河南省教育治理现代化：现实问题与对策建议——基于中部六省教育指数的比较分析[J]，决策参考：2019－10－31.

表 1　中部六省教育指数 2017、2019 年版的情况及排名比较发展指数

	发展指数 2017 年	发展指数 2019 年版	创新指数 2017 年	创新指数 2019 年版	绿色指数 2017 年	绿色指数 2019 年版	发展指数 2017 年	发展指数 2019 年版
山西	4.94(6)	4.86(6)	1.62 (5)	1.59(6)	8.40(1)	8.46(4)	4.88(6)	4.83(6)
安徽	5.26(3)	5.24(4)	3.91(4)	3.68(2)	8.50(4)	8.50(2)	5.61(2)	5.55(2)
江西	4.97(5)	4.96(5)	2.50(6)	2.38(5)	8.49(3)	8.49(5)	5.08(5)	5.08(5)
河南	5.73(2)	5.80(2)	2.62(2)	2.51(4)	8.12(6)	8.12(6)	5.47(3)	5.50(3)
湖北	5.89(1)	5.85(1)	4.11(1)	3.90(1)	8.92(2)	8.92(1)	6.11(1)	6.03(1)
湖南	5.24(4)	5.28(3)	3.11(3)	3.35(3)	7.96(5)	7.96(3)	5.35(4)	5.38(4)

注：根据德尔菲法和层次分析法确定的权重，中国教育指数(2019 年版)的综合指数 = 发展指数 ×55.00% + 创新指数 ×24.02% + 绿色指数 ×20.98%，括号内数表示该项指数在中部六省中的排名。

表 2 显示，教育发展指数方面，河南在规模度(10.00)与信息度(5.82)上排名第一，其中规模度远高于中部六省平均水平，与其他省份相比优势明显，居于首位；投入度(3.14)排名第四，与排名居后的两个省份差距不大，低于中部地区平均水平；质量度(6.65)排名第二，与其他省份差距不大，位于中上水平；公平度(6.31)与贡献度(0.34)排名第六，与其他省份差距较大。总体看来，河南省在规模度、质量度、信息度等指标上排名靠前，投入度、公平度、贡献度指标排名靠后。河南省教育发展指数总体规模处于领先，教育信息化水平显著提升，但是教育公平有待促进，教育贡献社会的程度有待提高。主要体现为：一是区域高等教育相对入学数量较低，城乡间义务教育资源投入差距大；二是教育贡献度较低，教育服务经济社会能力不够。

表 2　中部六省“教育指数(2019 年版)：发展指数”情况及排名

	规模度	投入度	质量度	信息度	公平度	贡献度	发展指数
山西	5.14(6)	3.1(5)	6.34(5)	4.44(6)	7.28(1)	0.37(4)	4.86(6)
安徽	6.33(4)	3.35(2)	6.49(4)	5.00(3)	6.76(4)	0.83(2)	5.24(4)
江西	6.72(3)	3.01(6)	5.89(6)	4.62(5)	6.86(3)	0.36(5)	4.96(5)
河南	10.0(1)	3.14(4)	6.65(2)	5.82(1)	6.31(6)	0.34(6)	5.80(2)
湖北	6.07(5)	3.98(1)	7.47(1)	5.60(2)	7.17(2)	1.55(1)	5.85(1)
湖南	6.52(2)	3.25(3)	6.55(3)	4.99(4)	6.73(5)	0.71(3)	5.28(3)

注：发展指数的综合指数 = 规模度 ×0.15 + 投入度 ×0.15 + 质量度 ×0.20 + 信息度 ×0.15 + 公平度 ×0.15 + 贡献度 ×0.20。

表 3 显示，河南省教育创新总体表现不佳，教育创新能力不足，教育创业滞后，教

育创造动力不足。主要表现为：一是青少年创新能力欠缺；二是大学生创新创业项目数和获奖数较低；三是科技研发创新研发创新能力及学科综合实力较弱。教育绿色指数与校园环境、法治环境、社会环境等因素紧密相关，教育发展严重失衡，教育生态环境有待改善，教育法治水平较低。主要表现为：一是校园建设用地规划不科学，国民体质综合指数低；二是义务教育发展不均衡，教师待遇水平有待提高；三是教育信息公开度较低。

表3 中部六省"教育指数(2019年版)：创新指数、绿色指数"情况及排名

	创新指数			绿色指数		
	创新度	创业度	创造度	健康度	生态度	法治度
山西	3.91(6)	1.57(6)	0.31(6)	8.35(5)	9.11(1)	6.65(3)
安徽	5.35(1)	8.46(1)	1.28(3)	8.46(4)	8.72(2)	7.01(1)
江西	4.17(4)	5.84(4)	0.32(5)	9.38(2)	8.35(4)	4.94(6)
河南	4.53(3)	4.34(5)	0.81(4)	8.27(6)	8.21(5)	6.33(4)
湖北	4.79(2)	7.08(2)	2.41(1)	9.39(1)	8.37(3)	6.91(2)
湖南	4.15(5)	5.85(3)	2.12(2)	8.40(3)	8.09(6)	5.37(5)

注：根据德尔菲法和层次分析法确定的权重，创新指数的综合指数=创新度×29.70%+创业度×16.34%+创造度×53.96%，绿色指数的综合指数=健康度×55.00%+生态度×20.98%+法治度×24.02%。

2. 河南教育指数在中部六省的比较分析

从中部六省教育指数及相关指标看，河南省教育事业发展整体状况良好，但是在某些具体指标方面仍与中部其他省份存在较大差距。例如：在发展指数方面，教育公平度有待提高，区域高等教育相对入学量比较低，城乡间义务教育资源投入不均衡；教育贡献度较低，教育服务经济社会能力不够。在创新指数方面，教育制度改革较为滞后，大学生创新创业积极性不高，高校和科研院所自主创新能力不足。在绿色指数方面，校园规划建设还需完善，教育法治水平较低，教育生态环境有待改善。

中部六省教育发展指数比较显示，河南省教育事业发展在取得一定成绩的同时，仍然存在发展不平衡不充分的问题，如科学的教育理念尚未牢固确立，基本公共教育服务均等化水平有待提升，教师队伍建设与发展需要还不适应，教育体制机制障碍依然较多。这些都为确定河南教育现代化战略目标提供了现实性参照。

二、战略目标构建的基本原则

构建河南教育现代化2035战略目标，首先要确定指导性思想和基本思路。在综合河南省教育现代化发展历程和取得的成绩及面临挑战的基础上，借鉴国际和国内建构战略目标的趋势和经验，提出了如下原则：

1. 注重引领性

教育现代化是教育发展的高水平状态，意味着教育发展理念、发展方式、体系制度等全方位的转变。整体而言，教育现代化战略目标包括两个部分：一是要达到的结果状态，二是目标实现的过程特征。河南教育现代化2035战略目标的确定必须立足于河南教育发展的现实基础，体现教育的基础性、先导性、全局性战略定位，既要科学确定和预测未来不同阶段的发展目标，又要考虑目标设定对教育发展工作的有效指导，把教育优先发展战略落到实处。

2. 突出有效性

完整的目标设定包括质与量的规定性。河南教育现代化2035战略目标是定量指标和定性判断的有机结合，根据重要性排序，科学设定重点性指标、支持性目标，体现指标设定的结构化、客观化、可表达化。定性目标要根据教育现代化的本质要求体现在各种教育形态上，如观念现代化、管理现代化、制度现代化、质量现代化等；定量目标则要注重核心目标的可转化性和可测量性，为评价战略目标作出价值判断提供充分依据。

3. 体现可比性

加快推进教育现代化进程，需要站在历史、全局和战略的高度。河南教育现代化2035战略目标的实现过程，必将是一个与自身教育发展、与国内其他省市、与全球教育发展进行比较、学习和借鉴的过程。确定战略目标，一要选择具有典型性、代表性、综合性的关键或核心指标，以此反映系统性和完整性；二要采用国际或国内相对成熟并形成共识的指标，力求在概念界定、计算方式和统计口径上达成一致。

三、河南教育现代化2035战略目标

(一)总体思路

河南教育现代化2035战略目标分为总体目标和发展目标两个层面,发展目标为8项,整体呈现分总式的结构:第一至六项是各级各类教育发展任务和目标;第七、八项是对教育体系整体特征的概括。在各方参与下,致力于形成政府宏观管理、学校自主办学、社会广泛参与、各方共同推进的教育治理新格局,实现教育治理体系与治理能力现代化,建成人人皆学、处处能学、时时可学的学习型社会。

(二)总体目标

到2020年,教育总体实力显著增强,全民受教育程度显著提高,基本形成学习型社会,教育现代化取得重要进展,为全面建成小康社会作出重要贡献。在此基础上,再经过15年努力,总体实现教育现代化,建成教育强省、人力资源强省和人才强省,成为中部教育领先省份,进入全国教育现代化发展水平上游行列。

(三)发展目标

1. 普及有质量的学前教育

根据《国务院关于当前发展学前教育的若干意见》提出的"广覆盖、保基本、有质量"的发展思路,结合河南省学前教育的发展现状,其发展目标一是普及,二是有质量,具体任务是全面普及学前三年教育,建成覆盖城乡、布局合理的学前教育体系和科学保教体系。

学前教育发展目标为:全面普及学前三年教育,建成覆盖城乡、布局合理的学前教育公共服务体系,形成完善的学前教育管理体制、办园体制和政策保障体系,为幼儿提供更加充裕普惠、更加安全优质的学前教育,使适龄幼儿通过有质量的学前教育,养成良好行为习惯,促进健康快乐成长。

2. 实现优质均衡的义务教育

义务教育发展的核心要义是"优质均衡"。河南义务教育近几十年一直在为均衡发展而努力,在实现"基本均衡"上取得了比较突出的成绩。接下来的一个时期,要为实现内涵式发展意义上的"优质均衡"继续奋斗。在城乡一体化的整体规划和

进程中,实现义务教育的高质量高水平发展,将成为河南义务教育发展的核心目标。

义务教育发展目标为:实现九年义务教育城乡一体化均衡发展,在基本均衡的基础上实现优质均衡发展,保障适龄儿童接受良好的义务教育,九年义务教育巩固及完成水平和学生学业质量达到国家指标要求。

3. 全面普及高中阶段教育

高中阶段教育包括普通高中教育和中等职业教育,核心任务是实现"全面普及",从而保障城乡新增劳动力普遍接受高中阶段教育,更多人接受高等教育。普通高中教育在全面普及的基础上,积极探索多样化发展。注重高中阶段普职分流,推进普通高中与中等职业教育协调发展,有效满足学生个性化、多样化的发展需求,增强学生自主发展的能力。

高中阶段教育发展目标为:高中阶段教育普及与完成水平达到国家指标要求,城乡新增劳动力普遍接受高中阶段教育。普通高中与中等职业教育协调发展,有效满足学生个性化、多样化发展需求,学生自主发展能力显著增强,为成长成才提供坚实的知识和能力储备。

4. 构建现代职业教育体系

职业教育与普通教育是两种不同教育类型,具有同等重要的地位。近年河南省职业教育获得了长足的发展,但是与建设现代化经济体系,建设教育强省的目标相比,职业教育还存着体制建设不够完善,师资队伍建设尚待加强等问题。亟待形成与河南社会需求相适应、产教融合、灵活多样的职业教育与培训体系,大幅提升新时代职业教育现代化水平,为促进经济社会发展提供人才资源支撑。

职业教育的发展目标为:集中力量建设一批高水平高职院校和专业群,形成服务现代产业发展需要、德技并修、产教融合的现代职业教育与培训体系,加强职业教育"双师型""一体化"教师队伍建设力度,培养大批高素质技术技能型人才。

5. 着力提升高等教育内涵式发展水平

建设教育强省,关键在于提升核心竞争力;提升社会核心竞争力的关键是高端人才,归根结底是高端人才培养机构(高校)之间的竞争。河南省委省政府历来重视高等教育的高质量发展问题,积极推动各高校走内涵式发展的道路,着力提升全省高校内涵式发展水平。当前,河南高等教育正致力于加快构建类别清晰、结构合理、适应市场多样化需求的现代高等教育体系,打造一批具有国内外影响力的创新平台和高端智库,培育一批有重大影响的标志性科技和文化创新成果,显著提升高等教育支撑经济社会发展的能力。

高等教育发展目标为:构建以扎根河南、中国特色、世界一流为目标,类别清晰、结构合理、适应市场多样化需求的现代高等教育体系。高等教育普及程度达到国内平均水平。打造一批具有国内外影响力的创新平台和高端智库,产生一批有重大影响的标志性科技和文化创新成果。

6. 不断完善特殊教育支持保障体系

特殊教育是体现"全纳"和"平等"理念最为充分的领域。与发达省份相比,河南残疾儿童少年义务教育在一些贫困地区普及水平还比较低;学前、高中和高等特殊教育发展整体相对滞后;特殊教育条件保障机制还不够完善;教师队伍数量不足、待遇偏低、专业水平有待提高①。在加快推进河南教育现代化的过程中,需要持续出台有关政策,推动形成布局合理、学段衔接、普职融通、医教结合的特殊教育体系,建立更加完善的家庭经济困难残疾儿童少年助学政策体系。

特殊教育发展目标为:特殊教育投入力度不断增强,形成布局合理、学段衔接、普职融通、医教结合的特殊教育体系,完善以财政拨款为主、社会支持、全面覆盖、通畅便利的特殊教育服务保障机制,让残疾学生接受适合自身特点、有利自身发展、有质量的教育。

7. 形成共建共享的教育治理新格局

坚持和完善中国特色社会主义制度,推进河南教育治理体系和治理能力现代化,既是一项长期战略任务,又是一个重大现实课题,从现在开始,通过十五年的努力,力争到2035年全面实现河南教育治理体系和治理能力现代化,形成共建共治共享的教育治理新格局,强化教育治理坚持依法治教、依法办学、依法治校;深化简政放权,转变政府职能;创新服务方式,提升监管能力,建立多元参与的协同治理新机制。

教育治理现代化发展目标为:教育法规和政策制度体系更加完备有效,社会参与教育决策的机制更加完善,政府依法行政、引领教育发展的能力显著增强,教育管理信息化和决策施政科学化、民主化、精细化水平显著提高,形成政府宏观管理、学校自主办学、社会广泛参与、各方共同推进的教育治理新格局,实现教育治理体系与治理能力现代化。

8. 建成服务全民终身学习的现代教育体系

增进人民福祉,促进人的全面发展是中国共产党立党为公、执政为民的本质要

① 河南省教育厅等七部门. 河南省第二期特殊教育提升计划(2017—2020). 2017-10-27. http://www.haedu.gov.cn/2017/10/31/1509428853546.html.

求。习近平总书记指出，建设学习型社会，是人类共同面临的重大课题。建设服务全民终身学习的教育体系，是民生保障的内容之一，对满足人民日益增长对美好生活的愿望具有重大的战略意义。河南是人口大省、农业大省，更需要立足当前，着眼长远，积极构建服务全民终身学习的现代教育体系，保障全民享有终身学习的机会。

建成服务全民终身学习的现代教育体系的发展目标为：实现普通教育与职业教育、学历教育与非学历教育、职前教育与职后教育的沟通衔接，线上学习和线下学习相互融合，学校教育与社会教育、家庭教育密切配合的终身教育体系。建成学习型社会，实现人人皆学、处处能学、时时可学。

战略任务与推进策略

一、高举习近平新时代中国特色社会主义思想伟大旗帜

党的十九大把习近平新时代中国特色社会主义思想确立为中国共产党必须长期坚持的指导思想，深刻阐明了这一指导思想的精神实质和丰富内涵，并在党章中把习近平新时代中国特色社会主义思想确立为党的行动指南。这是党的十九大的重要历史贡献，实现了党的指导思想又一次伟大飞跃。作为马克思主义中国化最新成果，习近平新时代中国特色社会主义思想是中国特色社会主义理论体系的重要组成部分，实现了马克思主义基本原理同中国具体实际相结合的又一次历史性飞跃，开辟了马克思主义新境界、开辟了中国特色社会主义新境界、开辟了党治国理政新境界、开辟了管党治党新境界，是全党全国人民为实现中华民族伟大复兴而奋斗的行动指南。

（一）习近平新时代中国特色社会主义思想是马克思主义最新成果

一切伟大的实践，都需要思想的引领。中国共产党诞生以后，历经千难万险，从无数次失败挫折的经验中逐步认识到，只有以马克思主义同中国革命伟大实践紧密结合形成的毛泽东思想为根本指导，才能取得中国革命的伟大胜利。党的七大确立了毛泽东思想在全党的指导地位，高举毛泽东思想伟大旗帜，我党取得了抗日战争、解放战争的胜利，实现了中国人民站起来、翻身得解放的历史性成就。

改革开放以后，中国共产党在实践中形成了以邓小平理论、“三个代表”重要思想、科学发展观为代表的中国特色社会主义理论体系，指导改革开放取得巨大成就，实现了中国人民从站起来到富起来的历史性转变。

党的十八大以来，我国发展进入了新时代。处在新的历史方位，中国共产党在推进伟大事业进程中，面临一系列重大理论与实践问题，归结起来就是新时代坚持和发展什么样的中国特色社会主义、怎样坚持和发展中国特色社会主义这一重大时代课

题。以习近平同志为核心的党中央紧紧围绕这个重大时代课题,紧密结合新的时代条件和实践要求,以全新的视野深化对共产党执政规律、社会主义建设规律、人类社会发展规律的认识,作出了科学系统的回答,形成了习近平新时代中国特色社会主义思想。它是党和人民实践经验和集体智慧的结晶,有力引领了坚持和发展中国特色社会主义的伟大实践,全面开启了中国特色社会主义新时代,为实现中国人民从富起来到强起来的伟大历史性跨越、实现中华民族伟大复兴梦想提供理论指导。将习近平新时代中国特色社会主义思想写入党章、载入宪法,充分体现了全党和全国各族人民的意志!

实现两个一百年伟大奋斗目标,首要任务就是要深入学习、准确把握、认真领会、全面贯彻落实习近平新时代中国特色社会主义思想,以此武装头脑、指导实践,使之成为实现教育现代化的强大思想武器和行动指南。

(二)习近平新时代中国特色社会主义思想是教育事业发展的根本遵循

1. *教育政治属性的必然要求*

中国共产党历来重视教育的政治属性。1957 年 2 月,毛泽东在最高国务会议的讲话上提出,“我们的教育方针,是使受教育者在德育、智育、体育几方面都得到发展,成为有社会主义觉悟的有文化的劳动者”①,回答了中国教育培养什么人的问题。毛泽东同志特别重视青年学生加强思想政治教育的重要性,他说,青年学生除了学习专业知识之外,在思想上要有所进步,政治上也要有所进步。要学习马克思主义,学习时事政治。“没有正确的政治观点,就等于没有灵魂。”②

邓小平要求“把毛泽东同志提出的培养德智体全面发展、有社会主义觉悟的有文化的劳动者的方针贯彻到底,贯彻到整个社会的各个方面”③。他始终认为,学校应该永远把坚定正确的政治方向放在第一位。他说:“理想就是社会主义现代化。很多人只讲现代化,忘了我们讲的现代化是社会主义现代化。”④

进入新时代,习近平总书记对这个问题的认识进一步深化,反复强调,培养什么人的问题是教育的根本问题。他说:“近代以来我国历史告诉我们,只有社会主义才能救中国,只有中国特色社会主义才能发展中国,才能实现中华民族伟大复兴。坚持

---

① 毛泽东. 毛泽东文集[M]第 7 卷. 北京:人民出版社,1999:226.
② 毛泽东. 毛泽东文集[M]第 7 卷. 北京:人民出版社,1999:226.
③ 邓小平. 邓小平文选[M]第 2 卷. 北京:人民出版社,1994:106—107.
④ 邓小平. 邓小平文选[M]第 3 卷. 北京:人民出版社,1993:209.

好、发展好中国特色社会主义，把我国建设成为社会主义现代化强国，是一项长期任务，需要一代又一代人接续奋斗。我们的今天就是这样走过来的，我们的明天需要青年人接着奋斗下去，一代接着一代不断前进。”[①]2016年12月，习近平总书记在全国高校思想政治工作会议上提出，“高校培养什么样的人、如何培养人以及为谁培养人”，是一个“根本问题”。[②] 在全国教育大会上指出：党的十八大以来，围绕培养什么人、怎样培养人、为谁培养人这一根本问题，全面加强党对教育工作的领导。我国是中国共产党领导的社会主义国家，必须把培养社会主义建设者和接班人作为教育的根本任务，培养一代又一代拥护中国共产党领导和我国社会主义制度、立志为中国特色社会主义奋斗的有用人才。这是教育工作的根本任务，也是教育现代化的方向和目标。

培养什么人、为谁培养人、怎样培养人是教育的根本问题，具有鲜明的政治属性。习近平总书记在2018年5月2日参加北京大学师生座谈会上说：“古今中外，关于教育和办学，思想流派繁多，理论观点各异，但在教育必须培养社会发展所需要的人这一点上是有共识的。培养社会发展所需要的人，说具体了，就是培养社会发展、知识积累、文化传承、国家存续、制度运行所要求的人。所以，古今中外，每个国家都是按照自己的政治要求来培养人的，世界一流大学都是在服务自己国家发展中成长起来的。我国社会主义教育就是要培养社会主义建设者和接班人。”这也是我们在新时代取得反“和平演变”、与境外敌对势力“争夺下一代”斗争取得胜利的根本保证。

2. 教育领域“知行合一”的具体体现

党的十八大以来，习近平总书记多次强调“知行合一”，要求党员干部不断加强理论修养，在知行合一中主动担当作为。他强调“知是基础、是前提，行是重点、是关键，必须以知促行、以行促知，做到知行合一”。[③] 他在2019年7月到内蒙古调研指导“不忘初心、牢记使命”主题教育活动时，再次要求“重在知行合一”“不能学归学、说归说、做归做”[④]，强调党员干部“说到做到、知行合一”。

在教育领域做到“知行合一”，就要把学习习近平新时代中国特色社会主义思想真正落到实处，用于指导工作。在具体工作中，要用习近平新时代中国特色社会主义思想指导教育改革与发展，如在落实“立德树人”根本任务上、破除“五唯”顽瘴痼疾

① 习近平．在北京大学师生座谈会上的讲话[N]．人民日报，2018－05－02(1)．
② 习近平．习近平谈治国理政[M]第2卷．北京：外文出版社，2017：376．
③ 朱康有．从知行合一的角度要求自己[N]．人民日报，2019－05－14(4)．
④ 2019年7月15—16日，习近平总书记在内蒙古调研指导“不忘初心、牢记使命”主题教育活动的讲话。

上、扭转“轻视教学”的问题上等等,要有真实行动和具体措施。以习近平新时代中国特色社会主义思想为指导,需要教育领域发扬自我革命精神,推动教育事业大发展、大变革,加快实现教育现代化。

3. 实现教育现代化的内在要求

高举习近平新时代中国特色社会主义思想伟大旗帜、全面深入学习习近平新时代中国特色社会主义思想是实现教育现代化的首要任务,也是实现教育现代化的内在要求。实践中,要把学习贯彻习近平新时代中国特色社会主义思想作为首要任务,贯穿到我国教育改革发展全过程,真正做到“九个坚持”,落实到推进教育现代化的各环节。

(三)学习贯彻习近平新时代中国特色社会主义思想的举措

1. 抓好“三个环节”

抓好学习环节。积极推动教育系统党员干部和广大师生把学习习近平新时代中国特色社会主义思想作为政治学习重要任务,学深悟透弄懂,学原著、悟原理、用原理。在专业与学科评估、学位点建设、职称晋升等评价体系中,要突出党建和思想政治建设的内容。通过完善制度和政策引导,在评价体系中体现全面加强党的领导和思想政治引领作用,引导并鼓励广大教职工深入、系统、全面学习习近平新时代中国特色社会主义思想,真正成为统领和检验各项工作的主心骨、定盘星和度量衡。

抓好培训环节。以系统科学的培训为抓手,研训结合,持续开展习近平新时代中国特色社会主义思想专题培训,通过多种方式加深对其精髓的准确把握。创新培训方式,不断在深化丰富培训内容上下功夫,多种途径实现对教育系统党员干部和师生员工的思想教育。

抓好应用环节。把习近平新时代中国特色社会主义思想的理论学习与指导推动教育事业发展的实践活动紧密结合起来,学以致用,克服“学习”和“应用”两张皮现象。要将习近平新时代中国特色社会主义思想的理论精髓贯彻落实到各项具体工作中,运用到教育体制机制改革中。落实习近平新时代中国特色社会主义思想内在要求,就是要针对现实问题深入开展调查研究,提高站位、更新观念、开拓思路,在转变思想方法和提升综合素质上下功夫,以习近平新时代中国特色社会主义思想和关于教育一系列重要论述武装头脑,开创工作新局面。

2. 突出“四项工作”

第一,做好习近平新时代中国特色社会主义思想的研究工作。建设一批高质量的省级习近平新时代中国特色社会主义思想研究机构，鼓励各高校开发研究、阐释、宣传习近平新时代中国特色社会主义思想的学术平台。从项目设立、经费保障、人才培养、成果应用等方面予以引导，指导高校师生开展习近平新时代中国特色社会主义思想研究活动。

第二，加强习近平新时代中国特色社会主义思想研究的学科建设。学科建设是高校学术建设的基本单元，能够汇聚并吸引更多优秀人才从事该领域的学术研究。要依托现有马克思主义、哲学、教育学、政治学、经济学等学科，开辟习近平新时代中国特色社会主义思想研究领域。在相应学科的学位与研究生教育中，设立学位点并招收研究生。

第三，重视习近平新时代中国特色社会主义思想研究队伍建设。注重在高等学校发现培养一批理论素养好、道德水平高、奉献精神强的优秀青年理论家，在项目和经费上予以支持，政策上积极引导，发展成为教育系统习近平新时代中国特色社会主义思想高水平研究队伍。在此基础上，打造在国内有影响、富有中原气派的研究习近平新时代中国特色社会主义思想高地。

第四，注重习近平新时代中国特色社会主义思想研究成果的有效传播。传播的价值在于推动习近平新时代中国特色社会主义思想深入人心，用创新理论武装头脑、指导实践、推动工作，使之成为推动事业发展的强大思想武器和行动指南。使思想既“掌握群众”，又“为群众所掌握”。一要推动理论传播大众化。找准与广大人民群众关切的契合点，把党的创新理论转变成“群众手中的武器”。将习近平新时代中国特色社会主义思想与事业发展实践结合起来，说清楚党和政府解决问题的思路办法和政策举措，帮助群众正确认识改革发展态势，增强干事创业的自觉性、创造性。要让习近平新时代中国特色社会主义思想与广大群众同频共振，必须关注现实和解答问题，用理论解疑释惑，用实践解决问题。二是推动理论传播生动化。要准确把握新形势下理论传播的特点和规律，在创新传播方式方法上下功夫、求实效。要强化“搭台”意识，倾力打造知名度高、美誉度好、影响力大的工作品牌，结合实际探索形式多样化、对象大众化、风格本土化的传播载体。尤其要探索利用新媒体优势，推动媒体深度融合，构建新媒体矩阵，创新开发系列文创产品，着力打造“永不下课的学习教育课堂”，让广大群众随时随地在线学习党的创新理论，学习习近平新时代中国特色社会主义思想理论，实现一次宣讲、多次放大、强势铺开，有效放大传播影响。在菜单式、互动式、体验式等传播方式中达到“面对面、肩并肩、心连心”的传播效果。积极探索推广“微传播”，把“大主题”分解成“微话题”，以小范围、近距离的“微课堂”为阵地,“微媒体”为平台,“微节目”为载体,实现理论的有效传播。三是推动理论传播常态化。建立理论传播长效机制,是确保传播活动规范、有效、持续开展的重要手段,是推动习近平新时代中国特色社会主义思想深入人心的重要保障。包括建立健全常态化机制,制定中心突出、任务明确、措施到位、保障有力的理论传播规划,形成上下联动、左右互动、资源共享的理论传播工作格局。

3. 做到“三个强化”

一是强化教材引领。教材事关孩子未来、祖国未来、民族未来,是一个国家意志、战略意志的体现。教材建设是事关未来的战略工程、基础工程,要坚持党的教育方针,把握正确方向和价值导向,帮助学生扣好人生第一粒扣子,必须抓好教材建设。为此,2017 年 7 月 3 日成立了国家教材委员会及教材局,将教材建设工作提到战略地位。

二是强化核心价值观教育。社会主义核心价值观是习近平新时代中国特色社会主义思想的主要内容,也是全社会广泛认同并遵守的价值要求。为此要在全社会推进社会主义核心价值观建设;要在“可感可见”上下功夫,持续推动社会主义核心价值观进家庭、进学校、进机关、进企业、进乡村,深入开展“传家风、立家规、树新风”活动等,强化社会主义核心价值观的教育引导。宣传部门要发挥好牵头抓总、统筹协调作用,加强组织保障,注重协调联动,强化督促检查,推动形成共建共育的工作格局。

三是强化学校思想政治理论课建设。学校思想政治理论课是落实立德树人根本任务的关键课程,办好学校思政课,事关中国特色社会主义事业后继有人,是培养一代又一代社会主义建设者和接班人的重要保障。办中国特色社会主义教育,就是要开好思政课,用习近平新时代中国特色社会主义思想铸魂育人,引导学生增强“四个自信”,厚植爱国主义情怀,把爱国情、强国志、报国行自觉融入坚持和发展中国特色社会主义事业、建设社会主义现代化强国、实现中华民族伟大复兴的奋斗之中。习近平总书记在 2019 年 3 月 18 日召开的学校思想政治理论课教师座谈会上指出,思想认识上必须高度重视思政课建设,在行动上必须落实思政课教师待遇,提高思政课质量和吸引力,积极开展课程思政,围绕为谁培养人、培养什么样的人、怎么培养人这个问题,把学校思政课建设好。

二、推动以质量提升为主线的教育发展

质量是教育的生命线，不断提升教育质量是教育发展的永恒主题，也是实现教育现代化的核心要求。面向 2035 年的河南教育事业要在巩固的基础上再提升，以教育的现代化支撑和服务河南经济建设现代化，着力构建更为科学的教育体系，全面提升教育质量。

（一）提高教育质量的客观要求

1. 贯彻落实中央精神的必然要求

党的十九大报告指出，“加快教育现代化，办好人民满意的教育”。在 2018 年 9 月召开的全国教育大会上，习近平总书记提出了“教育是国之大计、党之大计”的重要论断，将教育摆在了前所未有的战略地位，提升教育质量的重要性和紧迫性进一步凸显。根据全国教育大会精神，中央和相关部门相继出台了一系列重要文件，对提升教育质量作出全面部署。学习贯彻中央精神，就必须坚持中国特色社会主义教育道路，紧紧聚焦质量提升这个关键，发展教育的“硬核”能力，着力培养更多能够担当民族复兴大任的时代新人。

2. 支撑区域经济社会发展的内在需要

教育在经济社会发展中发挥着基础性、全局性和先导性的作用。提高教育质量，是夯实发展基础，促进教育公平，保障和改善民生，全面建成小康社会的重要举措。党的十八大以来，中央对河南的发展高度重视，相继布局一系列重大战略平台，形成叠加效应，构成了河南省以战略规划和平台为支撑的国家战略组合。面对区域经济社会发展快速发展的需要，河南对高质量教育的需求越来越迫切。着力提升教育水平，发展更有质量的教育，提供更多更为优质的教育资源，能够进一步优化区域人文环境，显著支撑高端人才汇聚，为产业发展和社会进步提供人才支持、科技支持和文化引领。

3. 教育自身发展规律的必然趋势

伴随时代发展，我国教育改革与发展已由规模扩张、数量供给为主步入以质量提高和水平提升为主的新阶段，要实现从“以量谋大”战略到“以质图强”战略的转变。推进教育改革，提高人才培养质量，从重视数量发展转入重视质量提升成为新时代教

育事业发展的鲜明特征。也就是说，提高教育质量，提供优质教育资源供给能力与水平成为当前和下一阶段教育改革发展的核心任务。我们必须尊重教育发展的规律，把握好教育事业发展的趋势，聚焦制约教育质量提升的深层次矛盾和问题，推动改革不断走向深入，以全面综合改革拉动教育质量提升。

4. 应对国际竞争挑战的重要基础

教育是国家发展的基础，关系民族的未来，高水平教育是国家综合竞争力的重要体现。世界经济强国，无一不是教育强国。改革开放以来，国家始终坚持教育优先发展，举办了世界最大规模的高等教育，教育成为推动经济发展和社会进步的重要力量。当前，国际政治经济形势复杂多变，新一轮科技革命悄然兴起，面向未来的竞争，归根到底是人才的竞争，本质上是教育的竞争。必须全面贯彻党的教育方针，以高质量的教育培养高水平的人才，让教育在促进经济保持中高速增长、迈向中高端水平，跨越中等收入陷阱，实现全面建成小康社会的征程中担负更大责任、发挥支撑作用。

（二）构建高质量教育体系

立足教育高质量发展的主题，为了加快实现教育现代化，必须全面深入地贯彻党的教育方针，尊重各级各类教育的发展规律，推动教育事业建设和改革取得全局性成果，使河南的教育更有质量、更有品质、更有特色，着力打造具有区域特色的高质量教育体系。

1. 强化立德树人根本任务

落实立德树人根本任务是推进我国教育现代化的指导思想和行动指南。要切实确立立德树人的根本地位，全面开拓立德树人有效途径，实现立德树人目标，全力培养能够担当民族复兴大任的全面发展的时代新人。

立德树人担当国家使命。立德树人责任重大、使命光荣。当前，我国比历史上任何一个时期都更接近实现中华民族伟大复兴的宏伟目标，也比历史上任何时期都更加渴求人才。新时代新形势，立德树人承载着实现"两个一百年"奋斗目标和中华民族伟大复兴中国梦的责任担当和使命召唤，中国千千万万的学子必将全过程参与。"在坚定理想信念上下功夫、在厚植爱国主义情怀上下功夫、在加强品德修养上下功夫、在增长知识见识上下功夫、在培养奋斗精神上下功夫、在增强综合素质上下功夫"是习近平总书记高度重视培养社会主义建设者和接班人，把立德树人作为教育的中心环节的有力体现。要牢牢把握培养社会主义建设者和接班人的六个着力点，担当起新时代党和人民教育事业的伟大历史使命。国无德不兴，人无德不立。进一步提高政治站位和理论高度，肩负起立德树人的教育使命，不断培养出拥有强大精神力量、坚定民族品格的时代新人，为中华民族伟大复兴贡献力量，推动中华民族走向繁荣富强。教育是国之大计、党之大计，是民族振兴、社会进步的重要基石，是功在当代、利在千秋的德政工程。立足于建设教育强国的宏伟目标，把立德树人作为教育的根本任务，培养具有人格魅力和道德情操的社会主义建设者和接班人，是我国教育事业发展进步的必然要求和科学导向。

立德树人锻铸时代新人。育人是教育的起点，成人是教育的追求。人的发展的未完成性和可塑性，使教育成为必要和可能。人唯有受过教育，方可成人。促进人的发展和完善，是教育的核心关切。人是社会实践中丰富立体发展中的主体，引领个体成为德智体美劳全面发展、德才兼备的人是教育的使命。其中，立德树人是育人与育才相统一的过程，“立德”是“树人”的先决条件，“树人”是“立德”的价值指归，人才培养的辩证统一决定了离开“立德”谈“树人”只能偏离方向，离开“树人”谈“立德”只能流于形式。育人是育才的前提，立德是育人的根本。立德树人是中国特色的育人之路，其既是过程，又是结果；既体现于现实社会的发展之中，又表现为一种未来社会的理想状态。在中国共产党的坚强领导下，坚持“四个自信”，立足中国国情，遵循教育规律，坚持改革创新，紧紧围绕社会主义核心价值观开展理想信念教育，依托中国优秀传统文化、革命文化与社会主义先进文化，全面加强爱国主义、集体主义与社会主义教育，引导学生树立“慎独自律”的观念，促使学生内在的道德品性与外在的客观行为的融合统一。立德树人是对马克思“人的全面发展”学说的继承与发展，是科学社会主义的最高目标，是习近平人学思想的核心命题，是中国共产党人的最高理想和中国特色社会主义的本质要求。坚持以德育人，不断促进人的全面发展、更好推动人的全面发展，不仅解决了中国特色社会主义育人体系的实现机制与发展路径问题，更蕴含破解当前中国社会主要矛盾的根本方略。在全面建成小康社会的新时代，我国社会的主要矛盾已经转化为“人民日益增长的美好生活需要和不平衡不充分的发展之间的矛盾”，要满足人民群众多样性、升级性、公平性与可持续性的发展需求。在中国特色社会主义迈入新时代的发展背景下，转变育人观念，培养能动的、全面的人，摒弃僵化的、单向度的人已然成为必然的育人之路。

立德树人重在全面落实。立德树人是国之大计、党之大计，要落实好新时代教育发展的总任务。强化立德树人价值引领。把立德树人融入思想道德教育、文化知识教育、社会实践教育各环节，贯穿基础教育、职业教育、高等教育各领域。把立德树人的成效作为检验学校一切工作的根本标准，强化全员全过程全方位育人，不断提高学生思想水平、政治觉悟、道德品质、文化素养。实施新时代立德树人工程。坚持以德育人、以智启人、以体健人、以美化人、以劳树人。紧抓“五育并举”“六个下功夫”,重点把握“信、心、活、全、书”,换脑筋、换思路、换办法,改环境、改途径、改习惯,让立德树人回归社会、回归家庭、回归生活,以新的方式推进立德树人工作。以理想信念铸魂。立德树人的根本在于铸共产主义远大理想和中国特色社会主义共同理想的信仰之魂。新时代铸魂育人工程的关键是以习近平新时代中国特色社会主义思想为统领,加强时代责任感和历史使命感教育,引导公众将个人幸福与国家富强、民族复兴相联系,个人理想与国家人民的共同理想相统一,强化重任在肩的责任意识。以教育引导固本。在内容上,将立德树人融入教育体系,广泛开展理想信念教育,加强爱国主义教育,加强国情教育,加强集体主义教育,加强品德修养,培养奋斗精神。在方法上,优化育人网络系统。构建一体化分层教育体系,不断丰富和完善教育载体。以实践养成奠基。坚持知行合一,以知促行,以行求知。要以道德实践作为实现立德树人的沃土,将受教育者的主动参与渗透德育实践全过程,通过健康向上的社会实践活动培养个体高尚的道德情感,深化对社会主义核心价值观的认同和践行。在实践中优化环境导向,使全社会形成良好的环境和氛围,在潜移默化中逐渐实现对个人德行的自觉自省自悟。以保障巩固提高育人力量。加强育人保障体系法律法规的制定与出台,并明确相关细则,从立法层面划定育人底线准则。加强育人师资队伍建设,逐步建立并深入推进教师师德标准建设工程,深入推进学校德育课堂课程教材改革,优化育人环境,加强德育工作的物质保障,制定德育工作监评体系,通过第三方评价机构改进育人生态。加强社会各界对育人工程的监管力度,加强德育工作质量检测,优化德育工作质量保障体系,完善质量监测制度,保证评价的科学性、规范性和独立性。

2. 构建教育质量标准体系

标准是配置资源、提高效率、推进治理体系现代化的工具,是衡量工作质量、发展水平和竞争力的尺度。加快教育现代化,提升教育质量,必须增强标准意识和标准观念,形成按标准办事的习惯,提升运用标准的能力和水平,充分发挥标准的支撑和引领作用。一是要与国家相关标准有机衔接。近年,我国教育标准化工作不断加强,制定实施了一系列教育标准,发挥了重要的规范、引领和保障作用。要认真落实国家相关教育标准,着力完善覆盖全学段、体现世界先进水平、符合不同层次和类型教育特点的教育质量标准,明确学生发展核心素养要求。二是要充分彰显各级各类教育特点。教育事业是一个复杂而庞大的体系,涉及学前教育、义务教育、高中教育、职业教育、高等教育、成人教育等方面,制定教育标准,要充分把握各级各类教育的特殊性,在既往标准的基础上，进一步丰富和完善，以标准规范教育行为，牵引教育创新和教育发展。对于学前教育，要坚持科学保教，进一步明确健康、语言、社会、科学、艺术等方面的儿童发展要求和幼儿园实施要求。对于中小学教育，关键是建立健全学科学业质量标准和体质健康标准，进一步确立以学生发展为本的教育理念。对于职业教育，推进资历框架建设，探索实现学历证书和职业技能等级证书互通衔接。对于高等教育，要突出特色分类发展，引导高校在不同层次、不同领域办出特色。三是要强化资源要素保障。资源要素是提升教育质量的基础保障，也是完善教育标准的“压舱石”。要根据各级各类教育特点和人才培养目标，建立以师资配备、生均拨款、教学设施设备配备等资源要素为核心的标准体系，并构建动态调整机制。

3. 优化课程体系

课程体系是教育的基本载体，是人才培养的基本依据。要把课程体系建设和优化作为教育质量提升的重中之重，建设适应新时代中国特色社会主义发展要求、门类齐全、学段衔接的课程体系。一是要合理设置基本课程。聚焦核心素养培养，科学规划大中小学课程，合理设计各学段、各学科专业教学基本内容和要求，促进各学段教学内容纵向衔接和各门课程教学内容横向配合。二是要促进学科间融合。以跨学科课程和主题学习课程为主体，着力培养学生的综合素质。不断丰富课程供给内容，创新课程形式，推动课程多样化发展，满足学习者多元需求。三是要优化人才培养方案。要及时更新教学大纲，适时修订专业教材，注重将新技术、新工艺、新规范纳入教学标准和教学内容，构建更为灵活开放的课程体系。要加强专业建设，推动创新创业教育。四是要切实发挥教材育人功能。教材体现国家的意志，要用好国家统编教材，加强教材建设重大理论和实践问题研究，建设高素质专业化教材编审队伍。

4. 创新教育模式

培养方式是教育手段，是教育发挥育人功能的根本途径，直接影响着教育效果。要坚持目标导向和问题导向相结合，深化育人模式、教学内容、教育方式、评价体制机制的全面改革，使各级各类教育更加符合教育规律、更加符合人才成长规律。一是要以素质教育为牵引。开展素质教育是提升教育质量的内在要求，是面向未来提升人才竞争力的重要举措。创新教育模式，首先就是要创新发展素质教育的有效途径。要深化教学改革，促进学生主动把学习、观察、实践同思考紧密结合起来，提升综合素养。要强化实践育人环节，着力提升学生的实践能力和社会认知能力。要探索发现与培养具有特殊才能和潜质学生的机制，为创新人才培养和成长提供更加有利的环境。二是要创新各级各类教育方式。要精准把握各级各类教育的特殊性，强化教育方式改革的针对性，提升教育方式创新的有效性。要深入贯彻中央关于劳动教育的相关精神，在中小学普遍开展劳动和职业启蒙教育。在职业院校要全面推行产教融合、校企合作的人才培养模式，注重培养学生工匠精神。要把创新创业教育贯穿高等教育全过程，推行科教融合、产学研用协同育人。深化本科和研究生人才培养模式改革，更加注重学生的创新能力和实践能力。三是要健全社会资源配置的政策体系。图书馆、博物馆、科技馆、纪念馆、运动场、少年宫、儿童活动中心等公益设施都是开展教育的重要载体，要进一步加大建设力度，强化基础条件支撑。要强化各级各类教育资源之间的协同，构建更为丰富立体的资源供给体系。四是要重视家庭教育和社会教育。要把家庭和社会教育作为提升教育质量的有效补充，加强对家长的教育指导服务，推进家庭学校共同育人。积极发展内容丰富、形式多样、规范有序的校外教育，形成多元协同育人格局。

5. 完善评价机制

教育评价是教育事业发展的指挥棒，决定着教育发展的方向，影响着教育内部资源配置的流向，进而决定着教育质量。要切实把育人为本作为教育工作的根本要求，树立科学的质量观，系统推进教育评价机制和制度改革，促进人的全面发展和健康成长成才。一是要把好“入口关”，建立更加科学公正的考试评价制度。以促进学生成长、国家选材、社会公平有机统一为原则，逐步建立更为科学完善的招生考试制度，带动教育整体改革。坚决纠正以分数为唯一指标的考核倾向，切实减轻中小学生过重课业负担。不断优化自主招生工作机制，加大对学生的学科特长和创新潜质要求。建立更加完善的职业院校分类考试招生制度，推行学分制，完善研究生多元化招生选拔机制，建立健全有利于拔尖创新人才脱颖而出的评价机制。二是要把好“过程关”，完善学校内部质量控制机制。围绕教育教学过程中的关键环节制定指导性规范，建立人才培养质量反馈监控体系，推动学校不断改进教学过程、优化资源配置，持续提高办学质量。建立学术诚信机制，营造良好学术氛围。三是要把好“出口关”，确保人才培养质量。健全能力与知识考核并重的多元化学业评价机制，完善学生学习成效评估与反馈机制。健全人才培养质量监测体系，开展常态化人才培养质量跟踪监测。建立质量监测结果反馈改进机制，引导行业企业和其他社会力量积极参与教育质量监测评估，并逐步健全监测结果与资源投入挂钩机制。

三、推动各级教育高水平高质量普及

（一）高水平高质量普及是基本目标

落实高水平高质量普及各级教育的战略任务是我国经济社会发展的客观需要，也是加快实现教育现代化、建设教育强国和办好人民满意教育的必然要求。尽管目前我国各级教育的普及程度总体已达到中高收入国家水平，但随着教育优先战略地位的进一步落实和全体人民对优质教育需求的不断增长，必然要求我国各级教育在现有较高普及率的基础上实现更高水平更有质量的普及。伴随我国综合国力的不断增强，未来应该而且也能够为各级教育适龄人口提供更多高水平高质量的学习和接受教育服务机会。总体目标是实现推动我国各级教育的普及程度达到发达国家平均水平，同时也将促进我国人力资源开发水平跨上新的台阶，为我国基本实现社会主义现代化形成新动能。河南作为教育人口大省，在各级教育普及程度和教育质量提升方面要赶上发达地区的水平，成为教育强省的坚实底部和基础支撑。

（二）实现教育质量与普及率的同步提升

经过多年努力，在中央坚强领导和全社会共同努力下，我国已成为名副其实的教育大国，教育人口规模世界第一。2017 年各级各类学历教育在校生达到 2.7 亿人，当年向社会输出普通高校毕业生 795 万人，使劳动年龄人口平均受教育年限和新增劳动力中受过高中及以上教育的人口比例大幅提升，有效改善和优化了我国劳动人口和从业人员结构。但与发达国家和创新型国家相比，我国在人才培养的适应性、创新创业能力以及人力资源开发总体水平等方面还存在一定的差距，特别是各级各类教育质量和人才培养质量，仍不能完全满足国家现代化战略及人民群众接受教育服务的新需求。

面对新时代、新挑战以及需求多元、教育服务供给方式多样、个性化选择空间扩展等一系列新变化，仅仅努力保障学习者获得学习和接受教育服务的机会，还远远不能满足学习者的多样化新需求，不加细分和缺乏体验的大一统知识技能的单向传授，也难以再给部分学习者带来更多的获得感和满意度。顺应这些新的变化、挑战和需求，必须合理调整未来教育现代化发展战略和路径，即在推进各级教育继续提升普及率和增加学习机会的同时，必须大力推进教育质量和人才培养质量的同步提升，在促进校园、场地、设置、设备等硬件建设的同时，着力加强教师、教学管理、标准、制度、环境等软件方面的建设和投入保障力度。在规划中，涉及各级教育发展一系列具体的任务，如：普及有质量的学前教育，实现优质均衡的义务教育，协调发展普通高中与中职教育，提升职业教育服务能力，促进高等教育内涵及分类发展，让残疾儿童少年享有合适教育，以及完善教育质量标准和人才培养质量监测体系等内容。

高水平高质量普及各级教育，既符合我国基本国情及教育发展的阶段性特征，也符合国际教育机构所努力倡导的发展理念，体现了全国教育大会和习近平总书记重要讲话的精神，也是面向未来努力解决教育发展不均衡不充分等突出问题的根本性举措。

（三）高水平高质量普及的主要任务

1. 扎实推进优质均衡发展

各级教育的高水平高质量普及是教育现代的重要基础，直接影响到立德树人根本任务的落实和社会主义建设者与接班人培养的根基。对于广大人民群众而言，高水平高质量普及各级教育是保障教育作为基本民生的重要内容，是不断满足人民对美好生活需要的奠基性工程和重点领域。高水平的普及，既要保持适龄儿童入学率和在校率，又要坚决落实“控辍保学”各项措施，保障特殊群体及个体学生公平接受教育，保证巩固率。教育普及的高质量，不仅是要在参照各级教育质量标准体系开展教育活动，也要围绕不同学段普及的重点任务和阶段性目标扎实推进，其中幼儿教育发展的重点是实现“优质、安全、普惠”，义务教育的中心工作是实现“优质均衡”，高中阶段要遵照中央文件要求积极推动多样化、内涵式发展。

持续促进教育公平、实现区域基础教育优质均衡发展，是河南省面临的重要任务和重大挑战。尤其是要实现县域基础教育事业的优质均衡，基本任务是在推进城乡教育一体化发展的过程中，逐步缩小城乡之间、校际之间的差距，保障适龄儿童平等接受教育的权利。为此，要落实党对教育全面领导的各项机制，引导各级政府尤其是县级政府科学规划，强化政府行为，建立起持续发展、自我完善的长效保障机制，在幼儿园和中小学校布局调整和建设规划、教育经费投入和资源配置、学校管理体制机制改革创新等方面主动有为，做好统筹协调，使各级教育在原有基础上得到不断发展和提高。

2. 全面发展基于核心素养的素质教育

各级教育的高质量普及，必然是注重内在品质的内涵式发展，在保证好入学率、巩固率、优秀率等监测指标的基础上,更要顺应数字技术和教育信息化发展的趋势,主动顺应智能时代的教育变革,不断丰富和开发教育资源,变革学习资源呈现方式及教育教学组织形式,探索融合教育的途径和方法,使学生实现全面发展,促使学校不断提高人才培养质量。

为此,必须要坚持育人为本,贯彻素质教育思想,发展面向全体的公平而有质量的教育。同时,各级教育尤其是基础教育应当是面向全体学龄儿童,体现全纳教育思想,使人人都能享有优质的教育。注重学生在校期间的学习质量,保证学校生活的质量,为学生的终生发展奠定牢固基础。要坚决落实党对教育的全面领导,按照党的教育方针,遵循教育规律,切实将立德树人根本任务贯彻到育人工作的方方面面。通过制度来督促学校教育加强自身变革,按照依法治教的要求规范办学行为,加快推进学校治理现代化建设,加强对全面落实素质教育体制机制的督导,切实提高各级各类学校的办学水平。办学主体要积极推进课程教学改革,促进学生全面发展。普及的基础性条件是提供更加便利的入学就学条件和优质的教育环境,通过加快构建服务全民的终身学习体系,为所有学习者提供多种方式的成长成才机会。

3. 增强普及教育工作的系统性

各级政府担负着普及教育的主体责任。我国实行的是分级教育管理体制,普及各级教育尤其是基础教育的主体责任主要在县(区)一级政府。县区级政府要在已经实现基本均衡的基础上,按照城乡教育一体化的目标,实现城乡教育优质均衡。

普及教育的工作重点在农村,难点也是农村。长期以来,农村地区经济社会发展水平及公共基础设施建设、社会服务网络发育水平不高,尤其是农村学校在建设标准、师资队伍、经费保障、家长素质及家庭教育、社会支持条件等方面,与城区学校都存在着较大差距。同时,农村社会的发展受到城镇化、工业化、信息化的影响,受教育人口处在不断的变动之中,学龄儿童向城区流动的情况会长期存在。教育人口流动到城区学校或成为随迁子女,是形成超大班额、大班额现象的社会现实基础,持续成为地市和县级政府教育发展压力,考验着地方政府在提供有效公平和优质教育机会上的治理能力。所以不仅要科学规划并及时调整学校布局,还要保证不同学校之间的办学水平基本相当,在县域范围内实现教师的合理流动,保障农村地区尤其是乡村学校的办学水平和教育质量,让所有学生得到高水平高质量的教育服务。

习近平总书记指出,当前我国处于近代以来最好的发展时期,世界处于百年未有之大变局,两者同步交织,相互激荡。同时,我国经济社会发展也正在经历着深刻复杂的变革,要实现河南各级教育高水平高质量普及,必须要坚持党对教育事业的全面领导,从国情省情和教育发展实际出发,遵循教育发展规律和人的发展规律,优化教育生态,全社会关心支持教育,营造良好的教育发展环境。扎根中国大地推进教育现代化,探索、丰富、完善并形成具有中国社会主义特色的教育现代化发展道路、理论、制度和文化。

四、实现基本公共教育服务均等化

实现基本公共教育服务均等化,关系着教育事业的公平发展,更影响着教育现代化的进程。由此可见,实现基本公共教育服务均等化是关乎我国教育事业及公共服务体系发展的一项长期且艰巨的任务。为此,需要建立基本公共教育服务体系,完善基本公共教育保障机制,建成公共教育资源共享平台。

(一)树立均等化理念

明确基本公共教育服务范围能够有效地为实现公共教育服务均等化提供改革方向。国家基本公共服务体系中显示,基本公共教育服务主要包括学前教育、小学教育、中学教育、高中教育、职业教育等各层次教育系统。只有明确了基本公共教育服务的范围,才能更有针对性地解决各级各类教育系统公共教育服务的顽症。

新时代教育事业改革发展面临着许多新挑战,实现基本公共教育服务均等化是现代教育理念下加快教育现代化的基本要求,是人民群众对美好生活的向往在教育中的具体体现。树立基本公共教育服务均等化理念,进一步健全基本公共教育服务体系,建立以义务教育为核心,涵盖学前教育和高中阶段教育的基本公共教育服务体系,实现基本公共教育服务均等化。

(二)落实均等化政策

当前,基本公共教育服务不均等主要体现在由于地区差异、城乡差异和特殊群体等因素,导致不同人群在教育起点、机会和质量等方面的不平等,进而导致公共教育服务不均等。为此,要针对落后地区、城乡差异及特殊群体制定相应的政策或措施,促使基本公共教育服务的均等化。

1. 优化教育投资结构

河南各省辖市财政状况不尽相同,横向财政失衡状况十分明显,各地区的教育投入和教育资源基础相距较大。要通过大力发展贫困地区经济、提高发展滞后地区的财力，优化教育投资结构，为实现基本公共教育服务均等化提供财力支持。

首先，要大幅度增加贫困地区的教育投入。拓宽思路拓展财源，强化教育资金的运作增值，增强教育的良性循环能力，构建适合本地区实际情况的现代化教育体系。其次，要构建教育经费中的“政府投入为主、全社会共同分担”的多元化投入机制，实施对薄弱地区的精准帮扶，落实基本公共教育服务均等化。最后，发挥地区优势，积极引进外资、鼓励个人投资、争取部门资助，通过投融资制度来规范多元投融资渠道并为之提供相应服务。①

2. 均衡配置公共教育资源

受经济社会结构和发展水平的影响，我国城乡基本公共教育服务极不平衡，农村地区的公共教育服务逐渐被忽视而走向边缘化。相关统计数据表明，中国重点大学农村学生比例自1990年起不断滑落。② 推进基本公共教育服务均等化，要在推动城乡教育一体化的进程中构建统一的公共教育体制，均衡配置公共教育资源。

一是扎实推进乡村振兴战略，缩小城乡收入差距。随着区域经济社会协调、可持续发展的深入推进，乡村居民享受公共服务的能力得到提高，基本公共教育服务均等化将逐步得以实现。二是要致力于建构城乡一元化公共教育体制，均衡配置城乡间的公共教育资源，实现公民享有公共教育资源的起点公平和机会公平。在财政拨款、学校建设、教师配备等方面向农村倾斜，有针对性地解决好偏远地区、贫困地区和民族地区的义务教育均衡发展问题，加快缩小城乡差距，扎实推进城乡教育的均衡发展。③ 三是要建立健全城乡对口帮扶长效机制，鼓励地方政府和学校创新对口帮扶模式，完善城乡教育对口帮扶协调机制；健全监督评估机制，确保帮扶资源的合理有效利用，推动城乡教育对口帮扶的可持续、有效发展。④

3. 保障弱势群体权益

由于特殊社会群体自身享有教育资源机会的不平等，使得教育需要在政治、经济、资源等各个方面向其倾斜。确保弱势群体都能够接受公平教育，对困难群体进行精准帮扶，整体提升贫困地区教育发展的水平，补齐教育短板。

---

① 刘琼莲．论基本公共教育服务均等化及其判断标准[J]．中国行政管理，2014(10)：33－36.

② 翁洹．中国名校生源急剧变迁　农村学生难入名牌大学[N]．南方周末：2011－08－06(4).

③ 薛二勇，李健，单成蔚，樊晓旭．实现基本公共教育服务均等化——《中国教育现代化2035》的战略与政策[J]．中国电化教育．2019(10)：1－7.

④ 薛二勇，李健，单成蔚，樊晓旭．实现基本公共教育服务均等化——《中国教育现代化2035》的战略与政策[J]．中国电化教育．2019(10)：1－7.

完善家庭经济困难学生资助体系。需要从制度上保障“不让一个学生因家庭经济困难而失学”，改进资助方式推动保障型资助向发展型资助转变，重视开展心理、心智、精神智力等方面的精准帮扶，鼓励学校建立智能化精准帮扶系统，充分利用现代信息技术提高资助工作精准度和工作效率。基于学生自身发展价值增值的教育公平推进和保障机制，不断激发每个学生发展的内生动力，逐步缩小区域城乡校际群体差距。

推进适龄残障儿童教育全覆盖。针对学生不同情况，实施针对性帮扶，为每个适龄残障儿童建立个人档案。积极协调医疗机构、政府部门，全方位保障每个残障儿童能够有可行的针对性帮扶，让每个适龄残障儿童都能接受到基本公共教育服务的帮助。

积极改革随迁子女就学机制。将随迁子女义务教育纳入城镇发展规划和财政保障范围，保障随迁子女平等享受基本公共教育服务和受教育权利。完善流动人口子女异地升学考试制度，健全符合条件的随迁子女在流入地参加中、高考政策，完善随迁子女就学政策，加快流入地学校建设，积极稳妥解决新型城镇化进程中新增市民和进城务工人员子女的就学问题。简化优化随迁子女入学程序，完善便民服务举措，确保入学待遇同城化，依法保障随迁子女平等接受义务教育。

（三）完善基本公共教育保障机制

基本公共教育服务均等化是教育现代化的基本要求，是维护社会公平的基本途径。为推进基本公共教育服务均等化目标的实现，政府需要制定并完善基本公共教育保障机制，以确保均等化实施。

1. 实现政策要求与标准的统一

基本公共教育服务均等化要求不分地域、城乡和人群差异，每一个想要享受基本公共教育的人都能有机会得到政府提供的服务。为此，政府在提供基本公共教育服务时要制定统一的政策要求，如义务教育阶段要规范学校建设标准、建立教育经费保障机制、落实师资配置政策、区域内教师定期交流制度、健全家庭经济困难学生资助体系和流动人口子女异地考试政策等，对不同地区、不同城乡采用一致的标准，以确保不同地区、学校遵循共同的规章制度。

当然，在实现基本公共教育服务均等化的过程中追求绝对平均是不可能的，但如果不同人群享受的服务标准和水平差距过大，就偏离了均等化的内涵要求。为此，需要将公共教育服务的差距控制在合理范围内，特别是义务教育阶段的均衡发展，要确保县域内的学生在不同学校都能享受到差别不大的教育。

2. 坚持成本分担和弱势补偿

河南是典型的教育人口大省,如果由政府承担全部的教育投入,不仅会出现绝对平均主义倾向,而且还会造成由于财政投入滞后而带来的教育水平提高迟缓等现象。相对而言,民众接受教育后会获得一定的经济或者非经济收益,这种收益在一定程度上讲要与投入挂钩。① 为此,政府可以保证在所有民众都能免费享受义务教育的前提下,对稀缺或高水平教育资源分配采用成本分担原则,要求民众在接受稀缺教育机会和高水平教育资源时支付一定的教育费用。

在具体实施过程中,针对家庭贫困、地区偏远或自然灾害等不可抗因素造成的无力支付教育费用的民众,政府可采用弱势补偿原则,为其提供相应的教育资源或教育补助,使其享有与其他民众同等的受教育机会与权利。均等地对待不同境遇的人,才能促进基本公共教育服务均等化目标的实现。

3. 建成公共教育资源共享平台

随着互联网技术的飞速发展、快速普及和更新迭代,优质教育资源愈加便捷快速实现共享,对于偏远及教育薄弱地区教育资源均等化发展有着重要价值。利用数字教育资源公共服务体系平台的建设,可以提升教育基本公共服务的均等化、普惠化、便捷化水平。加大优质教育资源的使用率,通过网络共享平台普及优质教育资源,整体提高基本公共教育优质资源的服务范畴。此外,还可以通过打造免费且优质的智慧教育在线公共教育资源平台,形成同国家、省级、各地市及市辖区(县)等各层次公共教育资源平台互联,共享国家及各省市优质教育资源,为教师在线学习、高效备课、教研培训提供资源共享公共服务平台,为学生提供更为广阔的学习天地和班级互动的在线交流网络平台,更为家长呈现家校合作、亲子园地等科学化家庭教育资源。针对不同人群设计不同模块的网络教育资源,最终实现全体社会成员的共同发展。

五、构建相互融通的终身学习体系

发展终身教育、建设学习型社会是当今世界发展的必然要求。1970年,法国成人教育思想家保罗·朗格朗出版《终身教育导论》一书,系统地论述了终身教育的思

① 石绍宾. 城乡基础教育均等化供给研究[D]. 济南:山东大学,2007:36.

想，提出社会应该形成一整套机制，为人的一生提供学习的机会，标志着现代意义上的终身教育思想正式形成。此后，在联合国教科文组织等机构的推动下，世界各国掀起了学习、研究终身教育思想的热潮，践行终身教育理论、建设学习型社会已经成为当今世界各发达国家推动经济社会发展的基本方略。韩国在全国范围内建立了以社区为中心的终身学习体系，通过构建社区教育共同体，为推动终身学习、发展学习型社会提供资源保障和体制支撑。日本为保障终身学习顺利进行，在文部科学省下设终身学习促进局，颁布实施了《终身学习振兴法》，并通过设立公民馆、开放学校、终身学习社区等方式为居民终身学习提供支持。澳大利亚建立了沟通不同类型和层级教育机构之间相互关系的“立交桥”，即通过学分认证和转换机制，使不同类型或层次教育机构里的学生在国家教育资料框架内进行转学或继续进修。法国是全世界第一个为继续教育立法的国家，制定了一整套包括《终身职业教育法》《终身教育法》等在内的法律法规体系，向企业征收“职业继续教育税”，加大政府财政支持力度，为终身学习提供充足的经费支持；实施“带薪教育休假制度”，保障职工终身学习的权利，激发学习动机。

自20世纪70年代末现代终身教育思想被引入我国以来，党和政府一直注重推动终身教育理念的实践，致力于推动终身学习的发展和学习型社会的建设。建设人人皆学、处处能学、时时可学的学习型社会，是人类共同面临的重大课题。《中国教育现代化2035》提出要建立渠道更加畅通、方式更加灵活、资源更加丰富、学习更加便利的终身学习体系，形成全民积极向学、随时随地可学的制度环境，推进全民终身学习。发展终身教育、建设学习型社会是一个复杂的系统工程。

（一）树立科学的终身学习理念

推动公民自主地选择合适的终身学习时间、地点、内容及方式，确保终身学习取得扎实成效。科学的终身学习观念包括学习时间观、学习空间观、学习权利观、学习价值观以及自主学习观。终身学习时间观认为学习不是人生某一特定阶段的行为，而应该伴随人的一生，中国社会传统的“活到老、学到老”的思想即体现了终身学习的时间观。学习空间观则从学习的空间界定学习的行为，认为人类活动的任何场所都应为人类的学习行为提供条件。学习权利观认为每个人都具有学习的权利，就像生存权一样不可被剥夺，国家应将其视为人的基本权利加以保护。学习的价值观是指学习具有满足人的某些方面需求的属性，在现代社会，要特别强调学习之于学习者的本体价值。自主学习观则强调学习者主动、积极、创造性地学习。

观念是行动的先导，只有树立科学的观念才能转化为正确的行动。要在全省范围内大张旗鼓地宣传终身学习的价值和必要性，充分运用各种媒介，开辟专栏宣传终身教育、终身学习的理念。将终身学习思想渗透于各级各类学校的教育教学过程中，逐步形成主动学习、持续学习、科学学习的终身学习观念。

（二）完善终身学习资源配置

资源整合主要体现在两个方面：一是省政府及相关部门不断增加终身教育专项经费，为全民终身学习提供充足、优质的学习资源，有效解决经费紧张、资源匮乏的问题；二是盘活现有的终身教育资源，采取各种方式优化、整合终身教育的各项资源，使之发挥出最大效益，避免资源浪费。良好的资源配置是发展终身学习的基本前提。省、市、县级政府应积极采取措施，统筹整合省内各项教育文化资源，推动终身学习持续健康发展。切实保障终身学习经费投入，建立健全经费投入的长效机制，逐步形成政府拨款、单位筹款、学习者出资、社会捐赠相结合的多渠道经费筹集机制，为终身学习提供强有力的财政支持。加强终身学习基础设施建设，为全社会提供更便捷、更高效的终身教育服务。统筹建立跨行业、跨地区的终身学习资源共享机制，提高各类教育资源的使用效率。鼓励各级各类学校和企事业单位结合自身特点，有计划、有步骤地向社会开放图书馆、运动场等教育、文体资源，促进社会公民科学文化素质的全面提高。鼓励有条件的高等学校根据自身实际情况，充分发挥校园文化优势和人才优势，通过面授、网络教学等形式举办开放式讲座，为所在社区群众终身学习提供支持。充分运用现代教育技术，积极开展远程教育，实现优质教育资源城乡共享。

（三）构建覆盖全省的终身学习网络

网络构建主要是指鼓励全省各级各类学校、企事业单位、社会机构及公民个人积极参与共建终身学习体系，逐步形成学习型家庭、学习型组织和学习型城市，由此构成一个全面覆盖全省城乡的学习型网络。鼓励各级各类学校、企事业单位、社会机构以及公民个人积极参与共建终身学习体系。推动学校等机构充分发挥自身优势，积极开展符合人民群众多样化需求的职前、职中、职后教育及培训活动。鼓励地方政府根据实际情况，积极拓展各项教育文化资源，充分发掘博物馆、科技馆、图书馆、文化馆等机构的教育功能，开展各项科技文化教育活动，形成全社会崇尚科学、热爱学习的良好社会氛围，推动学习型城市的建立。街道办事处、村民委员会等基层单位，要完善教育基础设施建设，结合日常工作，积极开展丰富多彩的文化教育活动和职业培训活动,推动学习型社区的建立。鼓励各基层组织和家庭结合自身特点开展形式多样的学习和培训活动,建立学习型组织和学习型家庭。大力发展农村成人教育机构,优化学习环境,丰富学习资源,完善师资力量,把农村实用技术培训作为重点,提高农村人口的科学文化素质和就业创业能力。

(四)健全终身学习质量评价机制

评价机制主要涉及终身学习成果认定及转换的体制机制,即如何科学、合理地认定不同时期、不同环境下人们通过多种形式获得的学习成果,并将其转换成相应的学分或证书。研究制定终身学习的质量标准,实施终身教育机构资格认证制度。设立终身学习管理机构,加强对各类终身教育机构及其活动的监管和服务。建立科学的终身学习学分认证和转换机制。推行学分银行制度,制定各类终身学习成果的学分认定标准、存储方式和转换途径。在国家资历框架内,建立相同课程学分在成人教育机构和普通教育机构之间、职业教育机构和普通教育机构之间相互转换的机制。搭建"立交桥"式的终身学习服务体系,实现学历教育和非学历教育并重,正规教育和非正规教并举,职业教育和普通教育融通。建立和完善终身学习成果与企事业单位人事管理制度相结合的激励机制,通过设立带薪进修制度、学习优秀奖励制度等措施,把职工终身学习的时间和成效作为考核、升迁的重要依据,激励广大职工积极参加终身学习活动。

(五)优化终身学习的法治环境

优化终身学习的法治环境是指建立和完善终身学习的法律法规,为终身学习的顺利实施营造良好的外部环境。我国现有的教育法律、政策及规划已涉及终身学习,例如《中华人民共和国教育法》第十一条规定,国家适应社会主义市场经济发展和社会进步的需要,推进教育改革,促进各级各类教育协调发展,建立和完善终身教育体系。然而我国尚未出台针对终身学习的专门性法律法规,在一定程度上制约了各地推进终身学习的步伐。在此背景下,应尽快将终身教育、终身学习纳入省法制建设轨道,通过法律的形式保障公民和社会组织终身学习的权利和义务。研究制定《河南省终身学习促进条例》等规章制度,完善终身教育法律法规,确保终身教育活动在法制的框架内规范、有序地进行。明确各级政府在推动构建终身学习体系和学习型社会中的责任和义务,切实保障公民终身学习的权利。厘清各级各类教育机构在终身学习体系中的地位、目标、责任及其相互关系。制定河南省发展终身学习的中长期规划，逐步建立“政府宏观调控，组织规划管理，个体自主学习，社会共同参与”的终身学习格局，有序推进学习型社会的建成。

六、一流人才培养支撑创新发展能力

高等学校是高度依赖个人创造力的教育和学术机构，是一流人才的培育基地、知识创新的主体和推动社会发展的中坚力量。世界各国普遍重视通过发展高等教育实现一流人才培养的目标，并在一流人才培养的过程中完成高等学校科学研究、社会服务和文化传承与创新的使命，成为支撑区域经济和社会发展的不竭动力。

（一）创新发展能力的内在逻辑

1. 创新是现代化建设的战略支撑

科学发展和技术进步是推动经济社会现代化的重要力量，科学发展和技术进步一刻也离不开科技创新。提高自主创新能力，建设创新型国家，是我国发展战略的核心任务和提高综合国力的关键。党的十九大提出，创新是引领发展的第一动力，是建设现代化经济体系的战略支撑。习近平总书记指出，“抓创新就是抓发展，谋创新就是谋未来”。创新是一个民族进步的灵魂，是一个国家兴旺发达的不竭动力。

2. 创新的主体是人才

人才是创新的根基，“创新的事业呼唤创新的人才”，创新驱动实质上是人才驱动，深刻揭示了人才与创新的关系，指明了创新驱动发展战略的突破口和着力点。人才是指具有一定的专业知识或专门技能，进行创造性劳动并对社会作出贡献的人，是人力资源中能力和素质较高的劳动者。哈佛大学第24任校长普西认为，一流人才与三流人才的分水岭，就是看他是否具有创造力。人才是实现民族振兴、赢得国际竞争主动的第一战略资源。谁拥有一流的创新人才，谁就拥有了科技创新的优势和主导权。

3. 一流人才的培养主要依靠高等教育

培养人才，根本要依靠教育。“国势之强由于人，人才之成出于学。”高等教育的本体功能是人才培养，由此衍生出科学研究、社会服务和文化创新等其他功能，使得高等教育成为高新知识的创造者、传播者、垄断者。高等教育机构可以有效聚集创新要素和资源，积极联合国内外创新力量，集聚和培养一大批拔尖创新人才和各领域各方面的一流人才，有效提高劳动者素质，将人口红利转化为人力资源红利，为经济社会发展提供有力的创新支撑和文化引领，是一个国家发展水平和发展潜力的重要标志，在很大程度上拥有决定国家前途命运的知识权力。习近平总书记2018年在与北京大学师生座谈会上指出："党和国家事业发展对高等教育的需要，对科学知识和优秀人才的需要，比以往任何时候都更为迫切。"

河南作为人口大省和经济不发达省份，更需要通过教育尤其是高等教育的发展培养符合国家需要、推进科技进步、引领区域发展、适应国际竞争的优秀创新创业人才，为河南省的社会经济发展提供创新动力和支撑。

（二）人才培养支撑创新发展能力的国际经验

在当今世界，国家发展迫切需要人才。知识和人才越来越成为提高综合国力和国际竞争力的决定性因素。高层次人才是建设创新型国家的核心力量。如美国从建国初期就十分重视人才培养、实施教育建国和教育强国战略。从20世纪初以来，美国一直保持世界教育领先地位。自20世纪50年代末期起，美国就视教育为国家发展的基础和人才培养的关键。美国作为当今世界科技实力最强大的国家，坚持把大学作为"知识经济的发动机"，一直致力于促使高校的重点研究项目与整个国家和社会的需要紧密结合。世纪之交，美国开始关注研究型大学的本科教育问题。卡内基教育促进基金会1998年发表了一份题为《重建本科生教育——美国研究型大学发展蓝图》的报告，强调要重视本科生教育，并指出在培养模式上要建立以研究为基础的教学、跨学科教育机制，提出将交流与沟通技能和课程学习相结合、创造性地使用信息技术、营造高峰体验等建议。在培养内容上，注重加强普通教育与专业教育的融合，突出劳动力市场所需的各种能力，尤其是"可迁移技能"的培养，通过各种方案尤其是产学研结合的形式加强学生与社会的联系，增强学生的实践能力，以胜任将来工作场所的需要。现在，世界一流大学纷纷以培养创新型人才为己任，如芝加哥大学的表述为"使学生具有挑战传统思维、追求原创思想的能力"。

为了更好地发展一流大学，培养更高质量的一流人才，从2013年开始，韩国政府开始推行《21世纪智慧韩国高水平大学建设计划》（"BK21 - PLUS"），该计划旨在通过提高韩国大学的自主性与责任意识，从"质"上提升韩国大学的教育与研究水平，最终让韩国高等教育具备国际领先水平。日本在2014年正式启动的《全球顶尖大学计划》，力图以"国际通用性"为指引，提高教务管理国际化水平、打造世界一流的课程体系、推行"以学生为中心"的教学模式，并通过搭建国际性跨学科研究平台、提升大学的国际学术影响力、构建强有力的科研支援系统等路径助力科研发展，争做国际学术前沿并行者乃至领跑者。

大力发展职业教育，培养更多更好的高素质技能人才，在世界范围弘扬劳动光荣、技能宝贵、创造伟大的时代风尚，已逐渐成为全球共识和许多国家的国策。德国的“双元制”模式是一种学生在企业接受技能培训和在学校学习专业知识相结合的人才培养模式，强调校企合作开展职业教育，突出“双主体”育人。日本“产、学、研”结合人才培养模式强调企业与学校之间的互动，将生产与学习相结合，培养学生职业能力，学生毕业后可以直接上岗，毕业生工作技能得到企业广泛认可。

在智能经济时代，各国政府高度重视人才培养。在一流人才培养方面，各国政府实际上担负着许多计划的设计者、支持者和实施者的角色。与此同时，高度重视职业教育，在构建适应区域和产业发展需要的教育布局、加强高等学校创新体系建设等方面的经验，都给我国许多启示和借鉴。

（三）政策依据与实现路径

《中国教育现代化2035》将提升一流人才培养与创新能力作为十大任务之一，指明了发展目标和努力方向。河南省的一流人才培养以此为基本遵循和重要参照，结合省域特点来确定教育现代化方案。

1. 分类建设一批一流高等学校

高等学校分类发展是优化高等教育结构、实现教育率先现代化、推动国家创新发展的必然要求。党的十九大报告指出要“实现高等教育内涵式发展”。引导并落实高等学校分类发展是内涵式发展的基本策略和关键着手点之一。中共中央办公厅、国务院办公厅印发的《关于深化教育体制机制改革的意见》也明确要求“不同类型的高等学校要探索适应自身特点的培养模式，研究制定高等学校分类设置标准，制定分类管理办法，促进高等学校科学定位、差异化发展”。河南省于2015年7月21日发布的《河南省人民政府关于深化高等教育综合改革全面提升经济社会发展能力的意见》（豫政［2015］41号）指出：“建立高校分类设置、评价、指导、评估、拨款制度，引导高校科学定位，在不同层次、领域办出特色。按照高水平大学、特色骨干大学、应用技术类型大学和高职高专院校进行分类管理、分类指导，实现分类发展，科学发展。”

加快推进“双一流”高校建设。2015年，国务院关于印发统筹推进世界一流大学和一流学科建设总体方案的通知，把“双一流”建设纳入国家规划层面。2017年1月，教育部、财政部和国家发改委联合印发了《统筹推进世界一流大学和一流学科建设实施办法（暂行）》的通知，正式启动“双一流”建设，9月，郑州大学入选一流大学，河南大学入选一流学科建设大学。与全国137所“双一流”建设高校相比，河南省的数量严重不足。高水平大学数量不足，高层次人才相对缺乏，引领支撑作用发挥不够，人才培养的规模、结构、质量还不能很好适应经济社会发展的需要。因此，分类建设一批一流高等学校势在必行。坚持中国特色，瞄准世界一流，强化政策、资源和资金支持，加快推进郑州大学、河南大学的“双一流”建设，着力提高拔尖创新人才培养水平，培养一批高层次创新创业团队和高级专门人才。把郑州大学建成国际知名的综合性大学，争取进入世界一流大学行列，成为中西部地区经济社会发展的重要创新基地。河南大学生物学要在该学科领域达到世界一流水平，使多学科协调发展的一流学科体系更加完善，初步形成世界一流大学的学科基础。支持河南更多高校进入国家“双一流”建设序列，争取若干所大学具备国内一流大学竞争力，更多学科进入国内一流学科行列，促进河南高等教育质量整体提升。

分类推动高等学校提高办学水平。制定特色骨干大学建设方案，提升特色骨干大学办学水平，着力建设一批行业特色鲜明、学科优势明显的大学，在行业拔尖创新型人才培养上取得突破。加强应用技术类型本科院校应用能力建设，打造一批产业贡献力大、创新应用能力高、结构带动力强的应用技术类型高校。重点建设若干所优质高等职业院校，带动形成为地方经济发展提供有力支撑的技术技能人才培养格局。鼓励支持高水平有特色的民办高等学校培育优秀师资、优质学科、专业和课程，整体提升管理水平和教育教学质量。

通过分类发展改变高等学校功能定位趋同、办学特色不明显、人才培养同质化等现象，引导高等学校在不同层次、不同领域办出特色。首先要加快促进各个高校根据自身特色和优势准确定位，确定不同类型高校差异化发展目标和发展路径，有针对性地采取支持性政策措施。其次要遵循人才成长的规律，推进人才培养改革。再次要分类指导学校制定学科专业建设规划，分类调整学科专业结构，鼓励高等学校在不同层次、领域办出特色，争创一流。

2. 加快发展现代职业教育

职业教育与普通教育是两种不同的教育类型，在人才培养上具有同等重要的地位。职业教育直接服务区域经济社会发展，为国家和区域经济社会发展提供了有力的人才和智力支撑。

国家一直重视职业教育的发展。2014年6月，《国务院关于加快发展现代职业教育的决定》提出“加快构建现代职业教育体系，激发职业教育办学活力、提高人才培养质量”等任务。十九大报告明确提出“完善职业教育和培训体系，深化产教融合、校企合作”。2019年2月13日，国务院印发《国家职业教育改革实施方案》，文件提出，没有职业教育现代化就没有教育现代化。要经过5—10年时间，职业教育基本完成由政府举办为主向政府统筹管理、社会多元办学的格局转变，由追求规模扩张向提高质量转变，由参照普通教育办学模式向企业社会参与、专业特色鲜明的类型教育转变，大幅提升新时代职业教育现代化水平。《中国教育现代化2035》也明确提出要“完善职业教育和培训体系”。

目前，河南省职业教育还存在结构性矛盾，缺乏吸引力成为职业教育发展的瓶颈。大而不强，多而不精，是河南职业教育快速发展后新的痛点。这些都迫切需要通过职业教育改革来增强职业教育吸引力，补齐技术技能人才储备不足的“短板”。

首先是完善职业教育和培训体系。坚持面向市场、服务发展、促进就业的办学方向，不断优化职业教育结构与布局，畅通技术技能人才成长渠道，形成纵向衔接、横向贯通、学历教育与培训并重的现代职业教育体系。支持发展一批品牌化、连锁化和中高职衔接的职业教育集团，扩大对初中毕业生实行中高职贯通培养的招生规模。贯彻实施中国特色高水平高等职业学校和专业建设计划，建设若干引领改革、支撑发展、中国特色、世界水平的高等职业学校和骨干专业（群）。贯彻《河南省职业培训条例》，职业院校要按照育训结合、长短结合、内外结合的要求，面向在校学生和全体社会成员开展职业培训。采用多种形式大力发展面向农业农村的职业教育，培养以新型职业农民为主体的农村实用人才，支撑乡村振兴。

其次是促进产教融合、校企合作育人。推行现代学徒制和企业新型学徒制，健全德技并修、工学结合的育人机制，形成符合技术技能人才成长规律的职业教育人才培养模式，培养更多具有“工匠精神”的“大国工匠”。鼓励和支持社会各界特别是企业积极支持职业教育、参与人才培养全过程，推动职业教育与产业发展有机衔接、深度融合，实现由政府举办为主向政府统筹管理、社会多元办学的格局转变，由追求规模扩张向提高质量转变，由参照普通办学模式向企业社会参与、专业特色鲜明的类型教育转变。

3. 完善适应区域和产业发展需要的布局

高等教育区域布局结构是指高等教育诸要素（如学校、学生、学位层次、学科专业、学位类型等）在不同区域分布的情况及其与社会政治、经济、文化发展水平之间的关系。它体现了高等教育在区域中的地位和功能，反映了不同地区在高等教育资源配置上的差异。

国际上看，区域和产业发展相结合的高等教育布局主要有三种类型：与产业发展相结合的行业型高等教育布局、与社会发展相结合的城市型高等教育布局和与区域发展相结合的湾区型高等教育布局，分别以美国纽约—波士顿都市圈与高校群、英国伦敦“知识城市”建设、日本东京大湾区“超级国际化大学”规划为典型。这些国际上比较成功的区域教育布局对河南省构建高等教育区域布局具有重要的参考价值。

从高等教育布局上看，要重视并处理好三组关系：一是高等教育与社会发展的联系性和互动性问题，二是高等学校、地方政府和社会资本之间联动关系问题，三是学校设施、学科建设与保障条件同人才输出、社会服务的匹配性问题。

联合国教科文组织高等教育与社会特别工作组在对不同发展中国家高等教育进行调查后强调：“一个发达的高等教育是经济增长的基础，它允许国家创造新的知识，明智地选择和补充现有技术，有效地将其运用于当地环境。为了完成这些任务，高等教育系统中的科学技术迫切需要更多的投资和现存资源更高效益的配置，这需要付出艰难的努力。”河南的高等教育发展滞后，更需要在区域布局方面付出“艰难的努力”，建立更加有效的区域教育协调发展新机制，使高等教育成为区域经济社会发展的坚实基础。

河南需要围绕国家一系列重大战略部署和区域经济社会发展需求，以“三区一群”建设为龙头，着眼区域产业发展和人才汇聚，合理配置教育资源，推动区域性院校集群建设，提高教育对区域和产业发展的支撑和服务能力。加大与河南基础产业、支柱产业和国家战略紧密相关学科专业的建设力度，构建对河南经济社会发展起重要支撑作用的优势学科专业群。优先布局现代农业、先进制造业、现代服务业、战略性新兴产业等产业迫切需要的高等学校与职业学校，重点发展高水平行业特色大学、应用型高等学校和小规模特色学院。对标国家高等教育和人才发展目标，适应河南人口与教育发展现状，科学规划高等教育增量供给。坚持新增资源向新的城镇化地区、产业集聚区、高等教育资源短缺地区倾斜。大力支持城市与大学开展共建工作，形成以城育校、以校兴城、共同发展的良好格局。

4. 优化人才培养结构

教育和人才对提高国家国际竞争力的重要作用已得到普遍重视，世界各国正在不断完善相关制度设计和政策体系，采取各种措施优化人才培养结构，大力推进高等教育供给侧结构性改革，促进经济社会又好又快发展。

在我国，随着现代化建设步伐的加快，产业结构逐渐由以第一、第二产业为主导发展成为了以第三产业为主导，战略性新兴产业也在快速发展，亟须大批与之相适应的高素质人才，为国家发展提供人力保障和智力支持。根据《中国教育现代化2035》

的要求,一方面,要使学校教育更好地适应现代化建设的新情况,加强对各级各类社会紧缺人才的培养;另一方面,要不断健全人才培养结构调整的制度体系,完善人才培养结构的动态调整机制。

由于人才培养结构的动态调整机制尚不健全,河南优化人才培养结构方面还有很多工作要做。如部分高校盲目模仿,片面追求综合化,呈现“千校一面”现象,人才培养“重理论轻实践”的问题突出,高等学校人才培养与社会需求结合不紧密。人才需求预测方面也存在着主体不明确、对象不清晰、方法不科学、机制不健全等问题。

河南省人口众多,教育发展水平不高,高等教育发展处于全国中下水平。在硕士博士研究生等高层次人才培养方面更是落后。研究生教育是培养高层次人才和释放人才红利的主要途径,可极大地推动人才培养、科学研究、师资队伍等方面的发展,为河南经济社会发展培养更多的高层次创新人才,对于推动河南高等教育国际化,将教育大省、人口大省优势转化为教育强省、人才强省优势具有重大意义。较长时期以来,河南省研究生招生规模远远不能满足省域经济社会发展的需要,也远远不能满足省内高校对高层次人才培养的需要。出现了河南一省的博士生招生指标比不上四川大学一校的博士生招生指标的异常现象。此外,高等学校还存在着学科交叉融合度较低、产教融合深度不够、应用型人才培养比重偏低、军民融合方式不当、制度不够完善等问题。

在产业结构转型升级步伐加快、战略性新兴产业快速发展的背景下,人才结构优化应注重解决好以下问题:

一是健全需求导向的人才培养结构调整机制。综合运用招生计划、就业反馈、人才需求预警等方式,引导高等学校和职业学校及时调整与发展需求不相适应的学科专业。适应本省产业分工从价值链中低端向中高端转变对人才需求的变化和国内国际人才竞争的变化趋势,逐步提高高层次人才培养比重,加强创新人才特别是拔尖创新人才的培养,提升高素质技术技能型人才培养水平,增强河南教育系统培养人才的成长性和竞争力。扩大高等教育尤其是研究生招生规模,每万名人口中取得硕士、博士学位人数力争达到国内平均水平,促进学术学位与专业学位研究生教育的协调发展。在关键领域加快发展博士专业学位教育,培养应用型高层次人才。探索建立与科研项目和经费挂钩的研究生招生计划管理机制。推进军民深度融合,军地合力培养国防和军队现代化急需的各类人才。

二是加强大学生就业创业综合服务基地和综合服务功能体系建设。健全高校毕业生就业质量年度报告编制发布制度,继续开展高校毕业生离校就业状况跟踪调查,持续做好全省经济发展对普通高校毕业生人才需求预测。进一步完善就业创业服务体系,推动实现高校毕业生更加充分和更高质量的就业创业。

5. 加强高等学校创新体系建设

高校创新体系,就是高校将各种资源通过重新调整、组合、优化配置而形成的一个有利于高校创新的体系。高校创新体系建设的概念源自国家创新体系。伴随着科技革命的兴起与发展,科学技术与世界经济发展的联系越加紧密,并逐步成为世界经济发展的决定性因素。“一系列全新科技的颠覆性变革可能伴随世界格局的重塑,掌握主导性技术才能获得世界性话语权”。为加快科技进步与经济发展,1998 年,我国提出了大力推进国家创新体系建设的战略任务。

2009 年 9 月 11 日,河南省人民政府印发了《河南省自主创新体系建设和发展规划(2009—2020)》。文件提出,自主创新体系是激发创新创造活力、提高自主创新能力和核心竞争力的体制基础和机制保障。建设自主创新体系,是主动应对全球金融危机、提高区域竞争能力的根本要求,是推动发展方式转变、实现科学发展的基本途径,是实现跨越发展、推动中原崛起的战略性举措,是建设创新型的重要保障。经过多年努力,河南在高校创新体系建设上取得了一些成绩,工作中也还存在一些问题,如科研整体水平不高,科研力量相对分散,科研整合程度不高,科研体制不活等。高校是国家和区域创新体系的强大生力军,加快高校创新体系建设,既是推进区域创新体系建设的迫切需要,也是提高高等学校质量、提升高校竞争力的必然要求。

首先,提升高等学校科技创新资源聚集能力。突出“高精尖”导向,依托高校重大科研项目,深入实施重大人才工程,加强院士工作站、博士后流动站(工作站)、海外高层次人才创新园和郑州航空港引智试验区等平台建设,着力发现、培养和聚集战略科学家、科技领军人才等各种类型的创新型人才(团队)。结合国家支持重点和区域发展特点,对接区域创新体系建设、产业发展及转型升级、黄河生态保护等,建设一批重点学科,建成一批省级重点实验室、工程研究中心等科研创新平台。依托高等院校、科研院所和高新技术企业,探索构建产学研用深度融合的全链条、网络化、开放式协同创新联盟。加强学科交叉,突出关键共性技术、前沿引领技术、现代工程技术、颠覆性技术创新。建立各类创新平台向人才培养开放的长效机制,完善产教、科教、企教融合的人才培养模式,以高水平的科学研究支撑高质量的人才培养和产业创新,推动创新链、产业链与人才培养链的有机衔接。

其次,提高高等学校哲学社会科学研究水平。坚持马克思主义指导地位,树立正确的价值取向和学术导向,坚定不移地实施以育人育才为中心的高校哲学社会科学整体发展战略。聚焦创新理论、传承文明、资政育人、服务社会的目标任务，培育高水平科研队伍，立足文化优势，开展联合攻关，产出一批原创性、标志性学术成果。加快完善哲学、历史学、经济学、政治学、法学、社会学、民族学、新闻学、人口学、宗教学、心理学等对哲学社会科学具有支撑作用的学科，重视发展甲骨文等具有重要文化价值和传承意义的“绝学”、冷门学科，深入研究黄河文化、中原文化，扬弃继承、转化创新，推动黄河文化遗产的传承与保护，构建具有国际视野、国家一流、中原风格的哲学社会科学学科体系、学术体系。构建更加完善的高校哲学社会科学研究创新平台支撑体系，加强前瞻性、针对性、储备性战略研究，培育建设一批高水平新型智库。

最后，健全有利于激发创新活力和促进科技成果转化的科研体制。加大投入，建立高校科学研究稳定支持机制，积极构建开放协同高效的现代大学科研组织机制，推进科技资源开放共享。完善有利于调动科研人员积极性的评价和考核机制，提升评价的科学性。推动高等学校建立知识产权运营专门队伍，强化知识产权创造、保护和运用，完善科技成果转化登记、收益分配制度和服务保障体系。强化高等学校科技服务职能，充分利用大学科技园、产业创业园和工程技术（研究）中心等平台，为师生创新创业提供支持与服务。

七、全面振兴教师教育

遵照习近平总书记关于“四有”好老师的总体要求，围绕“培养什么样的教师”“怎样培养教师”两大关键问题，高质高效推进实施十大工程项目，到2035年，建构起以师范院校为主体、师范大学为主导、师范学院为主力、教师培养为主业，高水平综合性大学积极参与的，具有中原风格的教师教育体系。通过建设一批教师教育基地，打造一支教师教育师资队伍，探索卓越教师培养的有效模式，实施教育精准扶贫工程；加强过程优化与管理，全面提升教师培养培训质量，推进高素质专业化创新型教师队伍建设。

（一）全面振兴教师教育的必要性

全面振兴教师教育，推进教师队伍建设体现了党和国家的政策要求、基础教育的外部需求以及兄弟省份的价值追求。

1. 落实国家发展战略的重要举措

近年,党和国家出台了一系列关于教师教育改革的政策性文件,对教师教育发展提出了明确的要求。《国家中长期教育改革和发展规划纲要(2010—2020 年)》要求"深化教师教育改革,创新培养模式,增强实习实践环节,强化师德修养和教学能力训练,提高教师培养质量"。《国务院关于加强教师队伍建设的意见》(国发〔2012〕41 号)明确指出"教师是教育事业发展的基础,是提高教育质量、办好人民满意教育的关键"。2018 年 1 月出台了《中共中央国务院关于全面深化新时代教师队伍建设改革的意见》。同年 3 月,《教师教育振兴行动计划(2018—2022 年)》又正式颁布。该计划提出要"经过 5 年左右努力,办好一批高水平、有特色的教师教育院校和师范类专业"。可见,全面振兴教师教育,让教师教育更加出彩,推进高素质教师队伍建设是国家的政策要求。

2. 反映了区域教育的发展需求

全面振兴教师教育,推进高素质教师队伍建设。河南是人口大省、教育大省。当前及今后教育肩负着学前教育解决入园难、义务教育均衡发展、普及高中教育和高等教育内涵式发展等诸多目标任务。完成任务需要突出提高教育质量这个主题,坚持教育供给侧结构性改革这条主线,把握保基本、补短板、促公平的工作重点。而高素质专业化创新型教师队伍则是突出主题、坚持主线、把握重点的关键因素。教师教育是教育事业的工作母机,是引领中原基础教育更加出彩的最先一步。正因如此,《河南省教育综合改革方案》明确提出要抓好河南师范大学、信阳师范学院等 19 个教师教育改革创新实验区和省辖市级教育综合改革实验区建设。可见,让教师教育更加出彩,打造一流师范大学也反映了河南中原教育发展的外部需求。

3. 体现了战略调整的价值追求

为了贯彻落实《中共中央国务院关于全面深化新时代教师队伍建设改革的意见》,江苏、广东、山东、山西、浙江、四川等地纷纷出台实施意见与办法。广东、江苏等地还印发了《教师教育振兴行动计划(2018—2022 年)》实施方案。还有一些省份的师范大学也推出了教师教育振兴计划。华南师范大学高度重视教师教育,提出了"教师教育有特色,学科建设上台阶"的战略口号。该校率先在全国成立了教师教育学部,顾明远先生称其为"教师教育体系建设的创举"。2015 年,华东师范大学整合全校教师教育资源与力量,明确了为培养"高层次的高中教师"而教的战略定位。南京师范大学以"未来教育家"培养为导向,于 2015 年开始探索"一个目标、三位一体、六大举措"模式改革。

国家的政策要求、区域教育的发展需求以及兄弟省份的外部经验等各个方面的因素推动着河南必须全面振兴教师教育，推进高素质教师队伍建设。

（二）全面振兴教师教育的重要任务

为了推进高素质专业化创新型教师队伍建设，需要不断探寻有效路径。

一是突出抓好师德教育。学高为师，德高为范。师德师风建设是教师队伍建设的首要任务，也是关键抓手。习近平总书记在北京师范大学视察时，勉励广大教师要做有理想信念、有道德情操、有扎实学识、有仁爱之心的“四有”好老师。师德修养是“四有”好老师的核心内容。师德教育需要从师范生培养与教师培训两个维度展开。将师德教育作为必修内容贯穿于师范生培养与教师培训的全过程，做到课程时间上有保证、内容上有衔接、效果上有提升。在师范生与在职教师中广泛进行社会主义核心价值观教育、法治教育、中华优秀传统文化教育以及职业理想与教育情怀养成教育。开展师德主题教育活动和“最美教师”宣传推介，充分发挥中原本土师德标兵和教书育人楷模在师范生培养和教师培训中的教育作用。鼓励师范生积极参加义务支教、公益活动、社会调查，通过道德实践增进其职业认同与社会责任感。建立教师宣誓制度，通过在师范生入学、新教师入职、教师节等重要节点举行《河南教师誓词》宣誓活动，将师德内化为教师的职业理想、操守和精神。

二是促进教师教育学科与专业的有效联动。学科关注的科研创新与学术探究，专业则倚重人才培养与教学活动。教师教育学科建设解决了人才培养的知识基础，教师教育专业则直接指向人才培养的质量与效果，两者可以有效互补，相互促进。从具体的实现路径来看，要以培养具有学术涵养与教育能力的教师为追求，建立健全教师教育本专科和研究生培养的学科专业体系。优化省内教师教育学科结构布局，引导各院校根据优势凝练学科方向，鼓励校际优势互补和学科帮扶，打造一批具有竞争力的高水平教师教育学科品牌。要发挥教师教育学科对专业与课程建设的学术支撑作用，鼓励探索学科负责人、专业负责人与精品课程负责人三位一体培养师范生的机制。启动师范类一流专业建设计划，培育建设一批优势突出、特色鲜明的省级一流师范类专业，力争有更多的专业建成国家级一流师范专业。要实施师范类紧缺专业建设计划，根据基础教育需求状况，在音乐、体育、美术、特殊教育等学科遴选建设一批紧缺专业，弥补高校教师结构性数量不足。以能力为重点，以实践为导向，构建教师教育课程内容体系和实习实训体系，不断增进教师教育课程以及实践教育的开放性，为有从教意愿的非师范类专业学生提供二次选择的途径与机会。

三是探索信息手段与教师教育的有机融合。21 世纪是知识经济时代,互联网已经成为一种基本的生活方式。探索互联网 + 教师教育,促进信息技术与教师教育的有机融合、无缝对接,是培养高素质教师的必由之路。实现互联网 + 教师教育首先需要研究制定师范生信息技术应用能力标准,加强对师范生信息素养与能力的考核,作为获得学业证书的依据。充分利用云计算、大数据、虚拟现实、人工智能等新技术,推进教师教育信息化教学服务平台建设和应用,推动线上学习与线下教学相衔接、信息技术与学科教学相融合。加强"省级教师教育教学资源库"建设。启动实施教师教育省级在线开放课程建设计划,实现教师教育课程资源广泛应用共享。还需要大力推进"互联网 + 教师培训"。探索线上培训与线下培训相结合的混合式研修模式。采取政府购买、自主制作、合作共享等方式,建设多样化的培训课程资源,形成"开放化、可选择、菜单式"的教师研修服务平台。实施新一轮中小学教师信息技术应用能力提升工程,引领带动中小学教师校长将现代信息技术有效运用于教育教学和学校管理。加强在职教师培训信息化管理,建设教师专业发展"学分银行"。

四是构建一体化豫派教育家培养体系。从职前培养和职后培训一体化、全程化的角度整体构建具有河南气派、中原风格的豫派教育家的培养体系。在职前教育阶段,需要实施卓越教师培养计划。教育厅可以委托专业机构依据层级、类型、学科等的不同分类研制卓越教师素养标准,加大对卓越教师培养的科学规划、宏观指导、均衡布点与政策支持。鼓励各培养高校根据自身办学定位、学科优势、专业特色与资源条件等因素积极承担卓越教师培养项目。高校则可以通过二次选拔优秀生源、创新培养模式、建立协同培养机制以及进行多样化的教学改革试验等方式提高卓越教师培养效果。在职后培训体系中,应持续实施卓越教师培育计划。以教育部"国培计划"——中小学名师名校长领航工程学员为重点对象进行长期培育、过程跟踪、精准扶持,使之率先成为具有高尚教育情怀、成熟教育思想、独特教育风格和广泛教育影响的教育家型教师或者教育家型校长。各市县教育行政部门要积极落实配套政策,在经费投入、政策倾斜等方面要加大对豫派教育名家的培育力度,从而形成有力的政府支持系统。还要充分发挥中小学校的作用,为豫派教育名家的培养创造良好的条件与环境。通过优化专业发展支持服务体系,不断提升卓越校长和教师的培育效果,使之早日真正成为具有中原风格的"豫派教育名家"。

五是大力加强乡村教师队伍建设。按照价值先导、政策倾斜、精准培养的思路实施教师教育精准扶贫扶弱扶特工程,大力加强乡村教师队伍建设。首先,要实施公费师范生培养计划,抓好师范教育这一源头。探索以"定向招生、定向培养、定向就业"

为特征的乡村教师精准培养机制。扩大小学教育全科教师的培养规模，探索初中起点五年制专科、六年制本科的培养模式。在此基础上扩大公费师范教育的范围、类型和层级。试点探索农村初中紧缺学科、薄弱学科、特殊教育专业等公费师范教育的有益模式。抓住招生计划、录取方式、管理过程、课程资源、教学方式等关键环节增进公费师范教育的有效性。其次，实施教师专业发展帮扶计划。以教师培训团队研修、送教下乡培训、教师工作坊研修、乡村教师访名校和校园长培训等国培计划项目为主要载体，充分发挥高等院校，特别是师范院校在乡村教师专业成长帮扶中的引领作用。以贫困县为重点，进行专项资金注入和专业支持，打造一批示范性县区教师发展中心，发挥其在乡村教师专业成长帮扶中的主体作用。各级教育行政部门统筹协调城乡学校教师捆绑式专业发展。鼓励城市与乡村学校与学校、校长与校长、教师与教师一对一帮扶，增进帮扶的精准性。

六是提升教师培养培训的质量。首先，要增进师范生培养的有效性，提升师范教育质量。以素质标准引领师范教育的培养改革。学前教育阶段教师侧重才艺兼备、擅长保育；义务教育阶段教师侧重素质全面、业务见长；高中阶段教师要专业突出、底蕴深厚；职业院校教师突出高素质双师型；特殊教育教师要有博爱精神、医教融合。还要把好培养机构与专业的准入关。比如，中等职业学校（含中技校）不得举办师范专业，高等职业院校和民办本科院校增设师范专业要有严格的准入机制。开展师范专业认证，并将认证结果与资源配置、招生计划安排、经费投入有效挂起钩来。以此倒逼培养院校建立质量持续改进制度，不断提升师范生培养质量。其次，要大力提升中小学教师研修质量。不断完善以校本研修为基础，以国培计划为引领的“国培”“省培”“市培”“县培”“校本研修”五级联动培训机制。依托高等师范院校、远程教育机构、县级教师发展中心、优秀中小学幼儿园、中原名师工作室建立教师专业发展基地。建设一支专兼结合、素质优良、结构合理的教师培训团队，通过专项培训等方式，提升培训者的课程开发设计能力、培训教学能力、培训组织能力、实践指导能力等。制定教师培训机构认证标准，落实教师培训课程标准，完善培训质量标准，建立健全教师培训绩效考核标准体系。采取学员评估、专家评估和第三方评估等多种方式，加强教师培训过程监控和绩效评估。总之，通过不断提升师范生培养与中小学教师培训的质量，锻造一支高素质专业化创新型的教师队伍。

八、加快信息化时代的教育变革

(一)教育信息化政策的简要回顾

教育信息化是教育现代化的基本内涵和显著特征,也是推进教育现代化的最关键途径。实现教育现代化必须率先实现教育的信息化,通过教育信息化全面支撑与引领教育的现代化,是当前教育现代化发展的最佳推进途径。尤其在技术革新迭代日益加快并快速转化为市场应用的时代,全面加快教育信息化进程对实现教育现代化的意义更是不言而喻的。我国的教育信息化源于20世纪90年代,是伴随着国家教育科研计算机网的建设由高校率先推动的。随后于2003年通过农村远程教育工程拓展到中小学校。进入“十二五”时期,以第一次全国教育信息化工作会议于2012年召开为标志,教育信息化整体进入全体系、大幅度推进的阶段。2012年至2017年,教育信息化重点工作为实现“三通两平台”(宽带网络校校通、优质资源班班通、网络学习空间人人通,建成教育资源公共服务平台和教育管理公共服务平台)。教育信息化经过多年的发展取得了重大成就,但理论引领与实践应用仍存在一定的问题,需要深化理论研究与推动实践有效应用。在此需求下,2018年4月,教育部颁布了《教育信息化2.0行动计划》。文件提出,到2022年基本实现“三全两高一大”的发展目标,即教学应用覆盖全体教师、学习应用覆盖全体适龄学生、数字校园建设覆盖全体学校,信息化应用水平和师生信息素养普遍提高,建成“互联网+教育”大平台,努力构建“互联网+”条件下的人才培养新模式,发展基于互联网的教育服务新模式,探索信息时代教育治理新模式。至此,中国教育信息化进入以应用为导向的内涵式发展道路。

在教育部相关文件的指引下,河南省教育厅于2012年颁布了《教育信息化十年发展规划(2012—2020年)》,重点围绕推进“三通工程”和两个省级平台建设推行了一系列政策与措施。2015年,河南省政府印发了《河南省人民政府关于加快推进教育信息化建设工作的意见》(豫政〔2015〕16号),对深度推进教育信息化工作提出了指导性意见。2016年11月,河南省政府召开了全省教育信息化工作会议,进一步压实各级政府在教育信息化工作中的主体责任。2017年,河南省委省政府为适应网络安全面临的新形势,强化网络安全和信息化工作统筹,对教育信息化相关机构的职责与业务进行优化与整合,进一步理顺了体制,明确了工作责任,奠定了河南省信息化发展的重要基础。2018年3月,河南省教育厅召开了全省教育系统网络安全和信息化工作会议,对贯彻落实教育信息化2.0做出部署。2019年4月底,河南省委省政府召开全省教育工作大会,对信息化问题、教育“互联网+”等作出部署,要求尽快补牢信息化1.0短板,并在此基础上围绕教育信息化2.0行动计划中的8项重点任务,助力谱写河南教育现代化的新篇章。

(二)以信息化推动教育现代化的内在逻辑

教育信息化是体现教育的现代性并提高现代化效率的关键基础支撑。推进教育现代化要以教育信息化为重要突破口,以标准与规范为推手,促使各教育主体转变思想观念,创新教育教学方法,提高人才培养质量。教育信息化在促进创新性人才培养、教育教学方式变革、教育治理水平的提升及学生发展评价改进等方面,具有独特的价值,同时也是促进基础教育均衡发展的有效手段。教育信息化发展目标与价值功能,与教育现代化的追求具有高度的一致性。

教育信息化在当代教育现代性中的表现:在空间维度上,现代信息技术将打破传统非现代教育的物质形态,使教育不再拘泥于以往的教育教学环境,实现教育教学空间上的现代性突破,如智慧环境、虚拟现实、云计算技术、物联技术等对现代教育环境与过程的优化与改进。在价值维度上,教育信息化所依据的教育理念和现实应用,与教育现代化的指导思想和理论基础相一致。对于教育信息化带动教育现代化策略的探讨,将更多地由现代信息技术在教育场景中的应用而展开,即探究现代信息技术对教育活动、教育制度(或称教育事业)、教育思想等方面的影响及发展功用,并提出所追寻的预期目标。信息技术是教育改革的抓手和制高点,在革新传统教学手段与学习方式,能够实现教育手段与学习方式的信息化,是提高教育质量和教育效率的保障性条件。另外,教育的创新更需要充分利用现代科学技术手段,构建开放的学习资源与学习体系,培养学生的高阶思维与创新思维。

(三)教育信息化发展中的问题

河南省地处中原,是农业大省,也是人口大省,教育发展面临着特殊的人口与经济压力。结合河南教育信息化建设水平和发展规划,教育信息化需要解决四个方面的问题。一是校园信息化环境在原来的基础上升级改造的问题。尽管各级各类学校已经实现校园信息化基础设施的基本普及,但是在叠加全面推进中小学数字校园升级的任务后,面临新的问题。主要是如何发挥信息化在教学管理中的创新引领作用,提高基础教育信息化的总体水平，进一步推进信息化环境向智能化升级与发展。二是教育信息化资源问题。教育信息化资源建设普遍缺少科学的布局与规划，存在建设主体不明、资源重复、形式单一等问题。资源建设应由政府主导做出统筹规划，通过制定数字教育资源建设专项规划与规范，逐步实现优质资源建设的体系化、标准化、规范化，为学校和师生提供优质适用的资源服务。三是新技术与课堂教学深层次融合应用问题。技术与教育教学融合是教育信息化的关键，教育信息化尽管走过了二十多年的历程，其在基础教育、中等\高等教育中的有效应用仍有待进一步深化，技术支持下的终身学习体系仍有待进一步完善。四是技术支持的公共服务与治理问题。技术支持的教育综合治理是国家治理体系机制体制创新的重要体现，需加快省级教育管理和全省教育资源公共服务体系建设，为全省教育信息化发展提供基础支撑。推进全省教育系统各类平台数据集成与共享，打通县市资源、对接国家资源，构建互联互通、开放灵活、覆盖全省的教育大数据应用与治理体系。

（四）规划目标提出的依据

《中国教育现代化 2035》提出了加快信息化时代教育变革的战略任务，着重从智能化校园建设、新型教学方式探索、教育服务业态创新、教育治理方式变革等四个维度明确了具体的任务要求。《河南教育现代化 3035》针对问题，仍以加快信息化时代的教育变革为主题，提出了促进教育教学环境的智能化、探索现代技术与教育教学融合应用、完善信息化时代的数字标准体系、创新“互联网 + 教育”平台服务等四项发展任务。从《中国教育现代化 2035》与《教育信息化 2.0 行动计划》文件可以看出教育信息化带动教育现代化发展的逻辑，即未来 20 年教育发展的前瞻特征：一是智能化；二是“互联网 +”；三是深层次融合应用。教育现代化将以应用为导向，以环境智能化建设为基础，以标准与规范建设为引导，全面推进各级各类教与学供给侧改革与服务方式创新（课堂教学与公共服务应用）。

信息化时代的教育变革以解决信息化发展的重大问题为中心，以《中国教育现代化 2035》与《教育信息化 2.0 行动计划》为基本遵循，在智能教育、“互联网 + 教育”融合应用（课堂与公共服务）方向上寻求突破。具体落实教育信息化支撑教育现代化发展需要解决四个方面的问题：一是教育信息化基础环境问题，智能化发展需要开展基础环境智能化建设；二是以标准与规范建设引导优质教学资源建设问题，构建可用易用、适宜优质的共建共享资源生态体系；三是技术与教育教学的融合问题，环境与资源建设的最终目标是实现新技术融合到教育教学应用之中；四是推动新型信息化教学应用、学习方式和治理方式的变革。在确定规划目标和实施路径的过程中，主要根据现代教育技术发展趋势，着眼于两大目标的实现：一是以教育信息化全面带动实现教育的现代化；二是有针对性地解决河南教育信息化调研中发现的重大问题。

（五）信息化时代教育变革的主要任务

教育信息化具有突破时空限制、快速复制传播、呈现手段丰富的优势，是构建泛在学习环境、实现全民终身学习的有力支撑，助力教育决策和综合治理的品质提升，也是促进教育公平、提高教育质量的有效手段。以教育信息化支撑引领教育现代化，是新时代我国教育改革发展的战略选择。

1. 实现教育教学环境的智能化

提升学校教育教学环境的智能化水平。首先，全面深入加强校园教育信息化基础设施和应用环境建设。争取到2020年，河南省内中小学校（含教学点）有线无线网络覆盖率、宽带网络接入率达到100%，网络出口带宽达到100兆级以上，多媒体教室数量占教室总数的比例达到95%；到2022年，省内中小学校信息化基础设施基本完备，80%以上中小学校达到《河南省中小学校数字校园评估标准》基本要求。实施智慧校园建设行动，汇聚政府部门、社会、企业和学校的多方力量，构建基于大数据、物联感知、人工智能、新一代通信技术、VR/AR等技术的智慧型教学、教研和管理综合服务平台，逐步建成状态全面感知、信息高效处理、应用便捷灵活、支持IPV6的泛在网络环境，至2035年，实现教育教学全过程的智能化，开启智慧教育新时代。

2. 探索信息技术与教育教学融合的新形态

积极开展对信息技术与教育教学融合及创新应用的理论和实践研究，学习借鉴国内外教育信息化应用的成功经验，鼓励学校探索信息技术与教育教学融合新途径，开展教育信息化创新课题研究，建立教育信息化融合应用示范基地。推动一线教师课堂教学有效应用技术。充分利用人工智能与虚拟现实等新技术，构建具有场景式、体验式、沉浸式等特征的新型学习形态。加快实施数字教育资源共建共享。协同各级开展优质数字资源建设与汇聚，重点培育“网上结对”省级示范性教学创新协作共同体、“线上牵手”省级示范性网络直播共同体；推进“1+N”或“N+N”的网络直播课堂方式，促进城乡教育优质均衡。加强优质在线开放课程建设与应用，支持高校协同共建优质公共基础课、专业基础课和创新创业类课程，建设一批省级精品在线开放课程。实施“互联网+教育”示范引领工程，发挥试点院校、示范共同体等优秀组织的示范引领作用，重点培育教育信息化2.0示范县（市、区）、智慧校园示范校、中小学数字校园建设标杆校，积极开展教育行政人员信息化专题培训，辐射提升教师的信息技术与教育教学融合能力，实现教育信息化创新应用的常态化与有效性，为教育现代化提供人力资源保障。

3. 完善信息化时代的数字标准体系

教育信息化标准与规范是信息化资源建设的外部保障。按照国家有关规定和省实际情况，制定和完善教育信息化资源类、技术类和管理类标准，教育信息化发展水平的评估类指标，信息化环境设备配置标准等系列标准规范。面对中小学校园建设的困惑，完善数字校园建设与评估标准，制定数字教育资源的技术与质量标准，引导基础教育信息化发展。教育信息化关键在应用，应用的主体是师生，要通过完善信息化时代教师信息技术应用能力标准、学生信息素养评价标准及评估模型，推动教师与学生信息素养的全面提升。政府和高校要积极探索建立青少年数字学习产品的专有评价与底线审查机制，加强对各种网络学习系统及学习资源的质量监管，构建安全有序的教育信息化环境。同时，建设教育信息化标准测试与认证机构，加大标准推广应用力度。针对不同时期教育的阶段性特征，教育主管部门要协同学校、行业、企业，对标国家信息化标准，及时修订与优化教育信息化标准与规范。

4. 创新“互联网＋教育”平台服务业态

以“互联网＋”理念为指导，依照信息时代人才培养特点和要求，推进教育服务系统建设、整合和创新应用。建立以互联网为载体，以大数据、物联网、人工智能等新技术为手段，以多元社会力量共同参与为服务供给模式，以支撑信息化条件下新型人才培养为目标，能满足师生个性化需求和体验的，具有特色的数字公共教育资源体系，并实现优质教育资源与农村、贫困地区学校的共享。探索教育大数据和人工智能等技术手段在改进教学、优化管理、提升绩效方面的创新应用，实现各级各类学校教育活动与教学行为等常态数据的伴随式精准采集、智能化有效分析、即时性督导评价，建设基于大数据的教育决策咨询机制和个性化教育服务模式，帮助所有学习者方便选择并获取优质资源和服务，实现优质资源共享和持续发展。建设以教育重大决策问题、任务和需求为导向的教育决策支持系统，为提升教学质量和教育管理水平发挥积极作用。

九、构建新时代教育对外开放新格局

纵观世界各国尤其是发达国家的教育改革发展历程，教育对外开放一直被作为促进教育发展的重要策略，其程度逐步加深，方式也更加多样。我国自改革开放以来，教育对外开放便成为改革开放事业的重要组成部分。

（一）新时代我国教育对外开放的背景与意义

21 世纪的全球化趋势加速发展，国际形势有望稳定但不确定性更加突出，国际竞争逐步加强，教育对外开放的功能与作用更加凸显。

1. 教育对外开放成为世界教育发展的特征与趋势

教育是民心相通的载体。国际教育合作与交流，在构建人类命运共同体的过程中，肩负着强基固本、铺路架桥的使命。新时代背景下教育资源和人才资源跨国流动日趋频繁，世界众多国家尤其是发达国家已把教育对外开放作为参与国际事务、培养与输出国际性人才、提升国际影响力与竞争力以及传播文化、意识形态的重要策略。

2. 教育对外开放是我国参与全球教育治理的需要

十一届三中全会以来，教育对外开放成为我国改革开放事业的重要组成部分，对外开放的态度更加积极，范围逐步扩大，程度不断加深。党的十八大以来，中国参与全球教育治理已进入决策日程，并不断得到推进。中国为全球教育治理贡献良多，主动性更强，力量更大，从过去的参与者、合作者逐渐变为设计者、贡献者。习近平总书记在党的十九大报告中指出，中国秉持共商共建共享的全球治理观，倡导国际关系民主化，坚持国家不分大小、强弱、贫富一律平等，支持联合国发挥积极作用，支持扩大发展中国家在国际事务中的代表性和发言权。中国将继续发挥负责任大国作用，积极参与全球治理体系改革和建设，不断贡献中国智慧和力量。党的十九大后，中国将以更加自信和开放的姿态走向世界，也必将以更加积极和负责任的态度推动全球教育治理进入新时代。参与全球治理，贡献中国智慧，是中华民族伟大复兴的机遇，也是中国作为一个不断崛起的大国的担当。

3. 教育对外开放是提升国际自信和影响力的需要

作为教育对外开放最大亮点，中外人文交流是构建新型国家关系的基石，与政治互信、经贸合作相互依存，相互促进，共同构成中国特色大国外交的三大支柱。全球化背景下，教育国际化已成为提升和发挥国家软实力，提升教育自信与国际影响力的重要策略。随着经济社会快速发展，中国在国际舞台上的作用与影响力逐渐突显。由于新时代的国际局势与竞争的激烈性以及进一步提升我国国际影响力的需要，教育对外开放的广度与深度亟待加强，甚至需要转型发展。例如，新时代教育对外开放需要大批既熟悉教育的基本情况，又了解对外开放的国际形势、通晓国际规则的人才。人才的短缺尤其是我国在联合国系统任职的国际职员代表比例不足，中高级职员缺乏，已成为我国扩大对外开放，推进“一带一路”建设和参与全球教育治理的“软肋”，制约了我国软实力的发挥。

4. 教育对外开放是实现教育现代化的动力和途径

习近平总书记在全国教育大会上强调，要以更高远的历史站位、更宽广的国际视野、更深邃的战略眼光，对加快推进教育现代化、建设教育强国做出总体部署和战略设计，不断使教育同党和国家事业发展要求相适应、同人民群众期待相契合、同我国综合国力和国际地位相匹配。改革开放 40 多年来，我国高等教育坚持以开放促改革、促发展，开展多层次、宽领域的交流与合作，顶层设计逐渐完善，积极服务“一带一路”建设，中外人文交流事业打开新局面，双向留学工作迈上新台阶，国内国际教育资源统筹形成新合力，《统筹推进世界一流大学和一流学科建设总体方案》《关于做好新时期教育对外开放工作的若干意见》《推进共建“一带一路”教育行动》等重大决策部署陆续出台，为促进我国教育水平提升和扩大对外开放发挥了重要作用。教育对外开放已成为教育现代化的重要表征，是建成社会主义现代化强国的重要保障。2019 年 2 月，中共中央、国务院印发的《中国教育现代化 2035》把“开创教育对外开放新格局”作为面向教育现代化的十大战略任务之一进行了重点部署。教育对外开放既要“走出去”“请进来”，让中国教育走向世界舞台中央，更重要的是服务教育事业发展大局、服务国家改革开放和现代化事业大局，推动实现中国教育现代化。

（二）新时代我国教育对外开放的政策与成就

随着我国改革开放政策的实施，教育对外开放大致经历了扩大派遣留学生、中外合作、注重留学生输入等阶段。教育对外开放程度逐渐加强，方法逐渐科学，方式逐渐规范，尤其是随着我国综合实力的日益增强，在世界舞台上教育领域的话语权与参与能力也逐步提升。

1. 改革开放以来我国教育对外开放政策

1978 年改革开放至 2001 年是我国教育对外开放的恢复探索阶段，出国留学是教育对外开放的主要形式,高校师资是公派留学的主体力量,国家主要通过留学生教育政策推动"人员国际化",具体表现为大力派遣留学生出国和逐步规范来华留学各项工作。2000 年 1 月,教育部、外交部、公安部联合发布的《高等学校接受外国留学生管理规定》,确立了较为完备的留学生管理体制与工作机制。2001 年至 2012 年我国教育对外开放开始注重中外合作,基本形成了以留学教育(人员国际化)和中外合作办学(组织国际化)为主体的发展格局。2004 年,教育部制定的《2003—2007 年教育振兴行动计划》,将留学教育工作列入我国教育振兴行动计划。2010 年颁布的《国家中长期教育改革和发展规划纲要(2010—2020 年)》明确指出,"创新和完善公派出国留学机制,在全国公开选拔优秀学生进入国外高水平大学和研究机构学习。加强对自费出国留学的政策引导,加大对优秀自费留学生资助和奖励力度。坚持'支持留学、鼓励回国、来去自由'的方针,提高对留学人员的服务和管理水平",同时还提出"引进优质教育资源。吸引境外知名学校、教育和科研机构以及企业,合作设立教育教学、实训、研究机构或项目。鼓励各级各类学校开展多种形式的国际交流与合作,办好若干所示范性中外合作学校和一批中外合作办学项目。探索多种方式利用国外优质教育资源"。随后为进一步规范中外合作办学,教育部于 2012 年出台《关于加强涉外办学规范管理的通知》。以此为起点,我国教育对外开放进入深入发展期,其核心指向是"参与全球教育治理"。在此背景下,中央办公厅于 2016 年颁发《关于做好新时期教育对外开放工作的若干意见》,对新时期教育对外开放工作进行了重点部署,提出"要加快留学事业发展,提高留学教育质量;完善体制机制,提升涉外办学水平;加强高端引领,提升我国教育实力和创新能力;丰富中外人文交流,促进民心相通;促进教育领域合作共赢;实施'一带一路'教育行动,促进沿线国家教育合作"。同年,教育部印发《推进共建"一带一路"教育行动的通知》,进一步阐述了"一带一路"教育行动中教育的定位作用、教育行动的目的、合作的原则等。2017 年,《国家教育事业发展"十三五"规划》提出,通过"深化多边教育合作""深度参与国际教育规则制定""开展教育国际援助"等方式"积极参与全球教育治理"。2019 年,《中国教育现代化 2035》明确提出,要"积极参与全球教育治理,深度参与国际教育规则、标准、评价体系的研究制定","提升中外合作办学质量","建立并完善来华留学教育质量保障机制,全面提升来华留学质量"。

2. 教育对外开放取得的成就

一是出国与来华留学人数显著增加。教育部发表数据显示,在出国留学方面,2018 年度我国出国留学人员总数为 66.21 万人。从 1978 年到 2018 年年底,各类出国留学人员累计达585.71万人。来华留学方面,我国现已成为全亚洲最大的留学目的地国,各类来华留学人数呈现上升趋势,2017年各类来华留学人数已经达到了48.92万。随着"一带一路"教育行动的持续深入推行,沿线国家来华留学人数已达到了31.72万人,占2017年来华留学总人数的64.85%。

二是学历学位互认范围逐步扩大。2017年,我国已与46个国家和地区签订了学历学位互认协议。2016年共选拔226名国别区域研究人才赴34个国家,选派908名涉及37门的非通用语种人才出国培训进修。已经基本构建了全球教育合作伙伴关系网络,与180多个国家签订了政府间教育交流协议,与51个国家和地区签署了学历学位互认协议。

三是孔子学院海外数量逐年提升。截至2019年9月30日,全球已有158个国家(地区)设立了535所孔子学院和1134个孔子课堂。其中,亚洲36国(地区),孔子学院127所,孔子课堂113个;非洲46国,孔子学院61所,孔子课堂44个;欧洲43国(地区),孔子学院184所,孔子课堂323个;美洲26国,孔子学院143所,孔子课堂558个;大洋洲7国,孔子学院20所,孔子课堂96个。

四是中外合作办学项目持续增多。2018年,教育部批准大连理工大学与美国加州大学欧文分校合作举办机械设计制造及其自动化专业本科教育项目等58个本科以上中外合作办学项目;2019年上半年,教育部批准中国政法大学与美国圣路易斯华盛顿大学合作举办国际法专业硕士学位教育项目等30个本科层次以上中外合作办学项目。根据中华人民共和国教育部中外合作办学监管工作信息平台发布的数据统计,截至当前,我国本科层次的中外合作办学机构有65个,中外合作办学项目达789个。

(三)河南教育对外开放的现状与问题

整体上看,我国教育对外开放事业取得了巨大成就,然而,作为中原文化核心区和人口大省的河南,在教育对外开放方面较为落后,与其他省和地区相比尚存在较大差距,主要表现在以下几个方面。

1.外国留学人员数量偏少

教育部公布的数据显示,2014年共有来自203个国家和地区的377054名各类外国留学人员在31个省、自治区、直辖市的775所高等学校、科研院所和其他教学机构中学习(以上数据均不含港、澳、台地区),其中,按省市排序前10名为:北京74342人,上海55911人,天津25720人,江苏23209人,浙江22190人,广东21298人,辽宁

21010人,山东17896人,湖北15839人,黑龙江12056人。人数超过10000人的省(区)还有福建,10758人。人口总量居于全国前列的河南省的外国留学人员数量不足10000人。可见,河南省在豫外国留学生数量上偏少,对留学生吸引力不足。针对这一现状,河南省教育对外开放工作会议指出要"扩大规模,不断创新来豫留学人才培养模式,争取到2020年,来豫留学生规模达到6000—8000人"。

2. 境外专家引进力度不足

境外学者和教师数量是体现教育对外开放程度的重要指标。据统计,2006—2018年中国高校获批国家高等学校学科创新引智计划(即"111计划")学科创新引智基地共有266个,武汉大学、中南大学和中国农业大学获批国家"111计划"学科创新引智基地数量最多,各10项,并列校友会2018中国高校学科创新引智基地排行榜榜首,而河南省仅有郑州大学、河南大学、河南师范大学3所高校入选,并且分别拥有1个创新引智基地(截至2019年年底)。

3. 教育国际化程度偏低

高校国际化程度方面,西南交通大学大学国际化评价研究中心正式发布的《2018年大学国际化水平排名》报告显示,国际化水平排名前75名的高校中河南省没有一所高校入围,科研国际化前139所高校排名中,河南省只有河南大学入围,并且排名第104位。学生国际化排名方面,软科中国最好大学排名—学生国际化排名(2019)显示,我国高校留学生比例排名前100名中,河南省没有高校入围,前200名中仅有郑州大学一所高校入围。可见,河南省高校的国际化程度严重偏低,明显落后于其他省或地区,国际化程度亟待提升。

4. 中外合作与交流较为薄弱

以海外孔子学院为例,当前全球共有535所孔子学院和1134个孔子学堂,河南省在海外设立的孔子学院(学堂)仅有11所,与其他省和地区相比数量严重偏少。

(四)新时代教育对外开放的内容与路径

基于新时代对教育对外开放的新诉求,河南省须正视客观现实,提升教育对开放程度与水平。

1. 加强中外教育交流合作

完善学校、师生与国外双向交流合作机制,鼓励更多学校与海外优质学校建立伙伴关系,加大国际理解教育,提高师生对外交流能力。支持有条件的高校选用国际高水平理工类专业课程、教材。深入实施"一带一路"教育行动计划,加快培养一批非通用语种、涉外法律等急需人才。鼓励更多学校与海外优秀学校建立伙伴关系。加强与世界一流高等学校、一流学科、研究机构合作交流。加强国际科研协同创新,多渠道吸引国外优秀教师、科研人员来豫开展科研或教学工作,共同推进高水平基础研究和高新技术研究,打造中西部教育对外开放高地。

坚持高端引领,完善体制机制,创新路径模式,吸引世界高水平大学来豫办学,建设一批高水平中外合作办学机构和项目,形成一批国际化优质教育资源,满足经济社会发展对国际化复合型人才需求。健全质量保障体系,推动中外合作办学健康有序发展。加强统筹规划,优化管理服务,扩大选派规模,拓宽选派渠道,提高选派质量,利用国际优质教育资源,做好国家公派出国留学和自费出国留学工作,培养拔尖创新人才。健全留学生归国就业创业优惠政策,加强海外留学人才引进和成果转化,吸引更多优秀留学生来豫工作。

2. 打造"留学河南"品牌

健全奖学金体系,改进资助方式和选拔办法,优化留学生就读学科专业结构,提高学历生比重,建立并完善来豫留学教育质量保障机制,全面提升留学质量,培养杰出来华留学人才。构建来豫留学社会化专业化服务体系,完善留学生勤工助学和优秀毕业生在豫工作制度,做好留学生校友工作,鼓励并支持来华留学毕业生成立海外校友会。

统筹利用国内外两种优质教育资源,通过引进、借鉴、吸收、融合、创新,建设具有中国和河南特色、国际竞争优势的课程、教材、专业、教学模式、管理模式、评价工具等,并进行对外推介。支持高等学校、职业院校与企业共同走出去,鼓励有条件的职业院校在海外建设"鲁班工坊"等办学机构,参与中国特色海外国际学校建设,积极探索境外办学模式,共建一批人才培养、科技创新和人文交流基地,打造一批河南特色办学品牌,树立河南教育形象,提升河南教育知名度、全球影响力和国际竞争力。

3. 拓宽中外人文交流领域

发挥河南区位、历史、资源等优势,加快融入国家"一带一路"战略,拓展领域途径,丰富内容形式,努力构建各层次、各领域对外开放深度融合、相互促进的中外人文交流新格局。积极参与国家中外高级别人文交流和项目合作,引导和鼓励学生、教师参与各领域的中外人文交流,积极开展国际教育援助,促进中外民心相通和文明交流互鉴。密切与国际组织的合作关系,创新与国际组织的教育合作方式,推进与国际组织及专业机构的教育交流与合作,吸引国际组织及其二级机构、区域中心来豫落户。支持优秀青年师生参加国际志愿服务和国际合作项目,积极向国际组织推荐实习生,鼓励教育领域优秀人才到国际组织任职。深度参与国际教育规则、标准、评价体系的研究制定，在国际舞台发出河南声音，讲好河南故事，展示河南形象。

进一步扩大办学规模、优化办学布局，拓展办学功能，加强内涵建设，创新传播形式，促进孔子学院（课堂）特色发展。充分发挥武术、中医药、汉字文化、农业、粮食研究等特色优势，打造一批河南特色“汉语＋”项目。积极推动汉语国际教育学科建设和专业发展，注重师资队伍建设，提升师资队伍水平。开发独具中原文化内核的教材和多媒体汉语国际推广资源，尝试中原故事世界演绎、河南元素国际表达，扩大中原文化全球影响力。

4. 构建与完善沟通协作机制

充分发挥部省战略合作机制作用，加强与教育部等部委的沟通协调，创新合作形式、完善合作机制、丰富合作内容，争取更多理解和支持。在中部崛起中贡献河南教育力量、发挥河南教育影响、提升河南教育水平。

发挥河南教育的协同、辐射和带动作用，促进中原教育联动发展。建立健全河南与友好省区市、姊妹城市的教育交流磋商机制。全面推动与发达地区的战略合作，加快吸引集聚优质高端教育资源。支持有条件的学校在外省市开办分校或研究（生）院，鼓励各级各类学校发挥自身特色和优势，开展形式多样的国内教育交流与合作，增强办学实力和竞争力。积极贯彻落实国家教育对口支援政策，健全对口支援机制，针对受援地区的发展需求和瓶颈问题，科学规划，系统推进，创新援助具体举措，提升受援地区发展能力。不断改善内地民族班办学条件，提升办学水平。

搭建与港澳台地区在基础教育、职业教育、高等教育等方面交流与合作的新平台，引进其先进的教育教学理念和管理经验，建立全方位、多层次、宽领域交流合作关系。利用区位优势、交通优势和鲜明的中原文化特色，吸引更多的港澳台学生来豫学习。扩展交流内容，创新合作模式，制定豫港澳台姊妹学校交流计划，完善港澳台人士捐资助学和在豫办学政策，积极扩大师生交流规模，建设一批教育交流与合作品牌，促进河南省教育事业发展。

十、推进教育治理体系和治理能力现代化的内在逻辑

党的十八大以来，以习近平同志为核心的党中央更加高度重视教育事业，围绕“培养什么人、怎样培养人、为谁培养人”这一根本问题，全面加强党对教育工作的领

导，加强教育系统党的建设，始终坚持立德树人导向，将重大教育决策层级上移，从成立中央全面深化改革领导小组、委员会，到组建中央教育工作领导小组，统筹深化教育领域综合改革，推进教育治理现代化法治化，构建政府、学校、社会之间新型关系，在改革考试招生制度、提高基础教育质量、完善现代职业教育体系、创建一流大学学科、加强教师队伍建设等方面，取得许多突破性进展，我国教育事业取得新的历史性成就，教育的国际影响力不断提升，广大人民群众对教育改革发展的获得感持续增强。

（一）教育治理体系和治理能力现代化的历史方位

十九届四中全会指出，“我国国家治理体系和治理能力是中国特色社会主义制度及其执行能力的集中体现”，“坚持和完善中国特色社会主义制度、推进国家治理体系和治理能力现代化，是全党的一项重大战略任务”。推进国家治理体系和治理能力现代化，目的是为了更好地发挥制度优势，提高法治水平，更好地把我国制度优势转化为国家治理的效能，更加明确地强化各级党委和政府以及各级领导干部的制度意识，带头维护制度权威，带头执行制度。

中国特色社会主义制度体系是一个完备的系统，这一系统既包含不同层面的制度体系，即包括根本制度、基本制度、重要制度，也包括不同领域的制度体系，即包括党的领导制度、人民当家做主制度和社会主义法治等，是系统完备、科学规范、运行有效的制度体系，是国家治理可靠而又牢固的根基。

十九届四中全会阐明了教育治理体系和治理能力现代化的政治根基，具有深刻而又系统的理论内涵和内在逻辑。与教育治理体系和治理能力现代化的历史方位相关，主要展现出以下四个方面政策基点：①

1. 坚持和完善统筹城乡的民生保障制度，满足人民日益增长的美好生活需要

在教育领域，就是要牢牢把握全面贯彻党的教育方针、培养德智体美劳全面发展的社会主义建设者和接班人的根本方向，完善立德树人体制机制，加强师德师风建设，使教育改革发展成果更多更公平惠及全体人民。

2. 基于“七个有所”（幼有所育、学有所教、劳有所得、病有所医、老有所养、住有所居、弱有所扶），健全国家基本公共服务制度体系

其中，基本公共服务要实现“三化”：均衡化、均等化、城乡一体化。尤其要在“幼

---

① 张力．教育治理体系和治理能力现代化的历史方位［N］．中国教育报，2020－01－06（1）．

有所育、学有所教”方面深化教育领域综合改革,构建服务全民终身学习的教育体系,为促进人的全面发展筑牢基础性的制度体系保障。

3. 紧紧抓住人民群众最关心最直接最现实的利益问题,注重加强普惠性、基础性、兜底性民生建设,保障群众基本生活

国家政策价值取向和公共财政支出重点,重在保基本、补短板、兜底线、强弱项,织密民生保障“安全网”,坚持向困难地区和困难群体倾斜。在基本公共教育服务均衡化、均等化乃至城乡一体化方面,将依法确保各级政府担负起坚持教育优先发展、促进教育公平的主责。在发展中保障和改善民生,既尽力而为,又量力而行。

4. 着眼于当今社会需求高度分化格局,创新公共服务提供方式,鼓励支持社会力量兴办公益事业

在财政投入增大的同时多渠道筹措社会资金,在非基本公共服务市场化方面探索实践。在教育与学习领域,将顺应人民对美好生活新期待,聚焦办好人民满意的教育,激发社会各方积极性,尽快形成共建共治共享的有效机制,逐步拓宽终身学习通道,建设符合国情的学习型社会,更好满足人民群众多层次多样化需求。

教育治理体系和治理能力现代化作为国家治理体系和治理能力现代化的重要组成部分,推进教育治理体系和治理能力现代化是新时代深化教育改革的重大命题和核心任务。强化教育治理体系和治理能力现代化,就需要强化教育治理体系构建的顶层设计,明确总体思路,把握关键环节。坚持依法治教、依法办学、依法治校;深化简政放权,转变政府职能;创新服务方式,提升监管能力,建立多元参与的协同治理新机制。

(二)教育法治化水平提高的基本前提

推进教育治理体系和治理能力现代化,实现具有中国特色的“教育之治”,法治是制度基础,是根本保障。坚持全面依法治教,建设社会主义法治教育体系,切实保障人民群众公平正义的教育权利,是我国教育制度和教育治理体系的显著优势之一。而坚持和完善中国特色社会主义教育制度,全面提高依法治教水平,就必须加快推进教育治理体系和治理能力现代化。

依法治教,是坚持和发展中国特色社会主义的本质要求和重要保障,是实现教育治理体系和治理能力现代化的必然要求,事关中国共产党执政兴国,事关人民幸福安康,事关党和国家长治久安。为此,必须坚定不移走中国特色社会主义道路,全面推进依法治教,坚持依法治教、依法执教共同推进,构建完善的教育法规、规章和制度保

障体系。

坚持依法治教，就是要构建完善的教育法规、规章和制度保障体系，适应教育改革发展需要，积极探索和推动教育法规、规章建设，提高针对性、及时性、可操作性，进一步加强协调衔接，构建覆盖重要教育领域和环节、系统科学的教育法律制度体系。坚持依法治教，需要健全学校办学的法律支持体系，完善师生权益保护及纠纷处理制度，畅通师生权利的救济渠道，建立健全复议、诉讼、仲裁、调解等教育纠纷多元化解决机制。

坚持依法治教，就是要健全教育法律实施和监管机制。依法明确政府管理教育的权责范围，规范教育行政程序，推动教育行政权力合法有效行使。完善教育行政规范性文件和重大教育决策的合法性审查机制，建立健全重大教育决策责任追究制度。坚持依法治教，需要建立健全教育行政执法机制，完善执法程序，规范操作流程，依法查处违反教育法律法规、扰乱教育秩序、侵害受教育者和教育者权益的行为。坚持依法治教，还需要加大各级人大及其常委会对教育法律执行情况的监督检查力度，加强司法机关对教育的司法监督，完善政府层级监督机制，进一步发挥社会对教育执法的监督作用。

（三）政府管理服务水平提升的重要支撑

政府是推动国家教育治理体系和治理能力现代化的重要主体力量，政府自身的结构和能力水平既是检验教育治理体系和治理能力现代化水平的重要标志，又是影响教育治理效能发挥的重要因素。随着中国特色的社会主义市场经济体系的确立和经济社会的不断发展，由政府统一行政化的计划管理模式已经难以适应中国特色的社会主义现代化建设的现实需要。为此，需要及时改进政府治理模式，正确处理政府与市场的关系，充分发挥市场在教育资源配置中的决定性作用，更好发挥政府作用、激发释放行政效能。而欲如此，就必须全面推行教育治理体系和治理能力现代化。

推进教育治理体系和治理能力现代化，需要首先改进政府治理模式，转变政府管理方式。即建立健全教育行政管理清单制度，提升政府综合运用法律、标准、信息服务等现代治理手段的能力和水平，保障教育有序健康发展。改进政府治理模式，就必须加大力度推动教育服务的专业化、标准化、便捷化，创新监管方式，通过完善信用机制、“双随机”抽查、行政执法、督导、巡视、第三方评估等举措，强化事中事后监管。政府应主动遵循教育发展规律和教育现代化的基本要求，完善各级各类教育督导制度。通过上下联动，有效建立省、市、县三级政府教育督导机构，完善督政、督学、评估监测“三位一体”的中国特色教育督导体系，健全教育督导体制机制，以此依法保障教育督导机构独立行使职能，并通过建设专业化督学队伍，加强督导结果公开和使用，提高教育督导的权威性和实效性。

推进政府科学决策，是改进政府治理模式、提高政府治理效率的重要举措。要不断健全教育政策性文件制定的程序，实行重大教育决策和政府规范性文件出台前咨询、听证、公示制度，完善教育政策落实情况评估机制，提高教育决策科学性。与此同时，要加强教育政策研究，健全教育战略咨询机制，加强对重大教育问题的理论和实证研究及政策储备。

（四）学校自主管理能力提高的关键所在

教育治理是教育管理的一种高级形态，体现了教育的现代精神、现代性和民主性。反映出新时代教育治理的主体多元化、治理机制的复合化和治理手段的多样化。教育治理体系和治理能力现代化，要求政府除发挥行政手段以外，更多的是强调和发挥学校等各个办学主体的作用。教育治理能力提升如何，关键在于权力与权利的关系处理得如何，以及两者的现实状态和未来走向。推进教育治理体系现代化最关键的就是促使学校现代制度建设、政府与学校的关系调整、内部治理结构的完善等。

促使现代学校制度建设、调整政府与学校的关系，需要建立健全现代教育制度体系，即围绕推进教育治理能力和治理体系现代化，深化教育管理体制的深层次改革，构建政府、学校、社会之间的新型关系，完善政府依法宏观管理，学校依法自主办学，社会有序参与的格局。

完善学校治理结构，是推进教育治理体系和治理能力现代化的关键之举。完善教育内部治理结构，就是要构建有中国特色的现代学校法人制度，落实学校章程，充分发挥专业人员参与治理的机制如专业委员会的作用，完善教职工代表大会制度和学生代表大会制度，促进和规范理事会建设。并根据各级各类学校特点，设计出符合特定学校实际的内部治理结构，提高学校办学活力和自我监管能力。

就高等教育而言，促使现代学校制度建设，就是要不断优化中国特色现代大学制度，深入落实公办普通高等学校党委领导下的校长负责制，建立健全党委领导、校长负责、教授治学、民主管理的现代大学治理结构，坚持和完善高等学校党委会、校长办公会议事规则，构建推动学术委员会、理事会等各项制度有效落实的治理机制。完善加强高等学校章程建设，创新章程实施保障机制，切实发挥章程在学校治理中的关键作用，是完善学校治理结构的应有要义。就职业教育而言，促使现代学校制度建设，就是要健全现代职业学校管理制度，制定和完善学校章程，建立职业院校、行业、企业、社区等共同参与的学校理事会或董事会。就中小学教育而言，促使现代学校制度建设就是完善现代中小学校教育教学制度文化，落实学校办学自主权，保障学校自主设立内设机构，依法依规实施教育教学活动。不断健全和完善中小学领导体制和工作机制，在中小学、幼儿园建立健全家长委员会制度，积极探索完善家长委员会的组织形式和运行规则，不断扩大家长对学校办学活动和管理行为的知情权、参与权和监督权。

推进民办学校管理制度改革创新，是新时代推进教育治理体系和教育治理现代化的重要内容。要不断鼓励民办学校按照非营利性和营利性两种组织属性开展现代学校制度改革创新。建立健全民办学校理事会（董事会）、监事（会）制度，依法保障校长行使管理权，完善教职工代表大会制度，形成决策、执行、监督相互独立、相互制约的法人治理结构。完善民办学校资产管理、财务监管和会计制度，鼓励设立基金会依法举办民办学校，规范民办学校融资途径，保证学校办学安全。

保 障 机 制

河南是教育人口大省，教育现代化的推进质量直接影响着全国教育现代化目标的顺利实现。为更好落实教育现代化各项任务，必须加强党对教育事业的全面领导，加快实现教育治理体系和治理能力现代化，切实加大财政投入，强力保障河南教育现代化的高质量推进。

一、加强党对教育事业的全面领导

中国特色社会主义最本质的特征和最大优势是中国共产党的领导。坚持党对一切工作的领导，是党和国家的根本所在、命脉所在，是全国各族人民的利益所在、幸福所在，也是各项事业持续健康发展的力量所在、保障所在。

（一）教育系统党的建设成绩

1. 争做出彩教育人的浓郁氛围初步形成

教育系统各级党组织坚持学深悟透习近平新时代中国特色社会主义思想，树牢“四个意识”、坚持“四个自信”强基、做到“两个维护”。河南省委高校工委和省教育厅党组坚持以中心组学习为抓手，深入实施“十个一工程”，全面学习贯彻习近平总书记关于教育的重要论述和全国教育大会精神，努力做到往心里走、往深里走、往实里走。各地各校大力推进习近平新时代中国特色社会主义思想“三进”工作，先后开展了“党的创新理论进高校活动”1600场次，“学习新思想千万师生同上一堂课”线上覆盖180万人次。全省教育系统持续弘扬焦裕禄同志的“三股劲”，大力学习宣传最美教师李芳、时代楷模张玉滚等优秀教师的先进事迹，形成了争做出彩教育人的浓郁氛围。

2. 基层党组织建设工作再上新台阶

各级党组织始终坚持眼睛向下、重心向下，树立大抓基层、大抓支部的鲜明导向，以党的建设高质量引领教育事业发展高质量。着力开展基层党建质量提升攻坚行动，深入推进高校党组织“对标争先”建设计划，仅2018年，河南省就有22个高校基层党组织被评为“全国党建工作标杆”和“全国党建工作样板支部”，52所中小学校被认定为“河南省中小学校党建工作示范校”。各高校坚持党委领导下的校长负责制，健全和完善院（系）党组织会议和党政联席会议制度，推进党支部建设标准化、规范化。各地教育系统党组织负责人带头建立党支部工作联系点，带头深入基层调查研究，推动了基层党组织建设工作再上新台阶。

3. 党员干部队伍的先锋模范作用充分发挥

各级党组织以抓好中央巡视反馈意见整改为契机，以汲取秦岭违建别墅处置教训为抓手，进一步严明党的政治纪律和政治规矩，认真召开专题民主生活会和组织生活会，深入开展贯彻落实习近平总书记重要批示情况“回头看”，切实提高站位抓落实、举一反三抓整改。在全省教育系统开展了违反中央八项规定精神问题专项整治工作，努力避免“四风”问题及“四风”隐形变异问题，保证了教育系统作风建设扎实推进，党员领导干部队伍的战斗力、执行力和创造力进一步提升。

4. 以党建促进教育事业持续健康发展

各级各类学校进一步建立健全党建工作规章制度，促进了基层党建工作的规范有序运行。各高校结合自身实际，出台党委领导下的校长负责制实施细则，实施学校党委班子联系院（系）党组织和师生党支部制度、党组织书记抓党建述职评议考核制度、基层党支部组织生活会制度、“三会一课”制度、意识形态责任制等，进一步规范了学校党的建设。各地各中小学校进一步健全“三会一课”制度、党支部学习制度、民主评议党员制度、廉政建设制度、民主生活会制度、党内监督制度等，做到了党建工作有章可循，有法可依，为河南教育事业的持续健康发展提供了强有力的组织保证。

5. 教育系统形成了风清气正的局面

持续强化党委主体责任和纪委监督责任，认真落实各级单位负责人“第一责任人”职责及班子成员“一岗双责”，层层传导压实责任，着力推动责任落实。以推进以案促改制度化常态化为契机，强化廉政教育，以典型案例为鉴，深挖问题根源，查找风险漏洞，制定防控措施，引导广大党员干部知敬畏、守纪律、勇担当。坚持抓早抓小、动辄则咎，科学精准运用“四种形态”特别是第一种形态，实施党政领导干部廉政勤政约谈制度，在严厉惩处极少数的同时，教育管住大多数，全省教育系统形成了风清气正的良好局面。

（二）加强党对教育事业全面领导的重要举措

1. 探索并健全党对教育工作全面领导的体制机制

各级党委要充分发挥总揽全局、协调各方的领导核心作用，坚持以习近平新时代中国特色社会主义思想为指导，自觉强化“四个意识”，不断增强“四个自信”，坚决做到“两个维护”，切实履行管党治党主体责任，建立健全党委统一领导、党政齐抓共管、部门各负其责的领导体制。要成立各级教育工作领导小组，努力构建党对教育工作纵到底、横到边、全覆盖的领导格局，建立健全跨部门的统筹协调机制和研究解决重大问题机制，切实加强对教育现代化工作的集中统一领导，统筹解决河南教育现代化推进过程中的重大问题，努力形成多部门着力、各方面配合、全方位推动的工作局面，有序推进教育现代化。

2. 着力建设高素质专业化干部队伍

坚持党管干部原则，全面落实新时代党的组织路线，树立正确选人用人导向，选优配强教育行政部门和学校领导班子，打造信念坚定、为民服务、勤政务实、敢于担当、清正廉洁的干部队伍。注重从基层选拔优秀年轻干部，通过援派、挂职等多种方式培养锻炼年轻干部。加强干部队伍教育培训，强化政治担当、历史担当、责任担当，增强专业能力和专业精神，提高适应新时代中国特色社会主义发展要求和教育现代化建设要求的能力。坚持严管和厚爱结合、激励和约束并重，完善干部考核评价机制，建立健全激励机制和容错纠错机制，充分激发广大干部推进教育现代化的积极性、主动性和创造性。

3. 切实加强各级各类学校基层党组织建设

各级各类学校党组织要把抓好党建作为办学治校基本功，提高政治站位，突出政治引领，全面推进党的基层组织建设。坚持把党的政治建设摆在首位，加强对中小学校、民办学校、公办高等学校、中外合作办学党建工作的分类精准指导，提高党建工作质量，切实把党的领导贯穿于办学治校、教书育人全过程，努力建设学习型、服务型、创新型基层党组织。创新教育系统基层党组织设置方式，推动党的组织从“有形覆盖”到“有效覆盖”，把基层党组织建设成为师生最贴心、最信赖的组织依靠。严肃党内政治生活，提高党员素质，充分发挥党支部的战斗堡垒作用和党员队伍的先锋模范作用。强化使命担当，严格落实意识形态工作责任制，立场坚定、旗帜鲜明、敢于亮剑，确保教育系统政治安全和意识形态安全。以基层党建带动工会、共青团、妇联等群团组织和学生会组织、学生社团建设，不断加强和改进统战工作，坚持不懈促进学校和谐稳定，坚持不懈培育优良校风学风，坚持不懈激发和凝聚推进教育现代化的强大合力。

4. 强化责任落实和党风廉政建设

强化党风廉政建设“两个责任”，认真落实领导干部“一岗双责”，层层传导压实压紧责任。深入开展党风廉政教育，切实增强全面从严治党的政治责任和党员干部遵规守纪的底线意识。深化巡视工作成效，把教育系统遵守政治纪律、落实党的教育方针政策和教育重大决策部署作为监督重点。巩固拓展落实中央八项规定精神成果，继续整治“四风”问题，营造风清气正的政治生态。建立健全党风廉政建设制度体系，加强重要领域和关键环节廉政风险防控机制建设，积极推进高等学校纪检监察体制改革。坚持无禁区、全覆盖、零容忍，坚持重遏制、强高压、长震慑，严肃查处违规违纪行为和腐败案件，为全面推进教育现代化保驾护航。

二、积极推进依法治教

（一）法治是实现教育现代化的可靠保障

依法治教是推进教育事业改革发展的基本原则，也是实现教育现代化的重要抓手、基本保障，具有基础性和根本性的价值。在实现教育现代化的过程中，要更加注重运用法治思维和法治方式推动教育改革发展，更加注重教育法律法规体系和行政执法体制机制建设，更加注重保障广大人民群众受教育权利和广大师生权益，更加注重保障人民群众对教育改革发展的知情权、参与权和监督权，依法推进教育治理能力现代化。

完善教育法律法规体系要不断提高立法质量，恪守以人为本、立法为民理念，确保教育立法符合宪法精神，反映人民意志。要坚持立、改、废、释并举，增强教育法律法规的及时性、系统性、针对性、有效性。要把公正、公平、公开原则贯穿教育立法全过程，实现教育立法和教育改革决策相衔接，做到重大改革于法有据，教育立法主动适应教育改革发展需要。

学校作为实施教育教学和管理的基层单位，与师生发生最密切的法律关系，能够直接影响师生的权利义务，依法治理至关重要。提升学校依法治校和教师依法执教的意识和能力，健全依法治校评价指标体系，大力推进依法治校。依法治校必须尊重和保护师生合法权益，正确处理三方的权利义务关系，建立师生权利救济制度尤为关键，改善师生权利保护机制。

（二）教育立法取得的主要成绩

1. 及时出台教育法律实施细则

1986年8月27日，河南省第六届人民代表大会常务委员会第二十二次会议通过《河南省实施〈中华人民共和国义务教育法〉办法》，并在1995年10月31日河南省第八届人民代表大会常务委员会第十六次会议通过《关于修改〈河南省义务教育实施办法〉的决定》（修正），自1996年1月1日起施行。2013年5月30日，河南省第十二届人民代表大会常务委员会第二次会议审议通过了《河南省实施〈中华人民共和国义务教育法〉办法（修订草案）》（豫政文〔2012〕168号），自2013年9月1日起施行；1995年12月8日河南省第八届人民代表大会常务委员会第十七次会议通过《河南省实施〈中华人民共和国教师法〉办法》，自1996年1月1日起施行；1997年7月25日河南省第八届人民代表大会常务委员会第二十七次会议通过《〈河南省实施〈中华人民共和国职业教育法〉办法》，自1997年9月1日起施行；河南省第十一届人民代表大会常务委员会第十七次会议2010年9月29日审议通过《河南省未成年人保护条例》，自2010年12月1日起施行。

2. 基本建立地方教育法规体系

除了及时出台与教育法律相配套的实施细则之外，河南省人民政府分别从义务教育、教师队伍、民办教育、职业教育、高等教育、教育信息化、教育督导、校车安全和体育工作等方面对教育工作进行了规范。据不完全统计，自2005年以来，河南省政府发布教育规章近40件，至今仍然生效的有30多件（见表1）。加之各省辖市、直管县（市）政府纷纷出台的教育政策措施，地方教育法规体系已基本建立。如为全面提高教师队伍整体素质，深入实施科教兴汴和人才强市战略，开封市人民政府于2015年7月20日就进一步加强教师队伍建设提出了《开封市人民政府关于进一步加强教师队伍建设的实施意见》（汴政［2015］53号）。

表1　2005年以来河南省教育规章一览表（不完全统计）

类型	发布时间	名称
学前教育	2011年3月11日	河南省人民政府关于进一步推进义务教育均衡发展促进教育公平的意见（豫政〔2011〕26号）

续表

类型	发布时间	名称
义务教育	2006 年 9 月 6 日	河南省人民政府批转省财政厅教育厅省 2005 年秋季农村义务教育两免一补实施方案的通知(豫政〔2005〕34 号)
	2008 年 3 月 6 日	河南省人民政府关于开展清理化解农村义务教育普九债务试点工作的实施意见(豫政〔2008〕21 号)
	2009 年 8 月 11 日	河南省人民政府关于批转省人力资源社会保障厅等部门省义务教育学校绩效工资实施意见的通知(豫政〔2009〕57 号)
	2011 年 7 月 1 日	河南省人民政府关于大力发展学前教育的意见(豫政〔2011〕48 号)
	2012 年 2 月 8 日	河南省人民政府关于印发省农村义务教育学生营养改善计划试点工作实施方案的通知(豫政〔2012〕18 号)
	2014 年 10 月 13 日	河南省人民政府关于优化城乡基础教育资源配置解决城镇基础教育资源不足问题的意见(豫政〔2014〕78 号)
	2016 年 5 月 4 日	河南省人民政府关于进一步完善城乡义务教育经费保障机制的通知(豫政〔2016〕29 号)
	2016 年 11 月 17 日	河南省人民政府关于优化农村中小学校布局加强寄宿制学校建设全面提高教育质量和办学效益的意见(豫政〔2016〕71 号)
	2018 年 6 月 8 日	河南省人民政府关于加快推进县域内城乡义务教育一体化改革发展的意见(豫政〔2018〕15 号)
教师	2006 年 9 月 6 日	河南省人民政府关于深化农村义务教育经费保障机制改革的通知(豫政〔2006〕22 号)
	2008 年 11 月 27 日	河南省人民政府关于全面解决中小学教师工资历史拖欠问题的通知(豫政〔2008〕55 号)
	2013 年 9 月 18 日	河南省人民政府关于全面加强教师队伍建设的意见(豫政〔2013〕59 号)
教育督导	2005 年 1 月 10 日	河南省人民政府关于印发省教育督导暂行规定的通知(豫政〔2005〕3 号)
民办教育	2015 年 12 月 9 日	河南省人民政府关于加快推进民办教育发展的意见(豫政〔2015〕76 号)
	2018 年 2 月 2 日	河南省人民政府关于鼓励社会力量兴办教育进一步促进民办教育健康发展的实施意见(豫政〔2018〕6 号)
职业教育	2008 年 12 月 18 日	河南省人民政府关于实施职业教育攻坚计划的决定(豫政〔2008〕64 号)
	2009 年 6 月 12 日	河南省人民政府中华人民共和国教育部关于印发共建国家职业教育改革试验区实施方案的通知(豫政〔2009〕37 号)
	2012 年 5 月 5 日	河南省人民政府关于印发省职业教育校企合作促进办法(试行)的通知(豫政〔2012〕48 号)
	2012 年 7 月 28 日	河南省人民政府关于转发省职业教育品牌示范院校和特色院校建设管理办法的通知(豫政〔2012〕70 号)
	2014 年 6 月 16 日	河南省人民政府关于实施职业教育攻坚二期工程的意见(豫政〔2014〕48 号)
	2014 年 9 月 24 日	河南省人民政府关于加快发展现代职业教育的意见(豫政〔2014〕75 号)
	2015 年 12 月 5 日	河南省人民政府关于进一步优化中等职业学校布局提升办学水平的意见(豫政〔2015〕74 号)
	2019 年 12 月 9 日	河南省人民政府关于印发省职业教育改革实施方案的通知(豫政〔2019〕23 号)

续表

类型	发布时间	名称
高等教育	2007 年 9 月 3 日	河南省人民政府关于建立健全普通本科高校高等职业学校和中等职业学校家庭经济困难学生资助政策体系的实施意见(豫政〔2007〕57 号)
	2011 年 5 月 20 日	河南省人民政府关于印发百年名校大学振兴计划(2011—2020 年)的通知(豫政〔2011〕46 号)
	2011 年 9 月 24 日	河南南省人民政府关于进一步做好普通高等学校毕业生就业工作的通知(豫政〔2011〕67 号)
	2012 年 10 月 30 日	河南省人民政府关于全面提高高等教育质量的若干意见(豫政〔2012〕92 号)
	2015 年 7 月 21 日	河南省人民政府关于深化高等教育综合改革全面提升服务经济社会发展能力的意见(豫政〔2015〕41 号)
教育信息化	2015 年 3 月 1 日	河南省人民政府关于加快推进教育信息化建设工作的意见(豫政〔2015〕16 号)
体育	2013 年 7 月 10 日	河南省人民政府关于印发河南省建设体育强省规划纲要(2013—2020 年)的通知(豫政〔2013〕49 号)
校车安全	2014 年 1 月 28 日	《河南省实施〈校车安全管理条例〉办法》(省政府令 162 号)

3. *妥善清理过时教育法规*

河南省重视对过时地方法规的清理,使地方性法规适应改革发展需要。2017 年 12 月 15 日,河南省人民政府按照《国务院办公厅关于进一步做好"放管服"改革涉及的规章、规范性文件清理工作的通知》(国办发〔2017〕40 号)要求,对 2017 年 5 月底前省政府和省政府办公厅公布的现行有效的规范性文件进行了清理,共清理失效的规范性文件 74 件,其中与教育有关的有 7 件(见表 2)。

表 2 河南省人民政府决定失效的规范性文件目录(部分有关教育的规范性文件)

1	河南省人民政府关于加快推进职业教育攻坚工作的若干意见	豫政〔2010〕1 号
2	河南省人民政府关于进一步做好进城务工农民随迁子女义务教育工作的意见	豫政〔2010〕54 号
3	河南省人民政府关于进一步加强我省中小学校舍安全工程实施工作的通知	豫政〔2010〕77 号
4	河南省人民政府关于强力推进我省中小学校舍安全工程建设的通知	豫政〔2011〕63 号
5	河南省人民政府关于创新体制机制进一步加快职业教育发展的若干意见	豫政〔2012〕49 号
6	河南省人民政府办公厅关于转发省教育厅等部门河南省特殊教育提升计划(2014—2016 年)的通知	豫政办〔2014〕181 号
7	河南省人民政府办公厅关于印发省第二期学前教育三年行动计划(2014—2016 年)的通知	豫政办〔2015〕55 号

(三)教育立法中存在的问题

1. *存在一定的立法缺失*

我国于 2003 年颁布实施了《中华人民共和国民办教育促进法》,河南应按要求结合本省实际制定相应的实施细则。虽然在河南省委批转的《河南省 2004 年至 2008 年地方立法规划》中明确提出，河南省《民办教育促进法》实施办法是 2004 年地方立法规划的 14 件法规之一，但由于各种原因，河南省迟迟没有出台相应的实施细则。由于相应的实施细则缺位，民办学校在资金周转、财务监督、风险规避、退出清算等机制均不完善，令民办教育投资者有顾虑。① 现在，修改后的《中华人民共和国民办教育促进法》在河南仍停留在政策学习阶段。贯彻新法的政策不明朗，导致很多教育投资公司暂停投资或转向其他行业投资，对招商引资品牌知名学校和知名教育机构的战略起到了阻碍，对规划教育强市、教育强区、教育强县的战略有较大影响。② 虽然河南省人民政府于 2018 年 2 月 2 日提出《河南省人民政府关于鼓励社会力量兴办教育进一步促进民办教育健康发展的实施意见》（豫政〔2018〕6 号），对民办学校（含其他民办教育机构）实行非营利性和营利性分类管理，举办者自主选择举办非营利性民办学校或者营利性民办学校，依法依规办理登记，并合理设置过渡期，但和其他省份相比，缺乏更高位阶的指导地方完成落实民办教育促进法的实施条例，仍是一大不足。

2. 教育立法进程较慢

对于执行性、完善性的地方教育法规来说，其任务是对国家教育法律法规的执行和完善，国家层面的教育立法速度直接决定了执行性、完善性地方教育法规的立法速度。我国教育立法进程较慢。一些重要教育法律，诸如学校教育法、考试法、教育投入法等等，虽呼吁和研究论证多年，却难以出台；有些早期制定的教育法律如《中华人民共和国学位条例》，虽然已经难以适应和满足我国法治的进步与实践需要，但迟迟不能得到与整体法制建设相协调的系统修订。《中国教育发展规划纲要（2010—2020 年）》提出，“根据经济社会发展和教育改革的需要，修订教育法、职业教育法、高等教育法、学位条例、教师法、民办教育促进法，制定有关考试、学校、终身学习、学前教育、家庭教育等法律”。事实上，我国只完成了对教育法、高等教育法、民办教育促进法的修订工作，其他的教育法律修订和制定的目标皆未实现。

---

① 2010 年两会专题：热点议案提案．尽快出台《民办教育促进法》实施细则．http://www.henan.gov.cn/ztzl/system/2010/01/28/010177057.shtml.

② 政协委员张红军：应尽快出台民办教育促进法实施细则促进教育强省战略实施 https://news.dahe.cn/2018/01－25/261979.html.

(四)健全完善地方教育法规体系的途径

地方教育立法,是地方教育法治建设的前提和基础,也是推进省域教育治理体系和治理能力现代化的重要方式与制度依托。经过四十余年的教育法制建设,河南省的教育法规体系已初步形成,但相对于依法治教的要求,现有的教育法规体系仍需完善。加强教育立法工作,提高教育立法质量,形成科学完备的教育法规体系,以良法促发展,保障善治,为高质量教育改革和发展提供有力的法治保障。

近年,河南省司法厅把立法质量作为立法工作的生命线,认真总结立法规律,积极探索、多措并举,创新实行"一个意见、五项制度、四合审查、三会两评"的"1543"立法工作机制,不断提高立法质量。除此之外,教育立法应与教育改革决策相衔接,坚持立、改、废、释并举,及时修订、完善教育法规和规章、规范性文件,以法律规范引领和推动教育改革、促进和保障教育发展。

1. 做好教育法规的地方配套建设工作

《中华人民共和国高等教育法》《中华人民共和国民办教育促进法》已经修改完成,亟须制订《河南省高等教育法实施办法》和《河南省民办教育促进法实施办法》。当前,我国在教育法律建设方面,正在加快推进《职业教育法》修订、《学前教育法》起草、《学位条例》修订、《教师法》修订工作以及《终身学习法》《家庭教育法》等法律草案的起草工作;在教育行政法规建设方面,国家层面需要完成《国家教育考试条例》《学校安全条例》等法规的起草工作。针对这些问题,省级教育立法部门需要超前布局,提前规划,坚持"立、改、废"并重,及时做好国家教育法律法规的地方配套教育法规的制定工作。为维护法制统一,适应中国特色社会主义教育法律体系形成的需要,要及时修改、完善与清理与国家法律法规不一致,不符合新发展理念,或者与河南省经济社会发展不相适应的法规。

2. 重视地方自主性教育立法工作

地方性法规是中国重要的法律渊源,主要功能在于落实上位法和依据上位法创制新规范。第十二届全国人大常委会委员长张德江在2015年9月调研地方立法时指出:"地方性法规是中国法律体系的重要部分,地方教育立法关键是在本地特色上下功夫、在有效管用上做文章。"省级地方教育立法能否细化落实上位法的立法宗旨,能否智慧地设计制度回应地方实际需求,直接决定教育质量的高低。根据地方立法权限,专属立法权事项之外国家尚未制定法律、行政法规的,可进行地方立法。河南省教育立法要积极响应《依法治教实施纲要(2016—2020年)》要求,在终身学习、学前教育、普通高中教育、营利性教育机构监管、家庭教育等教育法律规范尚存空白的领域,先行先试,以教育立法推动教育改革,为全国性教育立法积累经验。

三、保障教育经费投入

(一)河南省教育投入现状

1. 取得的主要成绩

一是率先实现了生均政策全覆盖。党的十八大以来,在财政部门的大力支持和通力合作下,河南省积极落实国家要求,在全国较早构建了覆盖学前教育到高等教育全链条的生均拨款制度,使各阶段教育财政投入有制度可依循、有标准可执行,在全国率先实现从学前教育到高等教育生均拨款制度全覆盖。

二是多措并举提升财政投入水平。通过经费保障年、加强资金引导、公告通报等各项有力措施,保持政策强度,挖掘市县潜力,使财政教育支出占比连年稳定在五分之一左右的水平,2018 年财政教育支出达到 1669. 2 亿元的新高,比上年增加 176. 1 亿元,增幅 11. 8% ,占财政总支出的 18. 09% 。

三是部分主要指标排名靠前。从全国 2017 年统计情况看,河南省一般公共预算教育经费总量居全国第 4 位,增幅高于财政经常性收入增幅,超过了本省 GDP 在全国的排名。在全国排名前 5 位的省份中,只有河南省是中西部欠发达省份。各阶段生均指标均有不同程度的增长,其中普通高中生均公共财政预算教育事业费增长 27. 38% ,增长率位居全国第一。

2. 存在的主要问题

一是各阶段生均公共财政预算教育事业费指标长期在全国垫底。2017 年国家公布的 31 个省份排名中,河南省小学、初中和普通高中均为第 31 位,中职、高等教育分别为 30 位和 29 位,且与全国平均水平、与其他中部省份比均有较大差距,如小学生仅占全国平均水平的 56% 。在全国快步迈向现代化的当下,如果河南省没有大决心、大动作,差距将会进一步拉大。

二是投入机制不够完善。财政投入机制方面:教育领域政府间财政事权和支出责任有待进一步细化,部分已出台投入政策落实不到位。社会投入机制方面:来自民办学校举办者投入和社会捐赠等社会投入只占总投入的 1. 1% ,社会投入占比仍然偏低。民办教育经费总投入中 70. 39% 来自学费收入,13. 3% 来自财政性经费,6. 32% 来自举办者投入。成本分担机制方面:学费收入仅占教育经费总投入的

16.31%，公办学校学费收入仅占公办学校经费总投入的6.42%，收费标准动态调整机制尚未完全建立，普通高等学校收费标准长期没有调整。

三是各阶段教育长期处于低水平运转状态。低保障水平造成河南省教育事业发展不平衡、不充分的问题突出，短板多、弱项多。如教师结构性、阶段性缺编使代课教师长期存在，大部分代课教师工资通过违规挤占生均公用经费解决。生均教学仪器设备、图书分别距全国平均水平有较大差距。

（二）政策依据和改革措施

1. 加大财政投入力度

全国和河南省教育大会进一步强调教育的优先发展地位，教育现代化提出了更高的发展目标。《国务院办公厅关于进一步调整优化结构提高教育经费使用效益的意见》（国办发〔2018〕82号）提出："优先保障，加大投入。调整优化财政支出结构，优先落实教育投入，保证国家财政性教育经费支出占国内生产总值比例一般不低于4%，确保一般公共预算教育支出逐年只增不减，确保按在校学生人数平均的一般公共预算教育支出逐年只增不减。在继续保持财政教育投入强度的同时，积极扩大社会投入。"按照国务院文件精神和要求，河南省立足教育事业发展需求，按照"尽力而为、量力而行"的原则，站在投入角度，提出了"各阶段生均一般公共预算教育事业费在全国位次明显提升"的目标，并充分考虑河南省近年财政教育支出总量及占比情况，规划了"财政教育支出占比每年增加一个百分点"的具体指标。坚持教育优先发展，经济社会发展规划优先安排教育发展，财政资金优先保障教育投入，公共资源配置优先满足教育和人力资源开发需要。积极调整财政支出结构，压缩一般性开支，增加教育投入，确保财政一般公共预算教育支出逐年只增不减，确保按在校学生人数平均的一般公共预算教育支出逐年只增不减，努力实现公共财政教育经费占财政总支出的比例逐年只增不减，各阶段生均一般公共预算教育事业费在全国位次明显提升。合理划分教育领域财政事权和支出责任，全面建立权责清晰、财力协调、标准合理、保障有力的教育事业发展保障机制，优化支出责任分担方式，依法落实各级政府教育支出责任，加大财政教育投入。

2. 完善多渠道教育经费筹措机制

健康可持续的多渠道教育经费筹措机制是教育事业发展的必要保障。教育法明确规定，"国家建立以财政拨款为主、其他多种渠道筹措教育经费为辅的体制"。《国务院办公厅关于进一步调整优化结构提高教育经费使用效益的意见》（国办发

〔2018〕82 号）提出："完善非义务教育培养成本分担机制，地方人民政府应按照规定的管理权限和属地化管理原则，综合考虑经济发展状况、培养成本和群众承受能力等因素，合理确定学费（保育教育费）、住宿费标准，建立与拨款、资助水平等相适应的收费标准动态调整机制。"基于该文件精神，综合促进民办教育发展有关规定，河南省提出建立完善培养成本动态监测机制，在此基础上建立生均标准、收费标准、资助标准"三位一体"的动态调整机制，尽快完成高等教育收费标准调整政策。同时，完善鼓励政策、加大资金引导，切实提升社会资本投入教育的积极性和有效性。坚持教育公益属性，完善国家、社会和受教育者合理分担非义务教育培养成本的机制。综合经济社会发展水平、培养成本、学生资助水平和群众承受能力等因素，合理确定非义务教育阶段学校学费标准。全面建立并落实各阶段教育生均经费基本标准和生均财政拨款基本标准，建立健全收费标准、财政拨款标准、资助标准三位一体联动调整机制。综合运用各类政策手段，改善环境、优化服务，落实相关税收优惠政策，完善土地、金融、人才等优惠政策，鼓励出资、捐资办学支持和规范社会力量兴办教育。加强监督和管理，依法落实民办学校举办者筹措办学经费的法律责任，健全退出机制。充分发挥各级基金会作用，吸引社会捐赠。

3. 提高经费使用效益

近年，在教育投入达到一定规模的过程中，提升经费使用绩效成为教育经费管理的重点。为此，国家连续制定出台了一系列政策，通过实施优化结构、内部控制、绩效管理、内部审计等综合管理措施，提出了提高经费使用效益的目标：加大教育经费统筹力度，整合优化经费使用方向，推动教育经费使用结构重心从规模扩张向质量提升、结构优化转移，从硬件设施建设向教育教学改革和教师队伍建设等转移，形成与教育改革发展相适应的教育经费使用结构。以监审、监控、监督为着力点，构建全覆盖、全过程、全方位的教育经费监管体系，努力建成与教育现代化相适应的内部控制体系。全面实施绩效管理，优化绩效目标设置，细化绩效管理办法，加强动态绩效评价，强化绩效评价结果应用。不断健全高等学校总会计师委派制度、教育系统内部审计制度、教育经费统计公告制度和财政教育经费预决算公开制度，建立教育经费监管中心，强化信息化管理，保证教育经费使用效益最大化。

中编　专题调研篇

推进高校立德树人教育调研报告

为了加强河南高校思想政治工作,着力推进高校立德树人教育,在全省高校开展了思想政治工作调研。从调研情况看,近年,河南省各高校高举中国特色社会主义伟大旗帜,坚持以习近平新时代中国特色社会主义思想为指引,全面贯彻落实全国全省高校思想政治工作会议精神,全面推进高校思想政治工作,不断改进思想政治课教学方式方法,广大师生的精神面貌积极、健康、向上,全省高校思想政治工作取得了阶段性进展。本报告系统地总结了近年高校思想政治工作取得的成效,指出了目前存在的主要问题,提出了下一步高校思想政治工作的思路建议。

一、近年高校思想政治工作取得的基本成效

(一)思想认识更加统一

各高校认真贯彻落实全国全省高校思想政治工作会议精神,学习贯彻中央《关于加强和改进新形势下高校思想政治工作的意见》以及河南省贯彻落实意见,不断深化对做好高校思想政治工作重大意义、任务要求的认识,自觉把思想和行动统一到中央和省委要求上来。高校"大思政"的理念进一步强化,全程育人、全方位育人的意识得到进一步激发,各方面抓工作的积极性主动性进一步提高,思想政治工作者的责任感、荣誉感进一步增强,加强和改进高校思想政治工作的氛围日益浓厚,关心支持参与高校思想政治工作的良好环境正在形成。

(二)推进力度不断加大

加强专题培训,组织举办贯彻全国全省高校思想政治工作会议精神专题培训班、办好中国特色社会主义大学高校主要领导研讨班,围绕高校思想政治工作、办好社会主义大学等方面进行集中培训、交流研讨。出台制度措施,研究制定落实全国全省会

议精神的任务分工方案,完善党政领导干部联系高校开展思想政治教育制度,制定大中小学教材建设实施意见,制定高校意识形态工作责任制实施细则,出台建立健全高校师德长效机制建设的意见,启动文明校园评选。党的十九大召开之后,相继举办了高校组织部长、宣传部长、学工部长、统战部长和团委书记专题培训班,将学习宣传贯彻党的十九大精神与贯彻落实全国全省高校思想政治工作会议精神有机结合,坚持在“大思政”的格局下谋划整体工作,将思想政治工作贯穿于大学教育全方位、全过程。

(三)特色工作更加鲜明

一是着力提升思想政治理论课教学水平。扎实开展教学质量年活动,开展新中国成立后河南历史上最大规模的听课活动,对所有高校的思政课堂进行了听课全覆盖。推进教学方法改革,打造一批思想政治理论课精彩案例、精彩课件、精彩教案和精彩微课。组织举办高校思想政治理论课教学技能大赛,历时5个月,对象涵盖全省高校思想政治理论课教师,内容涵盖本专科和研究生思想政治理论课,在全省高校引起强烈反响,对于进一步提升思政课的针对性实效性,增强学生对思政课的获得感起到很好的促进作用。二是着力增强思想政治工作力量。加强马克思主义学院建设,郑州大学马克思主义学院被评为全国重点马克思主义学院。组织成立首届高校思想政治理论课教学指导委员会、马克思主义理论专业指导委员会,充分发挥专家组织指导评价、督导考核作用。推动高校思想政治工作队伍和党务工作队伍专业化、职业化建设,重点加强高校辅导员队伍建设。组织开展高校辅导员职业能力大赛,在全国大赛中持续保持领先水平。三是着力占领网上阵地。组织开展学习宣传党的十九大精神河南高校优秀辅导员“校园宣讲”和“网络巡礼”活动,覆盖所有高校,现场听众6000人次,线上线下受益师生30万人次。开展党的创新理论“万场宣讲”进高校工作,组织“优秀辅导员讲师团”和“大学生骨干宣讲团”开展集训和宣讲,实施场次近1600场,全省高校累计学习活动现场受众70万人次,线上累计覆盖150万人次。组织开展“学习新思想千万师生同上一堂课活动”启动暨首场授课活动。组建“习近平总书记重要讲话精神讲师团”开展巡回授课36场次,覆盖全省高校,师生现场听课31000人,直播授课17场,线上覆盖80万人次。加强网络思想政治教育,完成高校与教育部“易班”系统的对接,依托中原工学院建成高校网络思想政治工作信息系统,推广大学生思想政治教育手机APP“指点天下”。四是着力彰显校园正能量。持续举办“校园好声音”比赛,开展“我是中国好网民,传递青春正能量”活动、“两创两争”群众性精神文明创建活动、“感动中原”年度教育人物评选。加强校园文化建设，组织开展首届高校校园文化建设优秀成果展演。

二、思想政治工作存在的主要问题

一是高校强化思政工作的体制机制不健全。部分高校对加强思想政治工作重要性的认识还需要进一步提高；“高校立身之本在于立德树人”的理念有待进一步强化；各高校普遍存在对师德师风建设往往是“说起来重要、做起来次要、忙起来不要”，缺乏上下联动、横向呼应的协调机制，部门间沟通不到位、决策不统一，难以形成工作合力。二是思想政治工作队伍建设不够强，思政课教师职称评定单设标准、单列计划、单独评审的政策还有待落地；高校专职辅导员配备数量还不到位。三是高校思政课程建设及思想政治工作仍需加强。思想政治理论课亲和力和实效性有待进一步增强，省级重点马克思主义学院建设有待加强；思政工作有待进一步强化。教师思想政治工作、研究生思想政治教育工作仍然是工作的短板；对新时代高校思想政治工作的新形势新情况有待进一步研究，工作方式有待进一步改进，工作水平有待进一步提升；学校教育、社会教育和家庭教育的合力尚未完全形成，全社会共同支持加强和改进高校思想政治工作的氛围不够浓厚。

三、下一步加强和改进高校思想政治工作的意见建议

（一）强化党的创新理论进教材、进课堂、进师生头脑工作

推动习近平新时代中国特色社会主义思想深入人心，是党的十九大提出的重大政治任务。高校承担着培养担当民族复兴大任的时代新人的重要使命，肩负着传播阐释科学理论、弘扬发展先进文化的重要职责，应当在学习、研究、宣传习近平新时代中国特色社会主义思想上走在前列，扎实有效地做好进教材、进课堂、进师生头脑工作。

1. 坚持教材体系与教学体系相统一

按照中央要求，统一使用马克思主义理论研究和建设工程重点教材，把习近平新时代中国特色社会主义思想作为重点内容完整反映、有机融入教学大纲，在课时、学

分、教师配备等方面作出具体安排、提出明确要求。

2. 做到第一课堂与第二课堂、社会实践相结合

用好课堂教学这个主渠道，注重运用历史和现实、国际和国内的对比，注重结合学生的思想实际、认知规律，严谨生动、深入浅出地讲清楚、讲明白习近平新时代中国特色社会主义思想，真正把透彻的理论讲透彻，把鲜活的理论讲鲜活，把思想的魅力讲出来，把信仰的味道讲出来，让党的创新理论成为大学课堂的鲜亮底色。注重第二课堂建设，坚持教育同生产劳动和社会实践相结合，通过社会调查、志愿服务、扶贫支教等多种形式，组织广大师生到农村社区、厂矿企业，到改革开放最前沿、脱贫攻坚主战场，体验新时代的巨大变化，感悟新思想的实践伟力，在接触群众、了解社会中提高认识、提升觉悟，在投身实践、奉献人民中锤炼品质、增长才干。

3. 实现价值认同与情感认同相一致

引导广大师生在深刻把握精神实质和丰富内涵的基础上，真正把这一思想内化为坚定的马克思主义立场、社会主义立场、中华文化立场、人民立场，内化为爱党爱国爱社会主义的情感、拥戴核心维护核心的情感、热爱人民奉献人民的情感。把习近平新时代中国特色社会主义思想蕴含的立场和情感，充分体现到办学治校、管理服务之中，体现到教育教学、学术科研和社会服务之中，体现到广大学生求知求学、成长成才之中，在大学校园、师生头脑中深深扎根。

（二）着眼培育担当民族复兴大任的时代新人

紧紧围绕立德树人这个根本任务，坚持以提高思想政治素质为重点，着眼培养担当民族复兴大任的时代新人，教育引导青年师生向上向善、孝老爱亲，忠于祖国、忠于人民。

1. 以理想信念铸魂，夯实成长之基

加强理想信念教育，深化中国特色社会主义和中国梦宣传教育，开展党史、国史、改革开放史、社会主义发展史教育，引导广大师生树立正确的历史观、民族观、国家观、文化观。开展好现有各种形式的主题教育实践活动，同时根据新时代新征程新使命，策划组织新的活动项目，把师生的积极性、主动性充分调动起来。

2. 以思想道德塑造，筑牢成才之本

充分发挥先进典型的示范引领作用，选树一批像黄大年这样信念坚定、品德高尚、事迹突出的先进典型，组织好时代楷模、道德模范、感动中原年度教育人物和辅导员年度人物、大学生年度人物等先进典型校园巡讲，聚焦报效祖国、奉献人民、执着敬

业的崇高追求，广泛开展学习宣传教育活动，形成崇德向善、见贤思齐的浓厚氛围。用好学雷锋志愿服务这个道德实践养成的重要载体，围绕脱贫攻坚、乡村振兴、生态文明建设等国家重大战略，围绕河南“三区一群”战略，服务于打好河南“四张牌”，鼓励和支持师生积极参加多种形式的志愿服务活动。充分调动各高校争创文明校园的积极性，坚持高标准高质量深化文明校园创建活动，发挥好文明创建在思想道德建设中的重要作用。

3. 以核心价值观培育，引领高尚追求

坚持用社会主义核心价值观引领知识教育、贯穿办学育人全过程，大力弘扬民族精神和时代精神，深入开展爱国主义、集体主义、社会主义教育。把核心价值观同师生教学和学习紧密联系起来，体现到校风学风养成、师德师风建设之中，引导广大师生做社会主义核心价值观的坚定信仰者、积极传播者、模范践行者。在传承弘扬优秀传统文化蕴涵的思想观念、人文精神、道德规范过程中，特别要鲜明突出爱国主义这个永恒主题，涵养家国情怀，培养担当精神，践行报国之志。

（三）着力掌握高校意识形态工作领导权

1. 加强对意识形态领域重大问题的分析研判

掌握师生思想动态中倾向性苗头性问题。无论是对教材选编、课堂教学，还是对人才使用、学术科研、评价考核，都要确保正确的政治方向、价值取向、学术导向。

2. 加强各类意识形态阵地的管理

严明课堂教学管理和教学秩序，坚持学术研究无禁区、课堂讲授有纪律、公开言论守规矩，绝不允许在课堂上出现突破政治底线和价值底线的现象。严格落实“一会一报”“一事一报”“一人一策”制度，做到心中有数、可管可控。把校报校刊、网站社区、微博账号、微信公众号等纳入管理范畴，加强对境外非政府组织在高校活动的管理，严禁各种校园传教活动。

3. 注重管理方法和艺术

正确区分政治原则问题、思想认识问题和学术观点问题。既不能把一般的学术观点和思想认识问题政治化，也不能把政治原则问题当作一般学术观点和思想认识问题来对待。

（四）着力提升思政工作能力和水平

聚焦提高工作本领，着眼于“大思政”工作队伍，扎实推进思想政治工作专职队伍建设。

1. 加强培养培训

持续开展高校党委宣传部长、学工(研工)部长、思想政治理论课教学部负责人、心理健康教育中心主任、团委书记、辅导员等政工干部的培训交流,利用暑期组织举办系列培训班,提升干部队伍政治素质和业务能力。

2. 强化高校网络评论员队伍管理

探索高校网评工作推进办法,支持名师、优秀导师参与网络文化建设,鼓励支持高校网络文化相关专业师生、先进典型人物参与网络评论,传递正能量,打造晴朗网络空间。

3. 推进专业化专家化建设

鼓励支持高校思想政治工作骨干在职攻读博士学位。对不同层次、不同类别学校的心理健康教育工作队伍进行分类指导。加强拔尖人才培养。参与实施"高校思想政治教育名师培育支持计划",大力培育高校思想政治工作领军人才,培育一批思想政治工作中青年杰出人才,培育一批网络名师。

(五)创新方式载体,着力增强思想政治工作实效性

加强正面宣传教育,始终把师生理想信念教育摆在首位,结合重要时间节点,持续深化习近平新时代中国特色社会主义思想学习教育,深化"我的中国梦"主题教育,把社会主义核心价值观培养践行作为战略工程常抓不懈。

1. 创新价值引领方式

在持续推动全省教育系统精神文明建设基础上,组织开展"爱国·奋斗"精神教育,组织以"重走改革开放路,砥砺爱国奋斗情"为主题的社会实践活动,开展以"凝聚青春力量、闪耀青春光彩"为主题的典型人物宣传活动,开展"学雷锋"、"感动中原"年度教育人物及"礼敬中华优秀传统文化"系列成果评选活动。

2. 着力破解思想政治工作难点

加强研究生心理健康教育和咨询工作,探索发挥导师在研究生思想政治教育中首要责任人作用试点。加强教师思想政治工作。鼓励有条件的高校成立党委教师工作部,为教师成长发展提供更好平台。

3. 深化高校网络文化建设

推进高校网络思想政治工作中心、网络信息安全研究与分析中心建设,逐步推广大学生思想政治教育手机APP"指点天下"。继续开展"争做中国好网民"活动,组织

“大学生网络文化节”“网络文明进校园”等网络文化建设活动,推广展示一批“网络名篇名作”。

（调研组组长:陈垠亭,河南省教育厅副厅长;高治军,中共河南省委高校工委专职委员;副组长:李培俊、王继东;成员:徐军保、张会敏）

基础教育发展战略调研报告

基础教育是国民教育的重要基石，是提升综合国力和国民素质的奠基工程，是推动社会公平、构建和谐社会的重要基础，是实现人的全面发展的重要途径。它在国民教育体系中处于基础性、先导性地位。必须把握好定位，全面贯彻落实党的教育方针，从多方面采取措施，努力把河南基础教育办好。

为扎实办好河南基础教育，针对河南省基础教育事业发展相关问题，从“进展与成效”“形势与问题”“理念与思路”“对策与建议”四个方面，提出了调研的重要观点和若干建议。

一、进展与成效

自全面贯彻实施《河南省中长期教育改革和发展纲要(2010—2022)》以来，河南基础教育战线深入贯彻国家和全省教育规划纲要，始终坚持育人为本、提高质量、促进公平，凝心聚力，攻坚克难，基础教育得到了较好较快发展，成效显著，圆满完成了阶段性目标任务，谱写了河南基础教育改革发展的新篇章。2018年发展统计公报显示：河南共有幼儿园2.21万所，在园幼儿437.99万人，幼儿园教职工36.77万人；义务教育学校2.31万所，在校生1446.48万人，教职工90.07万人；普通高中852所，在校生210.06万人，普通高中学校教职工17.44万人；独立设置的特殊教育学校149所，在校生4.39万人，特殊教育学校教职工0.44万人。基础教育站在了新的历史起点上，迈入了新的发展阶段。

(一)基础教育普及水平全面提高

基础教育体系更加健全，公民受教育机会持续增多。现有基础教育学校(园)4.62万所，占全省各级各类学校的86.19%，基础教育人口2243.64万(其中教职工

144.72万，占全省教职工的85.43%），占全省教育人口的79.64%，是全国第一基础教育人口大省。学前三年毛入园率、小学净入学率、残疾儿童少年义务教育入学率、高中阶段毛入学率分别达到88.13%、100%、91%、91.23%，分别比2010年年末提高35.32个、0.06个、11个、2.15个百分点；义务教育阶段学生辍学率逐年下降，义务教育巩固率逐年提高，2018年义务教育巩固率达到94.62%。各项指标均高于全国平均水平。基础教育实现了由基本普及到均衡提高的转变。

（二）立德树人根本任务有效推进

认真贯彻党的教育方针，以立德树人为根本，大力发展素质教育，出台促进中小学学生德智体美劳全面发展的政策措施，把社会主义核心价值观落实到全员育人、全过程育人和全方位育人之中。系统开展了“少年传承中华传统美德”“圆梦蒲公英”“弘扬核心价值观、践行文明行为规范”“学生诚信教育”等主题活动。开展中小学生研学旅行实验区、实验校工作，确定10个实验区和42所实验校，并遴选出60多个中小学社会实践教育基地、1个全国研学实践教育营地、23个全国研学实践教育基地。已基本建立起以全国研学实践教育营地、研学实践教育基地和河南省中小学社会实践教育基地为枢纽的研学实践教育网络。实施中小学班主任素养提升工程，组建50个名班主任工作室和5个班主任工作实验区，开展中小学班主任基本功展示活动和优秀班主任评选活动，全面促进中小学班主任整体素质的提高。开展中小学心理健康教育示范区示范校、德育工作先进集体先进个人、书香校园书香班级等评选表彰活动。在全国中小学德育工作会议上河南省做了典型发言。中小学生艺术展演活动形成制度，学生合唱节、舞蹈节、戏剧节、器乐节全部启动。师德建设持续加强，系统开展了“不忘初心、立德树人”和“河南最美教师”等主题教育和公益评选活动，涌现出了李芳、张玉滚、刘文婷等一大批河南优秀教师群体。

（三）基本公共教育服务体系不断完善

学前教育以实施三期行动计划为抓手，迅速扩充资源。2010年至2018年共新增1.44万所幼儿园，新增在园幼儿241.32万人，“广覆盖、保基本、有质量”的学前教育公共服务体系初步建立。学前教育的做法两次在全国教育会议上作典型经验介绍。义务教育以促进均衡发展为重点，协调推进义务教育均衡发展和学校标准化建设，近年，重点实施了农村义务教育薄弱学校改造计划、全面改善贫困地区义务教育薄弱学校办学条件、农村义务教育学生营养改善计划、农村中小学食堂建设等一系列旨在改善农村中小学办学条件的重大项目，使农村学校办学条件有了较好改善。“全面改薄”工作圆满收官，已累计投入资金 311.43 亿元，为 1.73 万所中小学校建设校舍面积 1714.9 万平方米，建设室外运动面积 1320.1 万平方米，为 1.89 万所学校配备价值 54.04 亿元的设施设备，惠及 643.09 万名中小学生。在全国率先出台优化城乡基础教育资源配置解决城镇基础教育资源不足问题的意见，实施了扩充城镇义务教育资源五年计划。2014—2018 年规划建设的城镇中小学 4105 个项目中，完工或交付使用项目 3752 个，在建项目 453 个，已累计投资 565.63 亿元，已完成建筑面积 2495.34 万平方米，新增学位 255.10 万个。扎实推进高中阶段普及攻坚计划，规划普通高中新建、改扩建面积 1077 万平方米，投入资金 261 亿元。新建、改扩建校舍竣工面积共计 237.4 万平方米，已经完成投资 63.2 亿元，争取中央和省级扶持资金 42 亿元，有效改善了办学条件。加大基础教育经费保障条件与机制建设，河南省政府办公厅出台了《关于完善学前教育经费投入机制的通知》和《关于完善普通高中教育经费保障机制的通知》，学前、普通高中和特殊教育生均公用经费标准得到有效落实，率先在全国补齐了生均拨款制度链条，做法经验被教育部在全国推广。

（四）基础教育质量全面提升

加强基础教育内涵发展，基础教育质量标准体系不断完善，学校管理规范有序，教育质量不断提高。持续实施三期“学前教育行动计划”，制定了幼儿园基本办园标准，出台“科学保教十不准”，学前教育保教水平进一步提高，“小学化”倾向得到有效遏制。实施一系列义务教育提质增效项目，注重硬件与软件相结合，城镇“大班额”“超大班额”势头得到有效遏制并连续 5 年下降，义务教育阶段大班额和超大班额占比由 2013 年的 26.13%、12.42% 分别下降到 2018 年年底的 13.01%、1.98%，完成了国家规定目标任务。在全国义务教育改革发展现场经验交流会上做典型发言。大力推进义务教育标准化建设，加强农村中小学布局调整和寄宿制学校建设，农村中小学办学条件全面改善，134 个县（区）通过了国家义务教育均衡发展评估认定，通过率达 84.81%。实施普及高中阶段教育攻坚计划和消除大班额专项规划，2018 年普通高中大班和超大班占比分别比 2013 年下降了 14.72% 和 20%。推动普通高中多样化发展，启动实施了多样化发展试点项目和普通高中学生综合素质评价。以提升中小学教师专业素质项目为抓手，全面提升基础教育质量。持续落实乡村教师支持计划，招聘“特岗教师计划”累计 7.97 万人，服务期满留任率达到 89.3%，超出全国平均水平。建立了五级联动教师培训机制，依托“国培”、“省培”等平台，投入专项资金

12亿多元,培训教师130余万人次。深入系统开展名校长名师培育工作。启动了校本教研实验校建设工作,成立了“河南省基础教育质量监测中心”。基础教育研究成果获得国家二等奖29项(2014年首届10项,2018年19项),开展“一师一优课、一课一名师”活动,4年共获得部级优课2193节。适应启动普通高中新课程的需要,完成了1600余人的教育管理干部、普通高中校长和教研室主任的省级培训任务。基础教育信息化建设深入推进。中小学宽带网络接入率由40.5%上升到97.9%,翻了一番,多媒体教室占普通教室的比例由23.6%增加到82.4%,增加了3倍多。

(五)教育公平迈出新的步伐

不断优化基础教育资源配置,逐步缩小了区域、城乡、校际办学条件的差距,促进了教育公平。扎实落实《河南省教育脱贫专项方案》,53个贫困县中,33个贫困县学前三年毛入园率、50个贫困县初中净入学率、所有贫困县小学净入学率达到全省平均水平。营养改善计划覆盖38个国家级贫困县和2个省级试点,受益学生达310.7万人。实施特殊教育提升计划,30万人口以上的县都建立了一所独立设置的特殊教育学校,学前融合教育项目实现了县区全覆盖。义务教育阶段残疾儿童入学率达到91%,提高了11个百分点,特殊群体受教育权利得到有效保障。融合教育做法成效获得国务院教育履职评价督导组高度评价,联合国教科文组织把与省级教育行政部门首次合作开展融合教育培训的机会放在了河南。坚持“以流入地政府为主、以公办学校为主”,进城务工人员随迁子女入学率达99%。农村留守儿童教育管理进一步加强。家庭经济困难学生资助政策不断完善,实现了“不让一名学生因家庭经济困难而失学”的目标。

(六)基础教育改革持续深化

河南省作为承担义务教育均衡发展国家教育体制改革试点省,坚持系统设计、试点先行、重点突破,点面结合,在推进义务教育学校标准化建设、义务教育管理体制创新等5个方面进行试点,省市县分级分类开展实践探索,形成了《推进义务教育均衡发展国家教育体制改革试点工作优秀案例汇编》。先后在焦作、郑州、濮阳等地召开有关会议,推广了基础教育改革试点经验。推进高中阶段学校考试招生制度改革,确定许昌、濮阳两市先期开展考录模式综合改革试点。开展首批93所综合高中班试点,为初中毕业生升学提供更多选择空间。课程改革日益深入,幼儿园食育课程深入实施,成为河南学前教育的亮丽名片;首批遴选109所普通高中生涯教育试点学校,成为全国较早开展生涯教育试点的省份。试点引路，推动普通高中多样化发展。命名了 58 所多样化发展试点学校，评选了 30 所省级示范校。办学体制改革有效推进，民办基础教育事业持续健康发展，全省民办中小学、幼儿园达到 20276 所。

（七）基础教育治理能力不断提升

依法治教、依法治校工作取得积极进展。健全治理体系，推进地方立法，颁布了新修订的《河南省实施〈中华人民共和国义务教育法〉办法》和《河南省实施〈校车安全管理条例〉办法》。全面贯彻《义务教育学校管理标准（试行）》，加强学校管理，完善治理体系，学校管理的标准化、规范化、法治化进一步提升。规范办学行为，加大治理力度，招生秩序和办学行为进一步规范，有效治理和规范了校外培训机构。建立了完善的中小学电子学籍管理系统。学校安全管理得到全面加强，实现了学校安全教育常态化、安全演练制度化、防范溺水责任化。规范幼儿园管理，加大无证园治理力度，出台了《河南省幼儿园管理暂行办法》《河南省城镇小区配套幼儿园建设管理办法》《河南省普惠性民办幼儿园认定及管理工作指导意见》等规范性文件。完善基础教育督导制度体系和机制建设，不断提高管理和治理的针对性和实效性。

二、形势与问题

（一）基础教育面临的新形势新要求

1. 党的十九大对基础教育发展进行战略部署

十九大报告在论述教育发展中明确指出："推动城乡义务教育一体化发展，高度重视农村义务教育，办好学前教育、特殊教育和网络教育，普及高中阶段教育，努力让每个孩子都能享有公平而有质量的教育。"基础教育必须承担起重要的使命与责任，提高政治站位，明确目标任务，创新体制机制，狠抓工作落实，写好基础教育"奋进之笔"。

2. 全国教育大会对基础教育提出更新更高要求

学习贯彻全国教育大会精神，首要任务就是认真学习领会习近平总书记重要讲话的科学内涵和精神实质，用来武装头脑、指导实践、推动工作。教育是国之大计、党之大计。要准确把握新时代新要求，进一步增强做好基础教育工作的政治责任感和历史使命感。实现教育现代化，首先要实现基础教育现代化；建设教育强国，首先要建设基础教育强国；办人民满意的教育，首先要办人民满意的基础教育。在很大程度上讲，贯彻落实全国教育大会精神，基础教育是关键，也是重中之重。全省基础教育战线必须牢牢把握正确办学方向，大力推进基础教育公平优质发展。

3. 日益激烈的国际竞争要求不断提高基础教育现代化水平

时代越是向前，知识和人才的重要性就愈发突出，教育的地位和作用就愈发凸显。建设一流的国家，需要一流的基础教育。纵观世界发达国家，无不在大力提升基础教育现代化水平。基础教育质量和教育公平问题是世界各个国家在教育改革和发展过程中都特别关注的重要问题。联合国教科文组织 2015 年发布了《教育 2030 行动框架》，明确了 2030 教育目标规划，勾勒出了全球教育的未来蓝图。国际教育，既有激烈竞争，又有友好合作。用教育现代化推动国家现代化。必须大力推进基础教育理念、体系、制度、内容、方法和治理能力现代化。提升河南基础教育现代化水平对于实施中原崛起等战略、让河南更加出彩具有重要基础和先导作用。

4. 建设创新型国家需要进一步深化基础教育改革

进入新时代，我国将加快向创新型国家前列迈进。培养造就一大批高素质的创新型人才，做好基础教育是前提。全社会对创新人才培养的规模、质量、结构提出了更高要求。基础教育在国民教育体系中占据最大比例，对于培养创新型人才具有重要影响和推动作用。需要不断推进基础教育创新，加快完善创新型人才培养体系。在河南由人口大省向人才强省迈进的进程中，强化基础教育的改革和发展，推动基础教育现代化尤为重要、尤为迫切、尤为艰巨。

5. 面对人民群众对公平而有质量基础教育的新期盼，必须进一步提高基础教育供给的能力和水平

教育是最大的民生，是民生之首之基，承载着人民群众对幸福生活的向往，寄托着千家万户对美好未来的期盼。一方面，“有学上”是人民群众的基本诉求。另一方面，“上好学”是人民群众的普遍心态和迫切需要。河南是教育人口大省，受教育群体多样、需求多元，个性化学习逐渐成为主流；随着进城务工人员在城乡、区域间大规模流动和二孩政策的实施，一大批随迁子女、留守儿童、适龄幼儿渴望接受好的教育，渴望得到更多的关心和照顾，教育资源配置、学校布局、经费投入、师资保障等面临一系列挑战。当前河南省基础教育供给与人民群众需求之间不平衡不充分的矛盾依然比较突出，城乡、区域、学校、群体之间基础教育的差距依然很大，必须采取有力措施，扩大优质教育资源，切实解决“入园难”“入园贵”“大班额”“择校热”等矛盾。

（二）基础教育存在的主要问题和困难

1. 在学前教育方面

一是普惠资源缺，办园标准低。公办园数和公办园在园幼儿数占比均低于全国平均水平，离中央文件要求2020年公办学位占比原则上达到50%的要求差距较大。城镇小区配套幼儿园规划、建设、管理不到位，适龄幼儿“上公办园难，上优质民办园贵”；农村学前教育发展薄弱，不少农村幼儿在低端民办园和小学附设学前班就读，条件简陋。二是财政投入少，保障水平低。2018年，河南省学前教育生均经费3269.5元，居全国末位，占全国平均水平的43%。各级财政投入不足，政府职责落实不到位，合理的学前教育成本分担机制难以建立，低标准、低保障运行是全省幼儿园的普遍状态。三是队伍建设弱，合格教师难招难留。按国家规定的“两教一保”最低师幼比配备要求和1987年《全日制、寄宿制幼儿园编制标准（试行）》测算，目前河南省幼儿园专任教师缺口10万人。其中公办园缺编情况严重，大量编外教师待遇较低，“高压低薪”导致教师流动性很大，整体素质不高，是制约学前教育质量提升的瓶颈。四是监管难度大，安全事故频发。全省只有27%的区县有专门的学前教育管理机构，只有14.6%的区县有专门的教研机构，监管和指导力量不足导致对幼儿园管理滞后。同时，无证办园大量存在，监管整治难度大，仅靠教育部门很难清理整顿。

2. 在义务教育方面

一是办学条件标准低。主要表现在：城镇学校校园面积小，班额过大。初中大班额率20.64%、超大班额率3.07%，小学大班额率10.52%、超大班额率1.63%。农村学校规模小、条件差，办学效益和教育质量不高。不足100人的小规模学校有14745所，校均规模小，教师教学水平不高且数量不足，开不齐课程。大部分乡村学校厕所均为旱厕，卫生条件差。农村寄宿制学校数量不足，食宿条件差且面积不足，现有农村寄宿制学校不能满足留守儿童和其他儿童寄宿需求。二是“城镇挤”“乡村弱”。农村义务教育整体水平不高，学校规模小、数量多。全省生均教学仪器设备值、生均校舍建筑面积和生均图书藏量等主要办学条件指标居全国第23—31位，尤其是农村学校办学条件薄弱，办学效益和质量不高。城镇学校落后于城镇化发展，数量不足，学位紧张，大班额问题突出。义务教育阶段56人以上的大班数47372个，66人以上的超大班7232个。郑州市、南阳市、漯河市、信阳市、许昌市、濮阳市、周口市等一些地方消除大班额的任务较重。部分城市区的农村学校基础薄弱。近年的城改区，农村学校仍然占多数，缺乏中央、省级资金的支持。三是教学质量需进一步提高。城乡义务教育优质资源配置不均衡。学校教育存在重智育、轻德育现象。学生课业负担过重。

3. 在普通高中教育方面

一是大班额问题突出。2018 年,普通高中有 56 人以上的大班 2.23 万个,占 64.72%,其中 66 人以上的超大班 1.07 万个,占 31.15%。从消除大班额存量角度测算,公办普通高中要达到 55 人标准班额需增加教室 3363 个;从适应选课走班增量角度测算,按照 4 个标准教学班增加 1 个走班教室,需增加教室 5045 个。以上共需增加公办普通高中教室 8408 个。从全国大班额情况看,大班额比例达到或超过 50% 的有 4 个省(湖南、江西、河南、广西)。"局部挤":从地域分布上看,部分省辖市、直管县大班额问题突出,大班额比例较高的 6 个省辖市为周口、漯河、信阳、驻马店、南阳、平顶山,大班额比例较高的 3 个直管县为永城、固始、汝州。从类别和结构上看,公办高中平均班额高于民办高中;县市高中平均班额高于省辖市市区高中;省级示范性高中平均班额高于一般高中。二是教师缺。截至 2018 年年底,全省公办普通高中教职工 12.8 万人,师生比为 1∶13,低于国家标准(高中教职工与学生比为 1∶12.5)。据此测算,目前全省公办普通高中教职工缺额 5197 人。启动高考综合改革后,部分学科教师还会出现结构性缺编。三是经费缺。2018 年普通高中生均公共财政预算教育事业经费为 10047.73 元,仅为全国平均水平 16446.71 元的 61%,居全国末位。普通高中债务负担比较沉重。四是办学模式单一。普通高中仍然存在应试倾向严重、办学活力不足、特色发展不鲜明等问题。

4. 在特殊教育方面

残疾儿童少年义务教育在一些农村贫困地区普及水平比较低,学前、高中和高等特殊教育发展整体相对滞后,特殊教育条件保障机制还不够完善,教师队伍数量不足、待遇偏低、专业水平有待提高。

三、理念与思路

(一)总体思路

以习近平新时代中国特色社会主义思想为指导,全面贯彻党的十九大和十九届二中、三中全会精神和全国教育大会精神,坚定实施科教兴豫战略和人才强省战略,推动河南省由教育大省向教育强省转变,全面加强党对教育工作的领导,全面贯彻党的教育方针,以立德树人为根本任务,以办好人民满意的教育为目标,以提高质量为核心，以促进公平为重点，以建设人力资源强省为导向，坚持法治导向与政策导向相衔接，坚持目标导向与问题导向相结合，坚持硬件建设与软件建设相融合，坚持长期规划与重点项目相配套，着力深化改革、激发活力，着力补齐短板、优化结构，着力整体推进、重点突破，着力强化责任、务求实效，写好基础教育服务国计民生的奋进之笔，为推动基础教育高质量发展和决胜全面建成小康社会、基本实现社会主义现代化、让中原更加出彩提供强有力的人才支撑和智力支持。

（二）发展理念

1. 坚持创新发展理念，不断增强基础教育发展动力

习近平总书记强调，改革是教育事业发展的根本动力。创新是全面发展的第一动力和新的源泉。坚持深化教育改革创新的鲜明导向，不断增强基础教育改革创新的系统性、整体性和协同性。只有打破常规的理念、方式、方法等，才可能创新。创新的精神、创新的意识、创新的能力应从小培养。紧紧抓住创新这个龙头，在教育理念、育人方式、工作方法、体制机制、保障要素等方面进行创新。倡导有教无类、因材施教、终身学习、人人成才的教育理念。创新基础教育体制机制，调动学校、教师、学生的积极性和创造性，激发教育活力。深化基础教育和教师教育改革，创新教学方式方法，提高教学水平，转变教师教学方式、学生学习方式，提升教师和学生核心素养，帮助学生学会学习、学会思考、学会做人、学会做事。

2. 坚持协调发展理念，提高基础教育整体发展水平

协调是基础教育全面发展的内在要求。协调要更加注重和适应基础教育发展规律，把习近平总书记提出的教育“九个坚持”的规律性认识统筹协调落实到基础教育各阶段、各环节。既要协调好教育内部关系，又要协调好教育外部关系，更加突出基础教育的全局性、战略性和先导性地位。协调好区域间、城乡间、校际的关系，抓重点、强弱项，补齐教育发展短板，推动基础教育均衡优质发展；协调好基础教育各阶段的规模、结构、质量与效益的关系，优化基础教育结构，使规模与效益相统一，注重内涵发展，促进德智体美劳有机贯通，提升办学水平；协调好基础教育与教师教育的关系，实现有机融合，以教师的专业化成长促进学生的全面成长；协调好公办教育与民办教育的关系，推动共同发展。同时，也要协调好学校、家庭、社会的关系，促进全方位育人格局的形成；协调好教育与经济社会发展的关系，提高教育服务经济社会发展的能力和水平，提升经济社会发展对教育发展的支撑力度。

3. 坚持绿色发展理念，促进基础教育可持续发展

绿色是教育持续发展的根本保障和必要条件。教育绿色发展就是按规律办学、按规律育人，大力发展素质教育，注重内涵发展，提升教师和学生的核心素养，推动基础教育可持续发展。习近平总书记明确指出，要深化教育体制改革，健全立德树人落实机制，扭转不科学的教育评价导向，坚决克服唯分数、唯升学、唯文凭、唯论文、唯帽子的顽瘴痼疾，从根本上解决教育评价指挥棒问题。在基础教育各阶段要深入开展绿色教育，建设绿色校园，加大节约型校园建设力度，科学规划、精准投入、精细使用，合理用好有限的人财物资源，以绿色发展营造良好的教育生态。教育绿色评价就是更加关注学生的心灵与幸福，更加注重人本教育，更加尊重学生、关爱学生，以学生为本，为学生一生的幸福和成长奠基。建立科学合理全面衡量学生、教师和学校的评价体系，以学业水平测试和综合素质评定为主要指标综合评价学生，注重发展性、过程性评价；以综合师德表现、教学质量、工作态度、工作实绩等方面评价教师；以促进学生全面发展、引领教师专业发展、提升教育教学质量、完善学校治理制度、人民群众满意度等方面评价学校。积极推进绿色学校建设，创建平安校园、文明校园、和谐校园。改善不同的教育生态，必须具体问题具体分析，用不同的方法和途径去解决。

4. 坚持开放发展理念，激发基础教育发展活力

开放是基础教育办出特色、办出水平的重要途径。教育决不能墨守成规、固步自封。开放发展注重的是解决教育发展内外联动问题。要有开放的胸怀，以开放发展开拓办学视野。不断扩大基础教育内部开放，校校协同、城乡统筹、教科结合、中小学幼儿园有机衔接。深化与社会的联系，基础教育和教师教育资源主动有序地对社会开放。把握趋势，深化高校与地方、区域之间、城乡之间的教育交流合作。鼓励境内外的组织和个人依法捐资或出资建设中小学和幼儿园，投资基础教育事业。深化教育交流合作，积极借鉴吸收利用发达国家和地区的优质教育资源和先进经验。统筹利用国内国际两种基础教育资源，充分调动各方面力量，协同推进基础教育现代化。

5. 坚持共享发展理念，有效提升基础教育获得感

共享是教育全面发展的根本目的和社会公平的本质要求。全面落实以人民为中心的发展理念，把满足人民群众接受良好教育的需求作为教育改革发展的出发点和落脚点，着力解决人民最关心最直接最现实的教育问题，努力办好人民满意的教育。深入落实共享发展理念，积极回应人民群众的呼声，不断提高基础教育的水平和质量，保障特殊困难群体接受教育的权益，以共享发展促进教育公平，使人民群众在教育改革发展中有更多获得感。把教育公平作为教育改革发展的基本政策，更加突出

基础教育的公益性和普惠性。学前教育注重普惠，义务教育注重均衡，高中教育注重多元，特殊教育注重兜底。教师是提高基础教育质量的关键，应共享改革发展的成果。要完善教师参与治校治学机制，切实保障和改善教师待遇，提高教师社会地位，逐步建立健全农村地区和偏远地区教师生活补助制度、周转房和公租房制度，采取多种形式改善农村教师工作和生活条件。坚持五大发展理念，务实重干是破解基础教育难题之道，是共建共享教育改革发展成果的重要前提和基础。

四、对策与建议

（一）关于学前教育的对策与建议

1. *以推进学前教育立法和健全管理体制为抓手，督促政府责任落实*

全面贯彻落实《中共中央国务院关于学前教育深化改革规范发展的若干意见》，适时制定出台河南省实施意见。针对学前教育成为各级各类教育中的薄弱环节这一根本问题，需要国家加快推进学前教育立法，进一步明确学前教育在国民教育体系中的地位和公益普惠属性，强化政府和各有关部门在学前教育规划、投入、资源配置、师资队伍建设和监管等方面的责任，保障学前教育规范有序发展。在此基础上推动出台河南省学前教育条例，强化落实地方各级政府责任。在管理体制方面，要进一步明确省、省辖市统筹，以县为主的管理体制，明确各级政府及相关部门职责。在办园体制方面，明确公办园在构建公益普惠的学前教育体系中的主体地位，发挥其主导公益普惠、平抑收费、引领保教质量等方面的作用，以发展公办园带动普惠性民办园发展。建议限期理顺机关、企事业单位、城镇街道办幼儿园办园体制，确保其面向社会提供普惠性服务。同时，鉴于当前很多地方新建的公办园，因受机构编制只减不增要求限制，建成后不能获得独立机构编制或只能公建民营的困境，建议明确解决政策，保障公办园的健康发展。

2. *以发展公办幼儿园为引领，扩充普惠资源总量*

实施学前教育普惠扩容提质工程。优化布局与办园结构，科学合理规划，扩大普惠资源，推进学前教育普及普惠安全优质发展。以县为单位制定幼儿园布局规划，完善县（市、区）、乡（镇、街道）、村（社区）三级学前教育网络。以农村为重点提升学前教育普及水平。继续实施学前教育行动计划，逐年安排建设一批普惠性幼儿园。重点加强在脱贫攻坚地区、城乡结合部、二孩政策实施后新增人口集中地建设公办园。

充分利用腾退搬迁的空置厂房、乡村公共服务设施、农村中小学闲置校舍等资源，以租赁、租借、划转等形式举办公办园。按照《河南省城镇小区配套幼儿园建设管理办法》要求，加强城镇小区配套幼儿园规划、建设和管理，开展小区配套幼儿园专项整治，确保办成公办园或普惠性民办园。鼓励支持并积极推动街道、村集体、有实力的国有企事业单位，特别是普通高等学校举办公办园，在为本单位职工子女入园提供便利的同时，也为社会提供普惠性服务。对于军队停办的幼儿园，要移交地方政府接收，实行属地化管理，确保学前教育资源不流失，并面向社会提供普惠性服务。完善认定和扶持政策，支持市县通过政府补贴、购买服务等方式，加快发展普惠性民办幼儿园。完善学前教育服务网络，创新服务方式，探索适应边远山区和交通不便的地方学前教育有效模式，实现学前教育全覆盖。

3. 以稳定优化师资为重点，构建队伍建设支持体系

进一步研究制定完善幼儿园教师补充、培养培训、编制及待遇保障等相关政策，适时扩大特岗教师计划、乡村教师支持计划实施面，涵盖农村幼儿园教师，提高幼儿园教师职业吸引力，着力解决当前师资紧缺、流动性大、专业化程度不高等突出问题。实施师资补充计划，采取核定编制、事业编制总量内合理调配、区县统一招考管理等方式，及时补充公办教师。加强师资培养培训基地建设，推动中等幼儿师范学校与高等师范院校协同创新、合作发展，提高培养培训质量。通过实施生均财政拨款，支持解决好公办园非在编教师工资待遇偏低问题，逐步实现同工同酬。引导和监督民办园依法配齐教职工，参照当地公办园教师工资收入水平合理确定相应教师的工资收入，保障其待遇。鼓励有条件的地方参照公办幼儿园生均经费标准，对普惠性民办幼儿园给予适当补贴。

4. 以完善经费保障机制为核心，提高学前教育公共服务能力

按照非义务教育成本分担的要求，建立与管理体制相适应的生均拨款、收费、资助一体化的学前教育经费投入机制，并不断提高保障水平。贯彻落实《河南省人民政府办公厅关于完善学前教育经费投入机制的通知》，督促各地研究细化落实公办园生均财政拨款政策和普惠性民办园财政奖补政策的同时，进一步完善分级负担的经费投入机制，科学确定各级财政投入分担比例，并加强省级统筹力度，对落实经费投入政策出现财力缺口的地区予以补助。进一步加大省级财政对学前教育的投入，并逐步转变学前教育支持方向，从以保障硬件建设为重点，调整为强化体制机制和师资队伍建设。完善以公共财政投入为主的农村学前教育成本分担机制，不断加大对贫困地区补助力度。

5. 以加强管理指导为保障,整体提升保教质量

健全学前教育监督管理联动机制,在普惠性幼儿园土地供应、城镇小区配套幼儿园规划建设管理、鼓励并规范社会资本投入学前教育、加强幼儿园安全和质量监管、治理非法办园等方面,进一步健全制度机制,细化政策措施,督促各部门按职责分工抓好工作落实,加强协调联动,形成学前教育监督管理合力。继续推进县域、镇域一体化管理,发挥示范园辐射带动作用,深入开展结对帮扶工作,促进城乡一体化发展。建立保教质量评估体系,科学引导幼儿园发展,坚持以游戏为基本活动,全面提高幼儿园办园质量。研究制定课程改革指导意见,规范课程实施和保教行为,防止和纠正"小学化"现象。抓好无证园分类治理工作,将其纳入平安建设考核范畴。遏制个别民办园过度逐利行为,促进民办学前教育规范发展。

(二)关于义务教育的对策与建议

1. 提高城乡义务教育一体化发展水平,实现义务教育优质均衡

一是加快学校标准化建设。实施河南省义务教育学校标准化优质化建设工程。按照《河南省义务教育学校办学条件基本标准(试行)》,加快推进城乡义务教育公办学校标准化建设,确保2020年所有学校基本达到省定办学条件标准。逐县(市、区)逐校建立义务教育学校标准化建设台账。实施义务教育质量提升行动,制定并实施深化教育教学改革提高义务教育质量的意见。完善各级义务教育质量监测制度,建立健全教育质量年度报告制度和反馈改进机制。二是加强学校规范化科学化管理。加强党对中小学的全面领导。强化管理、优化融合,增强中小学德育工作实效。全面落实《义务教育学校管理标准》,完善管理和治理体系,深化体制机制改革,注重学校建设标准与管理标准的有机结合和统一,推动义务教育学校依法办学、科学管理,不断提升治理能力和治理水平,提高办学质量。加强学校安全管理,深化综合治理,全面提升依法治教和依法治校的水平,确保学校安全稳定,增强师生安全感。三是加快推进县域内义务教育均衡发展。多措并举,着力解决"乡村弱、城镇挤"难题。加快改善义务教育薄弱学校办学条件,合理配置教育资源,缩小城乡、区域、校际和群体之间教育差距,推动县域内义务教育均衡发展。2020年,所有县(市、区)通过义务教育均衡发展评估认定;已经通过国家评估认定的,巩固义务教育均衡发展成果,向优质均衡发展迈进。改进义务教育管理模式,试行学区化管理,采取委托管理、强校带弱校、学校联盟、九年一贯制等灵活多样的办学形式,发挥优质学校的示范辐射作用。大力推进教育公平,不断完善对特殊群体的关爱保护机制,保障特殊群体受教育权益。

2. 优化义务教育学校布局，加强城镇学校建设

一是优化城乡基础教育布局。统筹规划城乡基础教育发展，根据乡村振兴发展、新型城镇化、产业布局、人口发展与流动等因素，科学编制今后一个时期县域内基础教育学校专项布局规划。二是实施新一轮扩充城镇义务教育资源攻坚计划。按照城镇化发展需求，进一步完善城镇学校建设规划，加大新建和改扩建力度，不断扩大优质资源供给。预留足够的义务教育学校用地，纳入城市、镇规划并严格实施，不得随意变更，确保城镇学校建设用地。实行教育用地联审联批制度，对新建配套学校建设方案，相关部门要征得同级教育部门同意。三是配套建设城镇学校。依法落实城镇新建居住区配套标准化学校建设要求，老城区改造配套学校建设不足和未达到配建学校标准的小规模居住区，由当地政府统筹新建或改扩建配套学校，确保足够的学位供给，满足学生就近入学需要。实施政府“交钥匙”工程，确保配套学校与住宅建设首期项目同步规划、同步建设、同步交付使用。

3. 以推进农村寄宿制建设为重点，切实加快农村中小学建设

一是推进农村寄宿制学校建设。按照《河南省人民政府关于优化农村中小学校布局加强寄宿制学校建设全面提高教育质量和办学效益的意见》（豫政〔2016〕71 号）要求，加快实施农村寄宿制学校规划，要重点改善教学、生活、卫生条件和校园文化环境，助力教育脱贫攻坚战。二是办好乡村小规模学校。切实保障乡村小规模学校办学基本需求，配备充足教师，经费投入要向乡村小规模学校倾斜。通过开展城乡一体化办学、利用信息技术共享优质资源等方式，保障乡村小规模学校开齐开全课程。完善乡村小规模学校办学机制和管理办法，将其纳入乡村中心学校考核，加强乡村中心学校对乡村小规模学校的指导和管理，建设小而优、小而美乡村学校。三是提升义务教育巩固水平。构建更为严密的控辍保学制度。完善义务教育学籍管理制度和信息系统，精准跟踪每一名学生的就学状态，掌握失学原因，建立针对性控辍保学机制。建立学困生个性化帮扶机制，确保学生不因学习困难而失学。健全控辍保学工作责任体系，落实政府、学校和监护人责任，努力让适龄儿童都能完整接受义务教育。

4. 分类指导，加大实施消除大班额规划的力度

一是明确任务。2020 年年底，全省 56 人以上大班额比例控制在 10% 以内，2020 年之后比例逐年降低，直至全部消除。二是认真落实消除大班额规划。根据当地制定的《消除义务教育学校大班额专项规划》，建立消除大班额工作台账，对大班额学校进行销号管理，确保完成规划目标任务。平均班额超过国家限额标准的县（市、区），以发展为主，加快新建和改扩建校园校舍，有效扩大学位供给；平均班额低于国

家标准的县（市、区），以改革为主，促进均衡发展。加强招生管理，控制班额超标学校招生人数，引导生源合理流动。

5. 规范校外培训机构有序发展，营造良好育人生态

一是加大治理力度。坚持依法规范、分类管理、综合施策、协同治理，着力减轻中小学生过重的课外负担和不合理的课内负担。坚决查处中小学不遵守教学计划、“非零起点教学”等行为。规范和治理中小学生校外培训行为，全面完成治理任务，实行黑白名单制度，切实减轻中小学生过重的课外负担，减轻学生家庭投入的时间和经济负担，督促校外培训机构依法依规提供培训服务，促进校外培训机构有序健康发展。二是建立长效监管机制。不断健全部门联合工作机制，加大跨部门综合监管执法力度。县级教育部门会同有关部门落实好校外培训机构年检、年度报告等制度，强化日常监管。三是强化督导问责。在当地政府的领导下，将校外培训机构整改工作纳入重要议事日程，压实工作责任，强化督导考核。四是加强宣传引导。通过多种途径和方式，加强宣传引导，引导家长树立正确的教育观念，按照教育规律和学生身心发展规律教育学生，理性看待参加校外培训的作用，不盲目攀比，切实减轻学生校外负担。

（三）关于普通高中的对策与建议

1. 加大消除普通高中大班额力度

实施普通高中改善办学条件、消除大班额工程（2019—2021 年）。当前，普通高中已进入高中阶段普及攻坚关键期，面临高考综合改革和普通高中新课程启动实施期。“三期叠加”的新形势，必须加快普通高中办学条件改善步伐，切实解决大班额问题。全面排查高中大班额数量与分布情况，科学测算高中阶段教育人口变化趋势，结合高中阶段教育普及攻坚计划、高考综合改革和普通高中新课程实施的要求，制定消除普通高中大班额专项规划，建立年度工作台账，实行销号管理。加快新建、改扩建一批普通高中，增加学位供给。鼓励基础条件较好的市、县提前完成消除大班额任务。对普通高中新建或改扩建增容建设用地等项目审批，要简化程序，提供高效便捷服务。

2. 推动普通高中多样化特色化发展

转变教育理念，大力推进素质教育，深化教育教学改革，提高育人质量。深入开展普通高中多样化发展省级示范校创建活动，尊重学校主体地位，激发学校首创精神，科学定位发展方向，以创新培养模式为重点，以课程建设为核心，深化教育教学改革，满足不同潜质学生的发展需求，形成一批富有特色的普通高中。统筹普通高中和中等职业教育协调发展，保障招生规模大体相当，职业教育比例较低的地区要重点扩

大中等职业教育资源。建立高中阶段教育学生辍学监测机制，完善支持服务体系，有效降低辍学率和流失率。

3. 加快推进普通高中新课程方案和新课程标准实施

按照国家普通高中新课程方案和新课程标准，开齐国家规定的各类课程，开足规定课时。围绕课程改革的主要任务，建设一批省级实验区、实验校，通过示范引领，有效推进和深化课程改革。分级、分类、分批完成国家新课程方案和新课程标准的全员培训，全面提升教师适应高考综合改革的核心素养和专业能力。建立课程实施监测制度，健全课程建设和管理反馈机制。开展学业水平考试命题评估。

4. 加快推进普通高中教育教学管理改革

适时制定加强普通高中教学组织和管理的意见，指导普通高中科学制定课程计划，改进学校教学组织管理，规范学校教学组织行为。完善学业水平考试制度，加强考试组织管理，确保考试公平公正。要主动适应高考综合改革要求，建立完善学生发展指导制度，开设好生涯教育课程，实现学生生涯教育全覆盖。组织开展普及高中阶段教育评估验收。制定推进普通高中育人方式改革指导意见。支持基于核心素养的教学实践探索，完善教学组织管理，有序推进选课走班。

5. 加快推进普通高中学生综合素质评价体系建设

加快省级综合素质评价信息平台建设。教育部门和学校加大力度，多措并举，切实规范普通高中学生综合素质评价程序和内容，加强多元、多方位、多环节监督，确保内容公开、程序透明、结果可信。实施普通高中学生综合素质评价，依托平台进行写实记录，为高校招生录取提供重要的参考依据。加强学生社会实践基地建设。要充分利用中华传统文化资源和符合中国特色社会主义核心价值观要求的其他资源，建设和命名一大批省、市、县级和学校社会实践基地，为学生提供充足的社会实践活动场所。学校要组织学生走出校园，广泛开展社会实践活动，开阔视野，增长见识，提高综合素养。

6. 加快推进普通高中教师队伍建设改革

按照城乡统一的编制标准，充分考虑学生人数变化情况，以及实施高考综合改革和普通高中新课程对教师配备的实际需要，提前编制普通高中教师补充和储备计划。在现有事业编制总量内，采取调剂其他学段富余编制、扩大义务教育阶段寄宿制学校规模、减少教学点数量、挖掘当地编制资源优先保障教育所需等措施，盘活编制存量，优化编制结构，加强编制统筹使用。在核定补齐教师编制数基础上，再逐步增加10%以上的公办高中教师，满足走班教学的基本需求。核编补充教师后仍有缺口的学校，按隶属关系由市、县级政府根据教学管理需要，批准学校聘用教职工予以弥补，聘用教师与在编教师同工同酬，其工资纳入政府购买服务预算。加快开展高中教师的招聘工作，把落实事业单位用人自主权和加强事业单位人事综合管理部门监督指导相结合，充分发挥教育行政部门和学校的主导作用，使招聘教师更好地满足教育教学的要求。加快建立校际、区域间学科教师结构性余缺应对机制。积极推进“县管校聘”教师管理体制改革，整合和盘活区域内、校际间教师资源，切实解决普通高中教师学科结构性失衡问题。鼓励体育、美育、生涯教育等师资紧缺学科专职教师在完成本校正常教学任务的前提下，由教育行政部门统筹安排，以“走教”方式到其他师资紧缺的学校担任兼职教师，“走教”教师可在受益学校领取适当补助，并在专业技术职务评审中同等条件下优先。

7. 进一步完善普通高中教育经费保障机制

各级政府应切实履行办学主体责任，严格落实公办普通高中生均公用经费，保障学校基本运转经费需求；调整优化支出结构，加大普通高中投入力度，分年度安排普通高中新建或改扩建资金，扩充普通高中教学资源；对已建成学校配备必需的教育教学和生活设施设备，切实保障公办高中适应高考综合改革的需求。民办学校应参照省确定的生均公用经费基本定额和走班教学的要求，改善办学条件。省辖市政府应科学制定普通高中收费标准，根据经济社会发展动态调整，并督促县级政府落实到位。支持公办普通高中基础条件改善。继续实施国家普通高中改造计划和国家教育基础薄弱县普通高中建设项目，国家连片特困地区重点县、国家扶贫开发重点县、省定扶贫开发工作重点县、革命老区县应统筹中央补助和本级安排资金，重点支持公办普通高中改善办学条件；省财政将提高河南省普通高中改造项目专项资金额度，重点支持非贫困地区公办普通高中改善办学条件，根据公办普通高中新建或改扩建增容项目完成情况，结合各地财力状况分档安排奖补资金，并通过先预拨后清算、提前下达等方式，加快资金拨付，引导非贫地区加大投入。加快化解普通高中债务。落实《国务院办公厅关于进一步调整优化结构提高教育经费使用效益的意见》（国办〔2018〕82 号）要求，按照地方政府债务化解范围，对普通高中债务中属于存量地方政府债务的，尽快通过发行地方政府债券置换。省财政分配下达市县新增政府债务限额时，统筹考虑高考综合改革和普通高中新课程实施需求，拓宽高中建设资金筹措渠道，发挥各级财政合力，保障公办普通高中稳定健康发展。

（四）关于特殊教育的对策与建议

1. 全面落实国家及我省特殊教育法律和政策

实施特殊教育质量提升工程。坚持“特教特办”，积极推动布局合理、学段衔接、普职融通、医教结合的特殊教育体系建设，推进适龄残疾儿童少年教育全覆盖。以普及残疾儿童少年义务教育为重点扩大特殊教育资源，坚持普及与提高并重，实施差别化教育和个性化培养，注重提升残疾人教育质量。促进医教结合，建立多部门合作机制，加强专业人员的配备和合作，提高残疾学生评估鉴定、入学安置、教育教学、康复训练的有效性。探索建立适合残疾幼儿康复和身心发展的学前教育模式。全面普及残疾儿童少年义务教育，提高残疾青少年高中阶段教育普及水平，鼓励高校积极招收符合录取标准的残疾学生。支持有条件的特殊教育学校发挥融合教育资源中心、残疾人终身学习中心的作用，为残疾人提供教育服务。在残疾学生较多的普通中小学和中等职业学校设立特教资源教室，全面推进融合教育。

2. 继续加大特殊教育投入

建立教育投入增长的长效机制，保障随班就读和送教上门的教育教学经费。持续提升特殊教育办学条件，推进特殊教育资源中心、资源教室等标准化建设。提高特教津贴标准，特殊教育学校教师、随班就读教师、高等特殊教育教师、特教教研员等都能享受特殊教育津贴。

3. 加强特殊教育教师队伍的建设与管理

落实特殊教育教师资格证制度，明确特殊教育教师准入标准，完善师资队伍结构与素质。构建教师职前培养与职后培训体系，加快康复专业人才培养培训力度，增强针对性和实效性。每年从免费师范生招生计划中安排一定的名额，为县级及以下特殊教育学校、承担随班就读任务的普通学校定向培养特殊教育教师。支持省内师范类院校、综合类院校开设特殊教育专业和专业课程，扩大招生规模。

4. 健全特殊教育工作机制

推进适龄残疾儿童少年教育全覆盖。建立特殊教育发展长效机制，教育、残联、卫生和民政等部门建立联动机制，统筹协作，做好康复、教育、就业等工作的无缝衔接。完善特殊教育监测、督导及评价机制，及时解决制约特殊教育发展的突出问题，全面提升特殊教育发展水平。

（调研组组长：毛杰，河南省教育厅副厅长；副组长：刘林亚、闫俊山；成员：傅晓凯、李松原）

职业教育发展战略调研报告

为做好职业教育发展战略调查研究工作,调研组分赴郑州市、信阳市等 10 余个省辖市、30 多个县(市)区进行了调研,走访考察职业学校 80 多所。通过考察、调研、学习和研究,摸清了情况,理出了思路,制定了措施。

一、基本情况

2008 年以来,先后启动实施了两期职业教育攻坚计划:一期攻坚(2008—2012 年)的主要任务是"铺摊子、打基础、上规模";二期攻坚(2014—2018 年)的主要任务是推动职业教育"上质量、上水平、上台阶"。通过两期职教攻坚,河南省职业教育面貌发生了崭新的变化。截至 2017 年,全省职业院校有 868 所(其中高职院校 79 所、中职学校 789 所),专任教师达 102699 人(其中高职 38855 人、中职 63844 人),在校生达 239.05 万人(其中高职 105.82 万人、中职 133.23 万人)。10 年来,职业院校累计培养毕业生 754.66 多万人,累计开展职业技能培训 3000 多万人次,技术技能人才培养的数量和质量实现了跨越式发展,为河南省经济社会发展提供了强有力的人才支撑。2015 年 4 月,时任全国人大常委会委员长张德江来河南进行《中华人民共和国职业教育法》执法检查时,对河南省职业教育改革发展给予了充分肯定,他指出:"河南在贯彻职业教育法、发展职业教育方面进行了积极探索,做了大量的工作,许多方面走在了全国前列。"2017 年,《光明日报》《中国教育报》分别在头版头条报道了河南省职教改革发展的成就。

(一)高度重视,把职业教育作为经济社会发展的关键环节强力推动

河南省委、省政府始终把职业教育放到促进中原崛起河南振兴、增强区域竞争力的高度来谋划,探索形成了"三改一抓一构建"(改革封闭式办学模式、改革单一的政

府投资模式、改革职业院校管理体制和机制，抓一批具有品牌效应的职业教育示范院校和特色院校建设项目，探索构建现代职业教育体系）和“六路并进”（教育、人力资源社会保障、民政、农业、扶贫、残联部门共同实施“全民技能振兴工程”）的工作思路，为河南职业教育改革发展指明了方向。2008 年实施职教攻坚计划以来，省政府主要领导同志亲自动员、部署安排，亲自调查研究，亲自督促落实，多次召开省政府常务会、办公会和省长议事会等会议，专题研究、部署职业教育工作；根据职教攻坚不同阶段工作任务的需要，每年召开一次会议、每年出台一个文件，强力推动职业教育改革发展。先后召开了全省职业教育攻坚动员大会、表彰大会、工作推进会、电视电话会议、攻坚二期工程推进会等，先后出台了《关于实施职业教育攻坚计划的决定》《河南省职业教育校企合作促进办法（试行）》《关于加快发展现代职业教育的意见》《关于加快推进职业教育攻坚二期工程的意见》等重要文件；政府有关部门先后出台了职业教育品牌示范院校和特色院校建设、生均经费标准、中职学校编制标准等配套文件；各省辖市、县（市）区政府也先后出台了一系列推进职业教育攻坚的政策措施。全社会形成了“抓职教就是抓发展、抓经济、抓民生”的共识，大力发展职业教育成为各级党委、政府和全社会的共同行动。

（二）集中力量，重点打造一批骨干职业院校

2012 年以来，以加强内涵建设、提高教学质量为重点，集中人力、财力、物力，持续实施了“四项计划”，重点建设 300 所省级职业教育品牌示范院校和特色院校。一是实施了品牌示范专业和特色专业建设计划。先后投入 2 亿元，建设了近 800 个中职品牌示范和特色专业点，打造了“少林武术”“漯河食品”“长垣厨师”“林州建工”“邓州护理”“河南机电”“信阳茶艺”等一批职业教育知名品牌。二是实施了“双师素质”教师队伍建设计划。先后评审认定了 366 名省职教专家、47 名中职学校名校长、470 名中职学校教学名师、100 个中职专业技能名师工作室和 1.5 万余名“双师型”教师，打造了一支职业教育师资的领军团队。“学校 + 企业（行业）”的“双师型”教师培养培训模式得到了教育部的充分肯定，新华社以《河南：数千名职教老师教师节进企业“上课”》为题发布新闻通稿予以专题报道。三是实施了示范性实训基地建设计划。省财政投入 3.6 亿元，重点支持 140 所办学规模较大、基础条件较好的品牌示范校和特色校开展实训基地建设。四是实施了信息化建设计划。省财政投入 6 亿元，重点支持 155 所中职学校开展“数字校园”“智慧校园”建设。通过“四项计划”的实施，进一步增强了骨干职业院校的办学实力，从而带动了全省职业院校办学水平的提升。

（三）优化布局，着力提升中职学校办学效益

依据各地人口数量、经济社会发展状况、中职教育发展水平等因素，提出了中职学校设置建议数，指导各地、各部门统筹规划中职学校布局，通过采取撤销、合并、兼并、划转、共建等形式，整合“弱、小、散”的中职学校，推动中职教育资源向优质学校集中。经过3年努力，目前全省中职学校已由2015年的875所调整至目前的420所，校均规模由1502人提高至3301人，远高于全国1488人的平均水平。中职学校五项生均办学指标（生均校园占地面积、生均校舍建筑面积、生均图书藏量、生均仪器设备值、专任教师生师比）整体水平由2007年的均不达标提高至2017年的3项达标（其中2项超过了国家标准），中职教育集约式发展优势和规模效益明显提升。

（四）改革创新，着力增强职业教育发展的动力和活力

一是改革封闭式办学模式。2012年，省政府在全国省级层面第一个出台了《职业教育校企合作促进办法（试行）》，2018年，制定并印发了河南省《关于深化产教融合的实施意见》。成立了由省政府主管部门、行业协会、企业单位、职业院校共同组成的省校企合作促进委员会，分3批成立了25个行业职业教育校企合作指导委员会，有效指导和推进了职业教育产教融合、校企合作工作。全省先后组建了64个职教集团，共吸纳职业院校、行业协会、企业和科研机构等成员单位2122家，有效地推进了校企合作办学、协同育人。教育厅、财政厅与京东集团签署了职业教育产教融合战略合作框架协议，京东集团投资2.6亿元、省财政配套4000万元，利用2年时间，全省职业院校共同建设100个电子商务实训基地，经过努力建设，目前超过半数的京东电子商务实训基地已建成并投入使用。二是改革单一的政府投资模式。积极开展股份制、混合所有制、“公办民助”、“民办公助”、“托管办学”等办学体制改革，引导、支持行业、企业、社会组织和个人参与办学。截至2017年年底，全省民办中职学校有186所，在校生达23.3万人，分别占全省中职学校数和在校生数的23.57%和17.49%，民办职业教育规模位居全国前列。三是改革职业院校管理体制和机制。2015年，在全国率先出台了《河南省省属职业院校财政经费核拨机制改革方案（试行）》，省属公办职业院校全面实行了以学生人数、专业类别、办学质量安排生均财政拨款预算的办法。从2015年秋季学期起，全省中职学校全日制在校学生全部免除了学费。通过深化改革，激发了职业院校的办学活力。

（五）提高质量，着力提升技术技能人才培养水平

一是技能大赛成绩取得了历史性突破。近年，河南职业院校在全国技能大赛中屡创佳绩，竞赛成绩连续多年位居全国第一方阵，在中西部省份名列前茅。特别是2018年，中职学校在全国职业院校技能大赛中取得了优异成绩，共获得一等奖12个、二等奖34个、三等奖44个，获奖率达81.8%，远高于全国60%的平均获奖率。推动技能大赛全员化工作成效明显，受到了教育部的充分肯定，在2018年全国职业院校技能大赛总结会上，河南作为全国两个发言单位之一，作了题为《推进技能大赛全员化，让每个学生都有人生出彩的机会》典型发言。二是深化了职业教育教学改革。制定了中等职业教育32个专业的教学标准，采取“教学专家+企业专家”的“双主编”方式，研发了中职18个专业103本校企合作精品教材，着力提高了课程的针对性和实用性。三是加强了职业教育国际合作与交流。开展了德国“双元制”模式河南本土化试验，在32所中职学校开办了104个“中德班”；教育厅与德国驻华大使馆、德国工商总会上海代表处签署了豫德职业教育合作备忘录；每年选派100多名专业骨干教师赴德国、美国、澳大利亚等职业教育发达国家研修。

（六）构建体系，着力增强职业教育服务能力

一是本科院校转型发展在全国创造了先进经验。重点支持了10所示范性应用技术类型本科院校建设，黄淮学院、许昌学院等高校转型发展的经验叫响全国。2014年以来，教育部在驻马店市连续举办了四届“产教融合发展战略国际论坛”。二是稳步推进招生考试制度改革。全省高职院校分类考试扩展到单独考试招生、对口招生、五年一贯制、“3+2”升段学习、高技能人才免试入学等5种形式，有效地促进了中、高职的衔接。三是深入实施“全民技能振兴工程”。坚持“六路并进”，充分发挥职业院校的主阵地作用，积极协助人力资源社会保障、农业、扶贫等部门广泛开展各类职业技能培训，对促进就业、增加收入发挥了重要作用。

（七）助力脱贫，着力发挥职业教育“造血”功能

一是提升贫困地区职业学校办学水平。坚持资源、资金、项目向贫困县职业学校倾斜，省财政累计投入10亿多元，支持贫困县中职学校改善办学条件。二是有效开展精准脱贫技能培训。近两年来，省财政累积投入资金4723万元，在全省贫困县中职学校开设“精准脱贫技能培训班”，累计培训贫困人员1.74万余名，有效促进了贫困家庭实现脱贫减贫。三是大力开展新型职业农民培养工作。投入资金1100万元，依托20个新型职业农民培养基地，培养了1800名新型职业农民学员，培养造就了一批脱贫致富的带头人。四是实施了贫困县中职学校“兼职教师特聘岗计划”。投入专项经费2400万元，设立800个特聘岗位，资助贫困地区中职学校聘请高水平工程技术人员担任兼职教师。2017年10月，在国务院扶贫开发领导小组主办的“2017减贫与发展高层论坛”上，河南作为唯一代表省份，围绕“发展职业教育、助力脱贫攻坚”的主题发表了主旨讲话。

二、存在的突出问题

职业教育改革发展虽然取得了显著成绩，但与人民群众对优质职业教育的需求相比，还有一定差距，仍存在一些突出的问题，主要表现在：一是社会上对职业教育的认识还不到位。近年，尽管国家和河南省出台了一系列加快职业教育改革发展的政策措施，极大地扶持了农村和城镇家庭经济困难学生接受教育并赢得工作机会，但受“学而优则仕”“劳心者治人、劳力者治于人”的传统思想影响，社会上对职业教育的认识还存在偏见，很多家长和学生不会主动选择接受职业教育。在对加快普及高中阶段教育的认识上，一些地方政府及教育部门只重视发展普通高中，“重普教、轻职教”的现象还比较严重。二是职业教育的规模、结构和质量与我省经济社会发展的需求还不十分适应。中职学校招生难的问题比较突出，高中阶段职普比下滑的压力较大。通过优化中职学校布局，虽然消除了“小、弱、散”现象，但仍有部分学校办学条件不达标，品牌示范校、特色校的整体实力还不强，办学特色不够突出，服务能力不强。职业院校专业设置与产业发展契合度不高，专业重复设置、过度设置问题依然突出。三是职业教育校企合作存在“一头热一头冷”现象。“三热三不热（上热下不热、官热民不热、校热企不热）”的现象普遍存在。一方面是缺乏激励企业参与校企合作的政策措施，企业的合理化收益得不到保障，没有充分调动企业积极性；另一方面是有些职业学校整体实力不强、服务能力不强，缺乏与企业合作的能力。四是现代职教体系不够完善。职业教育内部不够贯通、外部相对封闭、职普不够衔接，技术技能人才成长的“立交桥”不够畅通，中职、专科升本科的规模较小，中、高职课程体系不够衔接，技术技能人才成长的“天花板”亟待打破。五是职业教育经费保障机制尚不健全。一些县（市、区）没有严格落实教育费附加的30%用于职业教育的规定，存在拨款数额不足或未按要求使用的现象。大多数省辖市和省直管县(市)未落实省政府要求的实行中等职业教育生均拨款制度的规定,除省属公办中等职业学校和新乡市、驻马店市以外,其余省辖市和省直管县(市)均未建立生均拨款制度。同时,已实行的中等职业学校生均经费拨款标准偏低,相比公办高等职业院校每年生均财政拨款水平不低于1.2万元的标准,省属公办中职学校生均经费拨款标准较低(理工类专业6390元、文科类专业5751元、体育卫生艺术类专业7029元),有关省辖市、省直管县(市)公办中职学校生均经费拨款标准则更低。

三、下一阶段实施的重大项目和政策措施

(一)实施薄弱中等职业学校达标建设工程

在优化全省中等职业学校布局的基础上,启动薄弱中等职业学校达标建设工程,争取到2022年,推动所有中等职业学校“五项办学标准”(学校生均占地面积、生均校舍面积、生均图书藏量、生均仪器设备值、专任教师生师比)实现基本达标。

(二)实施高水平职业院校建设工程

以内涵建设为主线,深入实施产教融合骨干专业建设、“双师型”教师队伍建设、高水平实训基地建设、“智慧校园”建设“四项计划”,重点建设一批高水平职业院校,培育和打造一批职业教育知名品牌。

(三)实施职业教育产教融合校企合作工程

充分发挥省级行业职业教育校企合作指导委员会的作用,探索建立产教、校企合作机制;建立一批省级产教融合专业联盟,重点建设一批省级示范性职业教育集团;遴选一批骨干职业院校、企业开展省级产教融合建设试点;评审、认定一批省产教融合校企合作示范校,切实推动校企“双主体”协同育人。

(四)实施现代职业教育体系建设工程

巩固提高中等职业教育发展水平,切实落实中等职业学校和普通高中招生规模大体相当的要求;实施《高等职业教育创新发展行动计划》,重点建设10所优质高等职业学校;推进本科院校转型发展,重点建设10所示范性应用技术类型本科院校。

深化职业教育招生考试制度改革，探索实施“文化知识＋职业技能”、中本贯通培养、高技能人才免试入学等办法，完善技术技能人才成长“立交桥”。

（五）实施职业教育服务脱贫攻坚和乡村振兴战略工程

充分发挥职业教育的“造血”功能，支持贫困县办好中职学校，助推当地产业发展；持续在贫困县举办职业教育“精准脱贫技能培训班”“转移就业订单班”“新型职业农民培养培训班”；重点建设30个“河南省乡村振兴技能人才培养示范基地”和60个“河南省乡村振兴技能人才培养示范专业点”。

（六）实施继续教育基础能力提升工程

全面贯彻落实《河南省老年教育发展规划（2017—2020年）》，大力发展老年教育，积极创建示范性老年大学。切实加强城乡社区教育，以省级社区教育示范区和实验区建设为抓手，加快推进学习型社会建设。持续加强省级示范性乡镇成人文化技术学校建设，积极服务国家乡村振兴战略。

（调研组组长：尹洪斌，河南省政府副秘书长，陈垠亭，河南省教育厅副厅长；副组长：黄才华；成员：史文生、任远、魏恒）

高等教育发展战略调研报告

高等教育作为教育事业的一个重要组成部分，在国家综合实力竞争、科技创新、人才培养、文化传承创新等方面发挥着非常重要的作用，推进教育强国战略绝对离不开高等教育的发展。本报告主要针对河南高等教育事业发展相关问题，从“做法与成效”“困难与问题”“对策与建议”三个方面，提出研究的重要观点和若干建议。

一、做法与成效

党的十八大以来，在河南省委、省政府高度重视和坚强领导下，在有关职能部门的大力配合支持下，河南高等教育战线深入贯彻国家和省教育规划纲要，通过抓改革、调结构、提质量、促公平，高等教育经费投入大幅增长，办学条件显著改善，办学水平不断提高，服务经济社会发展能力不断增强。

（一）主要做法

1. 分类发展

2015 年河南省政府印发了《关于促进普通高等学校分类发展的指导意见》，明确提出按照高水平大学、特色骨干大学、应用技术类型大学和高职高专院校进行分类管理、分类指导。通过探索建立高校分类设置、评价、指导、评估、拨款制度，引导高校科学定位，在不同层次、不同领域办出特色，逐步建立了类别清晰、结构合理、面向经济社会发展和人力资源市场多样化需求的、具有河南特色的高等教育体系。

2. 高端发展

针对河南高等教育基础弱、底子薄的现实，实施高端发展战略，集中力量重点建设，力争实现局部高端突破。一是率先实施河南省优势特色学科建设工程。2015 年，在国家“双一流”建设正式启动之前，河南及早谋划，启动实施了河南省优势特色学科建设工程,计划用10年时间分两期累计投入31亿元,集中建设一批优势学科和特色学科。目前已累计投入资金16亿元,35个一期建设学科成效显著,中期评估结果19个优秀、16个良好。以此为依托,已有20个学科进入ESI全球排名前1%,为争取国家"双一流"布局奠定了坚实基础。二是积极实施"双一流"等重大建设工程。郑州大学、河南大学双双进入国家"双一流"建设规划,郑州大学实现部省合建,实现了河南省高等教育发展史上里程碑式的重大突破。郑州大学中西部高校提升综合实力工作成效显著,在全国工作推进会上做典型发言。三是新增授权审核取得较大进展。2018年,有两所高校分别新增为博士、硕士学位授予单位,河南是新增博士、硕士学位授予单位均有斩获的11个省份之一。全省共新增博士点38个,增幅71.7%;新增硕士点93个,增幅23.6%,均居全国前列。

3. 转型发展

一是引导和推动普通本科高校向应用技术型高校转变。先后启动了本科高校转型发展试点、示范性应用技术类型本科高校建设计划等项目,确定了本科转型发展试点学校15所、示范性应用技术本科院校转型发展试点学校10所。河南连续5年承办"产教融合国际论坛",成为教育部产教融合发展战略国际论坛的永久驻地。二是实施高职创新发展行动计划。立项建设了15所国家级和25所省级高职优质校,建设任务(项目)448个。7所高职院校入选国家示范(骨干)高职学校,6所学校入选国家高职院校产教融合发展工程。推进高职教育集团化办学,建设了18个省级高职教育集团。

4. 开放发展

一是积极推动省部共建。省政府先后与教育部、农业部等国家部(局)签署协议共建郑州大学、河南大学等11所高校,共建高校数位居全国前列。二是拓展国际交流合作。以河南大学迈阿密学院为代表的共计4所本科层次非独立法人资格的中外合作办学机构先后获教育部批准设立,高等教育中外合作办学机构和项目达212个。三是持续深化京豫、沪豫高校合作。扎实推进河南各高校与北京、上海等合作高校,通过一对一模式开展学术交流、人才培养、协同创新、学科建设等全方位的交流与合作。四是实施"走出去"战略。通过开展境外办学,建立了多所境外办学机构,共建孔子学院(课堂),累计选派2748人赴国外学习,启动了"留学河南"计划,累计资助外国留学生2563人次,扩大了河南教育和文化国际影响力。

5. 内涵发展

一是大力推进专业供给侧改革。建立专业动态调整机制,形成适应河南地方经济社会发展需求、结构合理、特色较为鲜明的专业体系,3106 个本科专业点覆盖 12 个学科门类 85 个专业类,特别是近 3 年增设人工智能、数据科学与大数据技术、新能源材料与器件等新兴产业相关本科专业点 103 个,新增儿科学、中医儿科学、健康服务与管理、家政学等社会民生相关本科专业点 31 个。二是在全国率先开展基层教学组织达标创优建设活动。立项建设了 488 个省级优秀基层教学组织,打通联系教师与学生、落实教学工作的"最后一公里"。三是推进高校智慧化校园建设。建好用好优质在线开放课程和虚拟仿真实验教学项目,推进信息技术与教育教学深度融合,51 门被认定为国家精品在线开放课程,16 个项目被认定为国家级虚拟仿真实验教学项目。四是持续深化高校创新创业教育改革。获得中国"互联网 +"大学生创新创业大赛金奖 2 个、银奖 20 个、铜奖 88 个。五是持续强化研究生培养改革。大力实施研究生教育改革与质量提升工程,在全国较早开展研究生教育教改项目建设,累计投入资金近 3000 万元。六是高校大学生思想政治工作建设成效显著。高校思想政治工作在全国学校思想政治理论课教师座谈会上受到了习近平总书记的肯定。

6. 培育发展

一是加大对博士、硕士学位授予立项建设高校的培育。重点培育了具有博士培养潜力的高校,增强人才培养能力和水平。二是加强人才引进培育。实施海外高层次人才引进"千人计划"、省"百人计划"、"长江学者"、省特聘教授等国家级和省级重大人才专项。近年,引进培养"长江学者"12 人,国家"千人计划"12 人,国家"万人计划"教学名师 12 名,中原"百人计划"29 人,中原"千人计划"教学名师(高等学校) 17 人,中原学者 41 人,省特聘教授 276 人。采取选拔培养青年骨干教师、国内高水平大学访学研修、新入职教师培训等方式,提升青年教师的能力素质。三是加强高校科研平台基础建设。在全国率先启动省级协同创新中心认定工作,河南粮食作物协同创新中心入选首批国家"2011 协同创新中心",郑州大学牵头建设的"河南资源与材料产业协同创新中心"、河南大学牵头建设的"黄河文明传承与现代文明建设协同创新中心"入选首批省部共建协同创新中心。科研项目经费由 2012 年的 18.85 亿元,提升到 2018 年的 32.64 亿元,增幅达 73%。2012 年以来,高校获得国家科技三大奖 43 项,获得国家科技进步一等奖,实现了该项 30 年来零的突破。

(二)主要成效

河南高等教育从重点突破到跨越式发展,从迈入大众化向普及化迈进,给国家培养了大批的人才,有力地推动经济社会发展。

1. 高等教育规模快速增长

从2011年到2018年,河南高等教育的规模发展迅速。在高等教育招生方面,普通高等教育招生由47.14万人增加到70.87万人,本、专科分别由22.65万人增加到32.97万人、24.49万人增加到37.89万人;在高等教育机构方面,全省研究生培养机构从23处发展到27处,普通高等学校从117所增长到140所,其中,本科院校从47所发展到57所;在研究生招生方面,普通高等学校研究生招生从10891万人(其中,博士生337人)增长到20043人(其中,博士生796人),在学研究生从30908万人(其中,博士生1245人)增长到50999人(其中,博士生2749人)。高等教育毛入学率达到41.78%,高等教育大众化加快,逐步迈向高等教育普及化,河南学子接受高等教育机会进一步扩大。

2. 高等教育布局结构更加合理

经过多年的努力,河南省高校的布局结构从之前的主要集中在郑州、开封、洛阳、新乡等少数几个省辖市发展到目前全省18个省辖市均布局了高等学校,13个省辖市布局了本科高校,5个没有本科高校的省辖市也采取与本科高校联合设立二级学院的方式举办了本科教育。通过布局调整,高等教育的布局与全省经济社会发展的战略布局相适应,为各地经济社会发展提供了有力的人才支持。学科专业在调整中适应,在适应中不断发展。截至2018年年底,全省高校共有专业点6486个,其中本科2727个,专科3759个,涵盖教育部颁布的本科专业目录中所有12个学科门类和高职高专19个专业大类;河南省优势特色学科建设工程一期建设学科35个,其中优势学科10个,特色学科(群)25个;拥有河南省一级学科重点学科287个,二级学科重点学科119个;学科专业结构不断优化,全省高校直接服务实体经济的应用技术类专业比例达到70%以上。

3. 高等教育内涵建设持续深入

随着高等教育投入的不断增加,中西部高等教育振兴计划的深入实施,郑州大学入选"中西部高校提升综合实力工作",并实现教育部和河南省人民政府共建。此外,河南省还有11所高校进入"中西部高校基础能力建设工程"一、二期建设。实施河南省优势特色学科建设工程,高等教育内涵建设核心指标持续提升,截至2018年7月,高校有16个学科进入ESI全球排名1%。郑州大学等8所高校被教育部认定为全国深化创新创业教育改革示范校。在"双创"教育中,河南省总计4所高校被教育部评为全国创新创业50强高校。国家自然基金和社科基金项目均占全省总数的90%以上。依托高校建设国家"2011协同创新中心"1个,省部共建协同创新中心2

个，国家大学科技园2个，国家重点实验室（培育基地）4个，国家工程（技术）研究中心5个，国家国际联合研究中心4个，国家工程实验室11个，教育部重点实验室11个，教育部工程研究中心6个，国家级众创空间8家。

4. 特色发展成效显现

2015年，河南省政府出台了《关于促进普通高等学校分类发展的指导意见》，积极探索分类设置、评价、指导、评估、拨款制度，引导高校科学定位，在不同层次、领域办出特色。部分高校明晰办学定位，发挥办学优势，凝练学科特色，特色发展成效初步显现。主要特色表现为：农业牧业、教师教育、能源安全、机械制造、水利水电、轻工食品、中医中药、财经政法、航空管理、纺织工程、甲骨文研究等。这些特色学科的建设和发展均彰显了河南省学科取得较好的发展成效。

5. 社会服务能力显著增强

各类高校充分发挥资源优势，积极融入区域经济建设主战场，坚持以服务求生存，以贡献求发展，实现学校与区域经济协同发展的良性互动。2011年以来，高校共承担企业委托的横向科技项目万余项，委托研发经费近40亿元。郑州大学的宇航员出舱头盔面窗研制，河南大学的棉花遗传多样性研究达到国内领先水平，河南科技学院的小麦品种"矮抗58"选育及应用项目获得国家科技进步一等奖，实现了高校该奖项零的突破，郑州大学研发的抗艾滋病（FNC）、治疗脑卒中（BZP）两种国家一类新药均获国内外专利授权并成功转化近亿元；依托河南财经政法大学建立的"城乡协调发展"河南省协同创新中心，推出一批原创性、标志性、前沿性研究成果，被政府部门采用；河南牧业经济学院与省畜牧局共建的河南省畜产品安全技术研究院，与雏鹰农牧共建工商一体化产业研究院，为我省农牧业产业发展提供科技支撑等等。

二、困难与问题

这些年河南高等教育虽然发展较快，成绩突出，但与河南经济社会发展需求，与人民群众对优质高等教育的期盼都还有一定的差距。目前，最为突出的问题主要有：

（一）"双一流"建设任务艰巨

"双一流"建设争牌子难，保住牌子更难。河南"双一流"建设高校建设起步晚、学科基础弱。作为拥有9000多万人口的大省，仅有两所高校入选"双一流"建设行列,数量远低于中部地区诸如陕西、湖北、安徽等省份,难以满足亿万河南人民对优质高等教育资源的需求,亟须实现从"高等教育大省"向"高等教育强省"转变。目前教育部正在对"双一流"建设进行中期评估,2020 年年底将进行期终验收。能否保住"双一流"关系到河南高等教育的形象,牵涉亿万河南人民的感情。

(二)推进特色骨干大学建设力度不够

2015 年省政府《关于促进普通高等学校分类发展的指导意见》,提出按照高水平大学、特色骨干大学、应用技术类型本科等进行分类管理、分类指导。在高水平大学建设方面,2017 年,郑州大学、河南大学入选国家"双一流"建设行列。2018 年,省委、省政府出台《中共河南省委河南省人民政府关于支持郑州大学河南大学"双一流"建设的若干意见》,在政策、资源和资金上给予倾斜,统筹 40 亿元资金支持"双一流"建设。在应用技术类型本科高校建设方面,2013 年以来,先后启动本科高校转型发展试点、示范性应用技术类型本科高校建设计划等项目,每年拿出 8000 万元支持若干所转型示范校建设。但是在特色骨干大学建设方面,缺乏顶层设计,存在短板,没有专项资金和政策支持。

(三)人才培养能力和水平有待提高

高校办学特色不突出,学科专业"大而全",水平不高,竞争力不强。高校人才培养中心地位和本科教学的基础地位还不够巩固,人财物方面的一些政策机制还没有聚焦到人才培养上来,还不能很好满足经济社会发展需要。课程思政、专业思政还需深入推进。

(四)科学研究支撑经济社会发展能力不强

一是由于学校学科缺乏领军人才,经费投入偏少,高层次科研平台建设能力不足,高水平基础理论研究成果偏少,能争取到的国家级平台数量有限。二是科研项目经费使用限制较多。近年,国务院和河南省出台了赋予科研机构和人员更大自主权的有关政策文件,但政策落实不到位,缺乏学校层面操作性规定,与现有审计、纪检、财务等相关政策不配套,智力劳动报酬体现不足。三是科技成果转化率较低。政府支持高校开展校企合作的政策措施不足,现有成果转化奖励政策落实难,教师主动参与科技成果转化的主动性不强,积极性不高。

(五)规模发展任务很重

根据国家和河南省2035年高等教育毛入学率65%的目标测算,在学总规模需达到486万人。现在全省每千万人口拥有高校13所,比全国平均水平少6所;高校校均规模1.54万人,比全国平均水平多4969人(本科校均规模2.51万人,比全国平均水平多1.05万人,高职校均规模9043人,比全国平均水平多2381人)。综合以上因素测算,高校数量仍显不足,到2035年还需增设近70所高校,外延发展任务繁重。

(六)优质高等教育资源短缺

42所世界一流大学建设高校,河南只有1所;95所世界一流学科建设高校,河南只有1所;465个规划建设的世界一流学科,河南只有4个。中外合作办学机构数量偏少,没有1所高水平中外合作大学,研究生合作办学机构和项目还没有突破。受多种因素影响,大师级学科领军人才和高水平科研创新团队引进困难,本土优秀人才也不易留住。教育部"长江学者"全国3566人,河南高校仅12人;国家"杰出青年"全国3600人,河南高校仅15人;国家"千人计划"全国6711人,河南高校仅12人。研究生教育总体规模较小,2018年河南博士研究生招生计划仅占全国招生总数的0.94%,远不及绝大多数"985"高校一个学校的招生数量。

(七)高层次人才引进难度较大

高校存在人才吸引力不足问题。一是出台的《河南省高层次人才认定和支持办法》,没有得到完全落实,人才引进程序办理环节多、流程繁琐,高层次人才待遇不高,家属安置政策不明确、教授调动实际操作难度大等因素,制约了人才引进力度。二是由于高校平台建设、工资待遇等方面与东部地区高校相比差距较大,对高层次人才缺乏吸引力。三是人才住房问题突出。人才引进最大的优势是住房,青年人才公寓建设刚刚规划起步,高校人才享有政策尚不清晰。

(八)应用型高校转型发展存在一些难题

一是产教深度融合难。产教融合、校企合作是本科高校转型发展的基本路径。但总体上看,产教融合的深度不够、层次不高,产教深度、持久融合的机制没有真正形成。二是应用型课程建设与改革难。受教师应用实践水平和教学硬件设施等限制,课程改革转型推进困难重重。三是开展成果转化难。转型发展的高校应用型成果转化的数量少、层次不高。四是"双师双能型"队伍建设难。应用型高校引进高水平的行业优秀人才困难，现有老师受职业经历和自身能力的限制，无法转型成高水平的“双师双能型”教师，制约了人才培养水平提升。

（九）中外合作办学规模层次有待提高

河南高等教育对外开放不够，国际化办学水平不高，和兄弟省市相比有差距。一是中外合作办学机构和项目少，规模偏小。近年，虽然强调要重点瞄准世界排名前100名的世界名校合作，但由于高校普遍实力较弱，地处内陆，世界名校对河南高校认可度不高，来豫合作意愿不强。二是中外合作办学成本分担机制不完善，学费标准低，不能体现优质优价。河南省合作办学学费18000元，周边省份学费多在3万元左右，发达省份更是高达6万元左右。三是中外合作办学项目内涵建设不足，引进外籍教师、课程资源流程较为复杂，影响了教学质量。

（十）高等教育经费保障机制还有待完善

2018年全省普通高校生均一般公共预算教育费为1.42万元，而全国普通高校生均预算经费平均水平已达到2.1万元，河南省远低于全国平均水平，在全国排名第28位（共31位）。现行学费标准偏低，河南省目前执行的标准仍是2004年确定的，在全国排名倒数第4位，不仅低于东部地区发达省份，同时也低于西藏、青海等西部省份，在中部六省位居倒数第一。高等教育经费投入与保障机制不健全，亟须完善。高等教育经费使用效益有待提高、经费使用方向有待整合。

三、对策与建议

聚焦内涵建设，着力质量提升，强化服务意识和能力，以建设高水平人才培养体系为核心，全面提升高等教育人才培养、科学研究、社会服务、文化传承创新和国际交流的能力水平。以实施《高等教育特色发展行动计划》为抓手，对标一流，改革驱动，引导高校科学定位、突出特色，促进内涵提质发展。今后一个时期重点抓好以下几个方面工作：

（一）强力推进“双一流”和优势特色学科建设，做强高等教育发展高峰

一是认真贯彻落实《中共河南省委河南省人民政府关于支持郑州大学河南大学

“双一流”建设的若干意见》。切实加强统筹协调、跟踪问效、服务指导，确保各项支持措施落实及时、落实到位。督促郑州大学、河南大学加大改革力度，落实各项改革和建设任务，确保国家验收时不出圈、不掉队。争取实现更多高校进入新的“世界一流学科”建设高校，增加河南高校在全国“双一流”建设中的比重。二是继续实施河南省优势特色学科建设工程。做好一期建设学科验收工作，适时布局建设二期学科。通过持续投入，重点建设，使优势学科力求“顶天”，即站在学科前沿，紧密关注时代热点，争取若干学科进入国家一流学科建设规划方阵，让特色学科着力“立地”，面向地方经济建设和社会发展的主战场，结合学校实际情况，坚持特色，发扬优势，突出创新，为经济社会发展和民生改善产出实实在在的成果，提升服务能力。三是加强第九批河南省重点学科建设。以400个省重点学科为抓手，推动学校汇聚人才和队伍，集中攻关，不断强化核心竞争力，为提升人才培养能力和社会服务能力提供支撑。

（二）落实分类发展规划要求，启动特色骨干大学建设

规划建设一批行业特色鲜明学科优势明显的大学，在行业拔尖创新型人才培养上取得突破，服务地方经济社会发展。特色骨干大学建设速度宜快不宜慢，数量宜多不宜少，经费投入宜大不宜少，建设期限宜长不宜短，工作考核宜粗不宜细。将特色骨干大学建设纳入河南省重大建设工程，从2019年到2022年，设置专项资金8亿元，每年2亿元，支持建设10所左右特色骨干大学和10个左右特色学科专业群。

（三）精准实施高等教育质量工程，全面提升人才培养能力和水平

一是全面振兴本科教育。坚持“以本为本”，实施“一流本科教育质量提升工程”，落实国家专业建设“双万计划”和课程建设“双万计划”，建设600个一流本科专业点，打造2000门一流线上线下精品课程，建设1000个优秀基层教学组织，培育500项优秀教学成果，选树200名潜心教书育人的教学名师，立项建设20所立德树人标杆学校。深入实施“六卓越一拔尖”计划2.0，建设新工科、新医科、新文科、新农科，推进协同育人，全面提高人才培养能力。同时，积极沟通争取一流高校在河南省多投放本科招生计划，扩大河南学子接受优质高等教育的机会。二是着力提升研究生教育质量。大力实施“河南省研究生教育改革与质量提升工程”与《河南省研究生教育创新计划》、充分发挥研究生教育教学改革研究与实践项目成果的示范引领作用。深入实施“高校教学质量与教学改革工程”和“研究生教育创新计划”，推进研究生教育综合改革，改进培养方式，更加重视导师队伍建设和培养过程优化，着力提高研究生的创新能力和实践能力。全面推行科教融合、产学研用协同育人的高等教育人才培养模式，把创新创业教育贯穿人才培养全过程。扩大高等教育尤其是研究生招生规模，每万名人口中取得硕士、博士学位人数力争达到国家平均水平，促进学术学位与专业学位研究生教育的协调发展。在关键领域加快发展博士专业学位教育，培养应用型高层次人才。探索建立与科研项目和经费挂钩的研究生招生计划管理机制。推进军民深度融合，军地合力培养国防和军队现代化急需的各类人才。三是实施高层次人才队伍建设工程。继续实施好中原“百人计划”、“千人计划”，特聘教授讲座教授岗位制度等重大人才工程。加大优秀人才引进力度，实施更加积极、更加开放、更加有效的人才引进政策，着力引进和培养一批一流科学家、学科领军人才和创新团队。到2022年，着力引进和培养120名学科领军人才、重点选拔培养1200名青年骨干教师，培训2000名新入职教师，建设30个教师教学发展中心。完善外籍教师和海外人才引进使用管理制度。支持省级高端智库培育一批哲学社会科学名家名师。要制定合理高层次人才引进政策，包括薪酬待遇、住房补助、科研经费等一系列优惠政策；此外，在高校自身发展能力基础上尽可能为高层次人才营造良好的学术环境、宽松的学术氛围，提供广阔的学术研究和交流平台，安排子女教育，解决配偶工作等，做到不仅用待遇引人，还要做到用事业和感情引人。

（四）增强高校科学研究和创新能力，更好地服务经济社会发展

一是实施高校基础研究能力增强工程。对接教育部高等学校基础研究珠峰计划，加大高校重点科研项目实施力度，每年重点安排10个基础研究专项，为国家科技计划做好项目预研；加大科技创新团队人才培育，每年遴选2至3个国内领先的创新团队、10名中青年拔尖人才，给予持续稳定资助；实施河南省高校重点实验室培育基地建设，逐步建立起国家、省和高校三级重点实验室体系。二是开展高校社会服务能力提升行动。围绕军民融合、乡村振兴和“五区”联动、“四路”协同等国家河南重大战略需求，加大实施河南省高等学校协同创新计划；实施河南省产业科教联盟计划，支持高校建设工程技术研究中心等科技成果转化服务平台和技术转移示范机构，切实推进科技成果转移转化。三是提升高等学校科技创新资源聚集能力。突出“高精尖”导向，依托高校重大科研项目，深入实施重大人才工程，加强院士工作站、博士后流动站（工作站）、海外高层次人才创新园和郑州航空港引智试验区等平台建设，着力发现、培养和聚集战略科学家、科技领军人才等各种类型的创新型人才（团队）。结合国家支持重点和河南区域特点，建设一批重点学科，建成一批省级重点实验室、

工程研究中心等科研创新平台。依托高等院校、科研院所和高新技术企业，探索构建产学研用深度融合的全链条、网络化、开放式协同创新联盟。加强学科交叉，突出关键共性技术、前沿引领技术、现代工程技术、颠覆性技术创新。四是建立各类创新平台向人才培养开放的长效机制，完善产教、科教、企教融合的人才培养模式，以高水平的科学研究支撑高质量的人才培养和产业创新，推动创新链、产业链与人才培养链的有机衔接。

（五）强化完善分类指导，推动高校分类办出特色

一是实施特色骨干大学建设工程，支持一批行业特色鲜明、优势特色学科明显的特色骨干大学，在行业拔尖创新型人才培养上取得突破，争创行业一流或国内一流大学，打造河南本科高等教育的第二方阵。二是继续推动普通本科高校转型发展。加强应用技术类型本科院校应用能力建设，打造一批产业贡献力大、创新应用能力高、结构带动力强的应用技术类型高校，引导支持更多具备条件普通本科高校向应用型转变，力争建成一批对区域和产业发展有较强支撑作用的高水平应用型大学，争创国内一流应用型高校。三是推动高等职业院校特色发展。深入贯彻落实《国家职业教育改革实施方案》，以国家实施“中国特色高水平高职院校和专业建设计划”为带动，重点建设若干所优质高等职业院校，加强国家和省优质高职院校建设，发挥示范引领作用。深化产教融合、校企合作，加快高职教育人才培养模式改革。鼓励和支持社会各界特别是企业积极支持职业教育、参与人才培养全过程，推动职业教育与产业发展有机衔接、深度融合，实现由政府举办为主向政府统筹管理、社会多元办学的格局转变，由追求规模扩张向提高质量转变，由参照普通办学模式向企业社会参与、专业特色鲜明的类型教育转变。

（六）优化高等教育布局结构，扩充河南高等教育资源

一是科学制定高等学校设置规划。做好河南省高等学校设置“十四五”规划，充分考虑河南教育现代化 2035 有关高等教育毛入学率等主要指标和区域经济发展等因素，将符合政策、办学条件基本成熟的学校纳入规划，确保新增高等教育资源质量。二是努力扩大研究生教育规模。积极争取教育部对河南省研究生招生计划特别是博士研究生招生计划的倾斜、增设博士研究生招生指标。按照新一轮学位授权审核要求，推动 4 所重点立项建设高校开展申报工作，争取学位授权审核工作再次取得突破。加快学位授权点特别是博士专业学位授权点申报工作。在前期对全省拟申报专业博士学位点进行摸底调研的基础上(拟申报专博点30个,其中7个已满足申请基本条件),引导相关高校集中优势力量加强建设,同时协调有关部门从政策、经费、项目等方面加大支持。

(七)增强高层次人才吸引力

积极推动落实“放管服”改革事项,推进高校自主权下放,建立健全监管职责,优化高等教育服务职能。一是进一步简化办事程序,引进高层次人才编制随报随批,不受时间批次限制。有空编高校,实行备案制,先引才,后到编办、人社部门备案。取消进人计划审批(与编办审核用编计划属重复审批)环节。加快实现材料提交“网上办理”,实现“一站式”服务。二是创新编制岗位管理方式,协调相关部门探索备案制管理,加大教师编制统筹配置和跨区域调整力度,推进高校试行员额制。三是严格落实《河南省高层次人才认定和支持办法》,在薪酬待遇、税收优惠、医疗社保、子女入学、配偶就业等方面,加快研究制定配套政策,增强高层次人才吸引力。四是协调省直相关部门和地市政府,支持高校按规定自建或购置专家公寓、人才公寓和周转公寓房,在土地划拨、规划办理等方面开辟绿色通道。采取从省直和郑州市青年人才公寓调配等方式优先解决驻郑高校高层次人才住房问题。五是设立高校人才专项资金,实施好国家“千人计划”、“万人计划”、教育部长江学者和省“百人计划”、中原“千人计划”、省特聘教授等高层次人才计划。六是优化职称评审和岗位聘任机制。深化高等学校职称制度改革,由高校自主制定评价标准、自主组织评审、自主考核聘任。高校可根据政策规定自主设岗和动态调岗,实现职称评审与岗位聘用有效衔接。推行高校教师职务聘任制改革,加强聘期考核、准聘与长聘相结合。

(八)推动普通本科高校转型发展

加快地方普通本科高校向应用型转变,主动面向地方经济社会发展需求,对接产业转型升级需要,提高人才培养和产业需求的契合度。一是在10所示范校建设的基础上,扩大高水平应用型本科高校建设支持范围,让更多的新建本科高校享受政策红利。二是尽快出台支持本科高校产业学院(行业学院)建设的办法,鼓励企业联合高校设立产业学院,参照山东省关于产业学院建设的做法,允许校企共建专业适当提高收费标准,调动学校和企业的积极性。三是加大“双师双能型”教师省级专项培训力度,支持成立河南省“应用型本科高校建设联盟”,实现河南应用型本科高校抱团发展。

(九)加大合作交流力度，提升对外开放水平

一是抓好国际合作办学。鼓励与世界高水平大学开展合作，到2022年，争取新增独立设置高水平中外合作办学机构1个，非独立中外合作办学机构2—3个，实现研究生层次中外合作办学零的突破，建设一批示范性中外合作办学机构和项目。同时，扎实推进河南大学迈阿密学院等中外合作办学机构建设。二是鼓励支持郑州大学、河南大学等省内高校积极与国内外知名院校、科研院所沟通，争取通过联合办学、共建研究院、建立分校等形式来豫办学。积极推进河南省人民政府与中国科学院大学合作共建中国科学院大学河南学院，争取早日挂牌。三是吸引更多国际学生来豫留学，打造“留学河南”品牌。持续实施留学河南计划，健全奖学金体系，改进资助方式和选拔办法，优化留学生就读学科专业结构，提高学历生比重，建立并完善来豫留学教育质量保障机制，全面提升留学质量，培养杰出来华留学人才。

(十)完善教育现代化投入支撑体制

一是推进教育投入持续稳定增长。坚持教育优先发展，经济社会发展规划优先安排教育发展，财政资金优先保障教育投入，公共资源配置优先满足教育和人力资源开发需要。积极调整财政支出结构，压缩一般性开支，增加教育投入，确保财政一般公共预算教育支出逐年只增不减，确保按在校学生人数平均的一般公共预算教育支出逐年只增不减，努力实现公共财政教育经费占财政总支出的比例逐年只增不减，力争到2035年，各阶段生均一般公共预算教育事业费在全国位次明显提升。合理划分教育领域财政事权和支出责任，全面建立权责清晰、财力协调、标准合理、保障有力的教育事业发展保障机制，优化支出责任分担方式，依法落实各级政府教育支出责任，加大财政教育投入。二是完善多渠道教育经费筹措体制。坚持教育公益属性，完善国家、社会和受教育者合理分担非义务教育培养成本的机制。综合经济社会发展水平、培养成本、学生资助水平和群众承受能力等因素，合理确定非义务教育学校学费标准。全面建立并落实各阶段教育生均经费基本标准和生均财政拨款基本标准，建立健全财政拨款标准、收费标准、资助标准三位一体联动调整机制。综合运用各类政策手段，改善环境、优化服务，落实相关税收优惠政策，完善土地、金融、人才等优惠政策，鼓励出资、捐资办学，支持和规范社会力量兴办教育。加强监督和管理，依法落实民办学校举办者筹措办学经费的法律责任，健全退出机制。充分发挥各级基金会作用，吸引社会捐赠。三是提高经费使用效益，加大教育经费统筹力度，整合优化经费

使用方向，推动教育经费使用结构重心从规模扩张向质量提升、结构优化转移，从硬件设施建设向教育教学改革和教师队伍建设等转移，形成与教育改革发展相适应的教育经费使用结构。以监审、监控、监督为着力点，构建全覆盖、全过程、全方位的教育经费监管体系，努力建成与教育现代化相适应的内部控制体系。全面实施绩效管理，优化绩效目标设置，细化绩效管理办法，加强动态绩效评价，强化绩效评价结果应用。建立并完善高等学校总会计师制度、教育系统内部审计制度、教育经费统计公告制度和财政教育经费预决算公开制度，强化信息化管理，保证教育经费使用效益最大化。

（调研组组长：刁玉华，河南省教育厅副厅长；副组长：张水潮；成员：闫治国、岳德胜、张俊丽、白威涛）

终身教育发展战略调研报告

终身教育是个人一生所受教育与社会教育机会的统一。既包括学前教育、初等教育、中等教育、高等教育和继续教育五个教育阶段,也包括家庭教育、学校教育和社会教育三种教育类型。调研发现,河南省终身教育理念逐步形成,学习型社会建设有了坚实基础和良好态势。

一、基本情况

(一)主要成效

1. 学习型社会建设成效显著

一是学习型城市建设规模不断扩大。郑州、鹤壁、济源、开封、三门峡、南阳、新乡、驻马店等8个城市成为全国学习型城市建设联盟成员,河南入选城市数量排全国第三。二是全民终身学习活动蓬勃开展。2011年平顶山市举办全民终身学习活动周开幕式以后,郑州、新乡、鹤壁、信阳、济源、三门峡先后承办全省开幕式,带动了大部分市、县、乡广泛开展全民终身学习活动,全省上下形成了崇尚学习的良好氛围。2019年全国全民终身学习活动周总开幕式在郑州举行,为河南省加快构建终身教育体系提供了新的机遇。三是终身教育品牌大量涌现。活动聚人气,项目接地气,品牌显特色,学习受欢迎。河南培育了20个全国终身学习活动品牌、22位全国百姓学习之星,评选出了57项省级终身教育品牌,带动了广大群众参与终身学习。四是学习型组织遍地开花。各地市面向乡镇、党组织、机关、企业、家庭等积极开展学习型组织创建评选活动,促使12个单位获全国农村优秀学习型乡镇、村居、企业称号,成千上万个学习型组织和学习社团奠定了学习型社会的基础。

2. 社区教育快速推进

2014年启动省级社区教育实验区、示范区创建工作,培育出了8个全国社区教育实验区示范区、10个全国社区教育示范乡镇，评选出了42个省级实验区示范区（16个示范区，26个实验区），带动了全省社区教育持续发展。2017年出台了《关于大力推进社区教育工作的意见》，有力推动了社区教育的快速发展，省、市、县、乡、村五级社区教育办学网络基本形成。目前，居民参与社区教育活动的热情非常高涨，社区教育促进社区建设和社区治理的作用日益彰显。

3. 老年教育方兴未艾

2017年河南省政府办公厅印发《河南省老年教育发展规划（2017—2020年）》，各地积极建立老年养护基地、老年大学、老年人活动中心，为老年人参与学习、情感交流、发挥作用提供了平台，创造了条件。养生保健、交际英语、歌舞书画、摄影艺术、文化修养、休闲娱乐等丰富多彩的教育活动，吸引了广大老年人学在其中、乐在其中，对积极面对社会老龄化、提高老年人生活质量、推进社会和谐起到了重要作用。

4. 农村成人教育转型发展

2000—2017年，认定了348所省级示范性乡镇成人文化技术学校，有力地促进了乡镇成人学校转型发展。农村成人教育在精准扶贫、农村劳动力转移、留守妇女就业创业、留守儿童心理辅导、新型职业农民培育和乡村振兴战略中都发挥出了重要的、不可替代的作用。

5. 成人学历教育和职业技能培训持续向好

2017年成人高等学历教育招生63.57万人，毕业50.41万人，在校生200.47万人；注册参加职业技能培训216.07万人次，结业207.26万人次，推动人口资源转化为人力资源，为促进就业和经济发展作出积极贡献。

（二）存在的主要问题

在终身教育体系建设中，继续教育的地位和现状堪忧，是河南省教育事业的短板，无法满足人民群众对高质量、多样化、个性化的终身学习需求。特别是社区教育、老年教育、农村成人教育还很落后，建设学习型社会的任务还十分艰巨。

1. 思想认识有差距

各级政府和部门对终身教育理念认识不足，思想仍局限于传统的、正规的、封闭通道的学校教育模式，对发展继续教育、建设学习型社会不够重视。

2. 顶层设计不到位

河南尚未颁布终身教育方面的地方法规，法制建设滞后。教育体制开放程度不高，不同教育阶段之间的衔接不够畅通，不同教育类型之间的联系不够紧密，不同方式获取的学习成果得不到有效的认定和转换,人才成长的"立交桥"还缺乏顶层制度的支持。

3. 推动发展力度弱

政府统筹管理的体制不健全,没有专门负责终身教育和学习型社会建设的机构和部门;各相关部门的终身教育责任没有明确界定,尚未形成共享机制,缺乏协调配合;未出台社区教育、老年教育等办学机构建设标准和管理办法;未将在职人员教育、农村成人教育、社区教育、老年教育等非学历继续教育纳入教育事业统计,规范管理和质量监测不到位,推动和指导发展的力量很单薄。

4. 地区发展不平衡

融入终身教育体系的优质教育资源不足,建设学习型社会的经费投入总量不足。受地方经济社会发展水平、教育资源分布、重视程度的影响,各地推动终身教育、推进学习型社会建设的进度和效果存在较大差异。

二、国内外终身教育发展和学习型社会建设情况

(一)国际的主要做法

美国:世界上最早推行终身教育、建立完备终身教育体系的国家。国会通过立法来干预和保证终身学习;政府在经费上给予支持和保障;设立1500多所社区学院,促使大量成年人和失业者接受教育成功就业,成为民众参与公共事务的主要渠道。

日本:政府出台了一系列相关的政策法规,为终身教育体系的建立提供了有力的支持与保障;遍布于各市镇街村的公民馆,集图书馆、博物馆、公民学习班、公众集会厅、产业指导所等功能于一身,服务居民参加社区活动,自由学习,交流情感,提高修养,促进了经济增长和社会稳定。

瑞典:利用社区内医院、商业部门、健康中心、图书馆、家庭等场所建立了自助性学习圈,吸引60%的成年人参与,被认为是公民参与社会活动、接受社会教育的一种有效途径和方式。

加拿大:推出了周期性终身学习政策,实施贯穿整个职业生涯的周期性培训,促进每一位劳动者的专业发展、持续终身学习、成为学习型劳动者。

(二)国内的主要做法

上海市:颁布地方法规,率先推进学习型城市建设。受终身教育、终身学习、学习型社会理念影响,市委、市政府于1999年提出建设世界城市的目标,2006年颁布《关于推进学习型社会建设的指导意见》,2011年颁布《上海终身教育促进条例》。市教委设立终身教育处,从组织、制度、管理、基地、队伍方面夯实学习型城市的基础建设,以信息化推动资源建设,以国际化引领特色建设,提升了市民生活质量、整体素质和文明程度。

北京市:发挥政府主导作用,构建学习型社会实施框架。市委、市政府2007年颁布《关于大力推进首都学习型城市建设的决定》,2012年发布《北京市学习型城市建设工作"十二五"规划》。政府发挥主导作用,制定建设学习型城市的战略规划、基本框架,不断完善终身学习的条件和保障措施;各类组织、机构、社团充分发挥教育功能,提供终身学习的资源;市民积极投身终身学习活动,提升文明素养,参与各类学习型组织建设,营造良好氛围;探索出"政府保障、社会支持、个人参与"的学习型社会建设格局。

太原市:完善体制机制,保障学习型社会建设。市委、市政府及其主要职能部门组成了社区教育指导委员会,明确有关部门职责,制定了学习型县(市、区)、乡镇(街道)、村(社区)、家庭、单位的创建标准,在全市范围内全面开展创建活动。实施目标责任机制、总结通报机制、评估表彰机制、理论研究机制、联动宣传机制,强化经费保障、场所保障、队伍保障,合力推动学习型城市建设。

目前,我国学习型社会建设尚处于起步阶段,还没有可供借鉴的系统化的成熟经验。上海、北京、天津、广州、南京、太原、成都、武汉、杭州、长沙、济南、宁波等城市和福建、江苏、浙江、河北等省起步较早,发展较快,特色突出。

(三)国内外经验分析

1. 形成系统性的法制保障体系

国际上终身教育发展形势好的国家,都出台有一系列的法律法规,形成了系统性的法律法规保障体系。福建省、上海市、太原市、河北省、宁波市也先后颁布了《终身教育促进条例》,成都市颁布了《社区教育促进条例》,依法治教,为终身教育夯实发展基础,提供基本依靠。

2. 形成政府主导的运行机制

构建终身教育体系、建设学习型社会,必须由政府强力推进,成立由政府牵头、行业部门参与的学习型社会建设委员会等领导组织，在省级教育部门设立终身教育处或社会教育处的专门机构实施落实，统筹整合教育资源，在人、财、物、场地等方面给予支持和保障。上海、北京等地财政对社区教育经费投入已经超过当地常住人口每人每年20元的标准，武汉、成都、广州、宁波等地也超过了10元的标准。

3. 形成开放性的终身学习平台

依托信息技术建立数字化学习服务平台，依托各级各类教育机构、行业部门的服务机构、社会公共服务场所，建立线上、线下立体互动的学习网络和培训网络，提供丰富的学习资源。建立省级学习需求调查、学习过程记录和学习成果认定、累计、转换、使用的管理系统。

4. 生成多样化的学习型组织和学习共同体

制定各级各类学习型组织的建设标准，全面开展创建活动，不断提高创建水平。鼓励社会组织、社区居民建立形式多样的学习圈、学习共同体。

放眼世界，综观全国，河南省在发展终身教育、建设学习型社会方面起步较晚，制度建设比较滞后，推动力量比较薄弱，财政投入明显不足，整体发展水平处于全国中等偏下位次，与周边多个兄弟省份比较发展相对落后。

三、对策建议和保障

河南省有完备的学历教育体系和规范的学校教育制度，构建终身教育体系的短板和难点，在于继续教育和社会教育。加快建设学习型社会的关键点，也在于面向全体人民，特别是成年人的继续教育和社会教育。要抓住历史机遇，适应时代需求，充分借鉴先行区发展经验，紧追快赶，补齐短板。

（一）对策建议

1. 树立终身教育理念

通过每年4月举办“世界读书日”、10月举办“全民终身学习活动周”，组织读书节、文化节、大讲堂等各类主题教育活动，广泛宣传终身教育理念，倡导支持全民阅读，培育终身学习文化，营造全社会关心、支持、参与学习型社会建设的氛围，形成全民终身学习的高度共识和自觉追求。

2. 创设制度激励环境

推动各地市出台终身学习激励政策，让参与继续教育的学习者有更多参与社会建设、享受社会公共服务、展示个人学习成果、实现精彩人生的机会和平台。建立跨部门、跨行业的工作机制和专业化支持体系。建立健全学分银行制度，制定各类学习成果认定标准、学分标准、学分积累办法，为学习者提供能够记录、储存学习经历和成果的个人学习账户，推动各类学习成果认定和转换。探索开展以大数据为基础的全民学习需求与能力检测。

3. 构建人才成长“立交桥”

拓宽高中阶段后的学历教育渠道，完善招生入学、弹性学习及继续教育制度，畅通转换渠道，使学习者都有多种方式成长成才。大力推进中高职衔接、普职融通，逐步扩大高等学校招收有实践经历人员的比例。建立制度化、规范化的转学转专业机制，允许学生在具备相应条件的前提下灵活地转换专业。支持学生跨机构、跨学科、跨专业选修课程并承认学分，丰富学习路径、方式和方法的选择。

4. 鼓励开展学历继续教育

完善注册学习制度和学习服务机制，方便学习者随时注册入学，自主灵活安排学习时间。推动各类高校之间以课程为基础相互承认学分，创新高等教育自学考试学分认定和转换方式，探索将高等教育自学考试学分转换为高等学校课程学分。充分利用现代技术为所有学习者提升学历水平提供更加便利的教育服务。

5. 大力支持职业技能教育

强化职业学校和高等学校的继续教育与社会培训服务功能，鼓励社会组织和机构开展职业技能教育培训。面向机关、事业、行业、企业、团体开展多种类型、多种形式的职工继续教育。面向退役军人和武警官兵、进城务工人员、转岗人员、城镇化进程中的新市民、城乡待业人员等群体，提供多样化教育与培训服务。注重残疾人潜能开发和缺陷补偿，提高弱势群体的生活水平和发展能力。开展刑满释放人员的心理健康教育和法制教育，帮助其尽快融入社会。

6. 深入推进社区教育

依托广播电视大学系统、职业学校、成人学校等机构，建立以省级开放大学、市级社区大学、县级社区学院、乡级社区学校和村级社区学习点为“骨架”的社区教育五级办学体系。鼓励各地加强社区教育机构与城乡社区综合服务中心(站)的设施统筹、资源共享和服务联动，扩大社区教育资源和学习场所。引导高等学校、民办教育机构、行业企业和其他社会力量参与社区教育，培育多元办学主体，提供多样化教育服务。鼓励行业企业积极发展基于工作场所的学习。通过财政支持、社会资助等多种形式，推进教育、文化、广电、出版等部门面向农村地区推进图书馆总分馆制建设、书屋等学习场所建设。强化社区教育的普惠性，使社区教育融入社区治理。

7. 加快发展老年教育

结合多层次养老服务体系建设，推进养教结合。创新老年教育体制机制，鼓励和吸引更多社会力量举办不同类型的老年教育机构，扩大老年教育资源，丰富教育内容与形式，满足老年人多元学习需求。为老年人创设发挥作用的平台和条件，积极引导老有所为。

8. 创新发展农村成人教育

加快农村成人教育的转型、创新和发展步伐，深化管理体制、办学体制和教育教学改革，努力提高农村成人教育的质量和效益。围绕乡村振兴战略，开展面向"三农"的公民教育、农村实用技术培训、劳动力转移就业培训和社会文化生活教育，助力精准扶贫，服务美丽乡村和城镇化建设。

9. 指导推进家庭教育

突出家庭道德教育内容，把培育践行社会主义核心价值观作为核心和根本。强化家长的监护主体责任，引导家长依法履行家庭教育职责。创新家庭教育指导方式，为家长提供多元化、有针对性的指导服务。帮助家长全面学习家庭教育知识，系统掌握科学理念和方法。建立健全家庭教育公共服务网络，鼓励亲子共学、家庭游学，形成家庭教育、学校教育、社会教育的融合机制和育人合力。

10. 普遍实现数字化学习

将全民终身学习纳入城市信息化建设，建立互联网、移动电话、数字电视、卫星等多网合一、优势互补的远程学习网络、服务平台，拓展线上线下学习时空，缩小数字鸿沟。丰富数字化学习资源，实现移动学习、时时可学。

11. 着力打造品牌亮点

充分挖掘和发挥中原文化资源丰富的优势，围绕历史名人、遗存遗址、家风家训、非物质文化遗产等优秀传统文化的传承和发展，开发乡土文化课程，打造具有地方特色的终身学习品牌，推进全民学习更精彩、终身学习更出彩。

12. 推动各类学习型组织建设

深入推进学习型社会建设，广泛开展学习型城市、乡镇（街道）、企业、社区、家庭等各类学习型组织创建活动。采用多种方式调动全民终身学习的积极性，提高学习型社会建设水平。

(二)保障措施

1. 加快立法进程

由人民代表大会或人大常委会研究通过《河南省终身教育促进条例》,为实施终身教育发展战略、实现教育现代化、建成学习型社会提供强有力的法制保障。

2. 强化组织管理

由省委、省政府出台《河南省关于加快学习型社会建设的实施意见》,成立河南省终身教育和学习型社会建设领导机构,建立联席会议制度,明确党政相关职能部门的发展责任,完善管理机制。在省教育厅设立专门机构,统筹构建全省终身教育体系,协调各研究机构资源,开展终身教育研究,支持和指导学习型社会建设。

3. 加强队伍建设

根据终身教育特点和学习型社会建设需求,建立专职教师队伍,实行终身学习指导师制度。广泛吸纳行业骨干、科技工作者、非物质文化遗产继承人等具有专业特长的社会人员和"五老"人员担任兼职教师。鼓励支持党员干部、大中专学生、社区居民等参与终身教育志愿服务。建立完善专兼职教师培养培训和表彰奖励机制,制定继续教育教师职称评审办法。组建继续教育专家人才库和讲师团队。

4. 确保经费投入

确定各级财政对成人学历教育、社区教育、老年教育、农村成人教育"生均教育经费"的最低标准和递增要求,明确资金来源,制定资金使用管理办法。打通财政部门、教育部门和承担终身教育的社会组织之间的资金资源流动通道,保障全民终身学习的条件。

5. 建立监测评价体系

制定具有终身教育理念、覆盖全学段、体现世界先进水平、符合不同层次和教育类型特点的教育质量标准。制定学习型城市、学习型乡镇(街道)、学习型乡村(社区)、学习型机关、学习型企业、学习型家庭的评价标准。制定各类学习成果认定标准、学分标准、学分累计办法,实行学分银行制度。面向公务员、专业技术人员、企业职工、社区居民等建立个人学习账户,全面开展继续教育统计,收集终身教育大数据。加强继续教育、学习型社会建设督导。

(调研组组长:李金川,河南省教育厅总督学;副组长:宋正武、周海兴;成员:江月剑、陈红彦、王胜利、裴延锋)

义务教育公平与协调发展调研报告

河南省始终把促进教育公平、保障弱势群体受教育权利和机会，作为一以贯之的基本教育政策，保障公民不分民族、性别、阶层、职业、经济状况、宗教信仰等依法享有平等受教育权利。义务教育是教育工作的重中之重，在全面建成小康社会进程中具有基础性、先导性和全局性的重要作用。多年来，各级政府优先保障重点保障，以促进城乡义务教育均衡发展和贫困地区“义务教育有保障”为工作重点，坚持把各项惠民政策落在实处，维护弱势群体的受教育权利，采取了一系列重大措施，让每一个孩子都有人生出彩的机会，教育公平迈出了重大步伐。

一、主要成效

近年，省政府高度重视义务教育，出台了一系列加快义务教育发展的政策措施，进一步加快城乡义务教育协调均衡发展。

（一）义务教育均衡发展持续加强

1. 强化顶层谋划设计

为强化各级政府对义务教育的保障责任，促进城乡义务教育资源均衡配置，推动义务教育事业持续健康发展，省政府先后出台《河南省人民政府关于进一步完善城乡义务教育经费保障机制的通知》（豫政［2016］29 号）和《河南省省级义务教育均衡发展专项资金管理办法》（豫财教［2017］14 号）等文件，明确了经费保障对象和使用办法。出台《河南省人民政府办公厅关于印发河南省义务教育学校办学条件基本标准（试行）的通知》（豫政办［2016］129 号），统一了城乡义务教育学校办学条件基本标准，加强义务教育学校标准化建设。出台《河南省人民政府办公厅关于加快推进乡村小规模学校和乡村寄宿制学校建设的意见》（豫政办［2018］74 号），完善了教育教学管理制度，基本均衡了城乡师资配置，积极适应新型城镇化建设需要，优化农村义务教育学校布局，提高农村中小学校教育质量，推动城乡义务教育均衡发展，为实现县域内城乡义务教育一体化发展，实现乡村学生公平、有质量的教育提供了坚强的制度保障。

2. 全面改善义务教育学校基本办学条件

多年来，河南省重点实施了农村义务教育薄弱学校改造计划、全面改善贫困地区义务教育薄弱学校办学条件、农村义务教育学生营养改善计划、农村中小学食堂建设等一系列旨在改善农村中小学办学条件的重大项目，使农村学校办学条件有了较好改善。截至目前，全省“全面改薄”工作已累计投入资金303.91亿元，为1.73万所中小学校建设校舍面积1714.9万平方米，建设室外运动面积1320.1万平方米，为1.89万所学校配备价值54.04亿元的设施设备，惠及610.77万名中小学生。启动实施扩充城镇义务教育资源五年计划，加快城镇义务教育学位供给，努力遏制城镇义务教育学校入学难、大班额问题。2014—2018年，全省完成新建、改扩建城镇中小学项目3883个，累计完成投资565.34亿元，新增校舍建筑面积2577.91万平方米，新增学位270.77万个；其中，新建项目1242个，累计完成投资454.87亿元，建筑面积1853.69万平方米，新增学位173.46万个。加强农村中小学寄宿制学校建设，提高教育质量和办学效益。每年争取财政安排寄宿制学校建设奖补资金，对改扩建、新建寄宿制学校进行奖补，完成了1200所目标。

3. 建立城乡一体的义务教育经费保障机制

2016年，省政府印发《河南省人民政府关于进一步完善城乡义务教育经费保障机制的通知》（豫政［2016］163号），建立起了统一的各级政府分项目、按比例分担的城乡义务教育经费保障机制，这是教育领域健全城乡发展一体化体制机制的重大举措。该保障机制主要包括四部分内容：（1）统一城乡义务教育“两免一补”政策。对城乡义务教育学生免除学杂费、免费提供教科书，对家庭经济困难学生补助生活费，民办学校学生免除学杂费标准按照省确定的生均公用经费基准定额执行。（2）统一城乡义务教育学校（含民办学校）生均公用经费基准定额。全省义务教育学校生均公用经费基准定额根据中央安排和我省实际确定，对城乡义务教育学校按照不低于基准定额的标准补助公用经费。（3）巩固完善农村地区义务教育学校校舍安全保障长效机制。支持农村地区公办义务教育学校维修改造、抗震加固、改扩建校舍及其附属设施。（4）巩固落实城乡义务教育教师工资政策。中央和省继续对义务教育教师工资经费给予支持，省辖市政府要加大对县（市、区）转移支付力度。县级政府要确保县域内义务教育教师工资按时足额发放，教育部门在分配绩效工资尤其是分配增量时，要进一步加大对艰苦边远贫困地区和薄弱学校的倾斜力度。

（二）贫困地区义务教育发展质量明显提升

教育是阻断贫困代际传递的治本之策。作为“两不愁三保障”的底线任务和标志性指标，把“义务教育有保障”作为教育脱贫的核心内容，聚焦薄弱环节，坚持问题导向，从严从实，扎实推进，确保义务教育阶段适龄儿童不失学辍学，保障有学上、上得起学。

1. 确保不失学辍学

完善控辍管理机制，及时发现辍学或疑似辍学学生；实施学籍监测机制，及时掌握学生转出、转入等变动情况；落实联控联保机制，教育部门会同司法、民政部门开展法制宣传，并将家庭困难学生纳入救助保障范围；会同综治、工商、公安等部门加强对校园周边环境的治理，为学生安心学习创造良好条件；积极做好义务教育阶段学生劝学返校工作，坚持一人一策，上门劝学。2019 年，根据教育部年初学籍管理系统提供台账数据，在各级的共同努力下，全省贫困家庭义务教育阶段 15004 名辍学学生问题已全部得到解决。

2. 保障有学上

重点解决两方面问题：一方面支持贫困地区农村学校、幼儿园进行基础设施建设，另一方面加强贫困地区农村教师队伍建设。首先抓硬件，义务教育资源配置进一步向农村贫困地区倾斜，支持贫困地区农村中小学校基础设施建设，全面改善农村贫困地区义务教育学校基本办学条件，推进义务教育学校建设，完善农村中小学校舍维修长效机制，加快农村寄宿制学校建设，教育扶贫进入脱贫攻坚阶段以来，累计投入资金 207.07 亿元，新建改扩建中小学 19114 所（“全面改薄”投入资金 71.53 亿元，新建改扩建学校 8469 个；农村义务教育学校建设工程投入资金 18.1 亿元，新建改扩建学校 456 个；农村中小学校舍维修长效机制安排资金 116.44 亿元，改扩建学校 8989 个；农村寄宿制学校建设安排资金 1 亿元，新建改扩建学校 1200 个），改善贫困地区中小学办学条件。其次抓软件，加强贫困地区农村教师队伍建设。一抓数量补充，为贫困地区招聘特岗教师 37150 名，县域内本土特岗教师比例达 70%；定向免费培养全科教师 7553 名。二抓人员交流，每年选派 2500 名教师开展城乡、校际对口交流支教。三抓队伍培训，利用国培、省培等五级培训，先后培训乡村教师 71.74 万人次。四抓待遇落实，出台《中共河南省委河南省人民政府关于全面深化新时代教师队伍建设改革的实施意见》,实施了新的农村教师“一补两贴”政策,提高了农村教师的补助标准。同时,在职称评定上,对农村教师给予特殊照顾,符合申报条件的,可不受岗位结构比例限制,直接评聘为中小学高级教师。另外,积极实施“两类房”建设,计划3 年内基本完成农村中小学教师周转房建设,5 年内基本完成中小学教师保障性住房建设,让农村教师在校有宿舍,城里有住房,为农村学校教师下得来、留得住、教得好创造条件。此外抓信息化,一抓学校宽带建设,以贫困地区中小学校为重点,深入实施学校联网攻坚行动。目前,全省贫困地区中小学宽带网络接入率达到 100%。二抓网络提速,通过协调运营商,已有 82% 的学校完成免费提速,建成“专递课堂”1600 多个、教研(备课)协作组 3.7 万个,初步构建了强校带弱校、优秀教师带其他教师的长效机制。

3. 保障上得起学

确保每一位建档立卡家庭学生不因贫失学、辍学,对建档立卡贫困家庭义务教育阶段学生,在免除学杂费、教科书费基础上,按照年生均小学生 1000 元、初中生 1250 元标准对寄宿生发放生活补助费。从 2019 年秋季起,对全省建档立卡贫困家庭义务教育阶段非寄宿生按寄宿生标准一半发放生活补助费。将学生营养改善计划实施范围扩大到全省建档立卡贫困家庭义务教育阶段学生。通过省电视台、河南日报、大河网等官方网站和主流媒体发布建档立卡贫困学生资助政策,开通了省、市、县、学校各级学生资助热线电话,为资助工作实现“应助尽助”创造条件。抓好资助对象比对,确保资助学生不遗漏、不重复,人员精准。主动与扶贫、公安等部门对接,通过数量巨大的教育系统学籍信息和扶贫部门建档立卡贫困家庭信息的比对,确保资助学生数据清楚、对象无误。抓好精准发放,督促指导各地、各高校严格按范围、标准、程序、时限,将资助资金精准发放到学生手中,确保建档立卡家庭学生应助尽助。

(三)弱势群体受教育权利和机会进一步改善

1. 进一步完善贫困地区特殊教育体系

提高贫困地区残疾儿童少年义务教育普及和巩固水平,以县为单位,逐一核实未入学适龄残疾儿童少年数据,通过特教学校就读、普通学校随班就读、送教上门等多种方式,落实“一人一案”,做好教育安置;加强贫困地区随班就读工作,对不能到校就读且有一定能力和意愿学习的适龄重度残疾儿童少年,实施“送教上门”服务并纳入学籍管理系统。加大力度发展残疾儿童学前教育,加快发展以职业教育为主的残疾人高中阶段教育。

2. 健全特殊教育保障机制

推进适龄残疾儿童少年教育全覆盖。建立特殊教育发展长效机制,教育、残联、卫生和民政等部门建立联动机制,统筹协作,做好康复、教育、就业等工作的无缝衔接。完善特殊教育监测、督导及评价机制,及时解决制约特殊教育发展的突出问题,全面提升特殊教育发展水平。

3. 强力推进相关标准落实

督促贫困地区全部落实义务教育阶段特教学校生均预算内公用经费6000元标准;随班就读、特教班和送教上门的生均公用经费或财政拨款标准按特教学校执行;加强贫困地区特殊教育基础能力建设,改善办学条件,中央和省级财政特殊教育专项补助资金重点支持贫困地区。

4. 进一步提高特殊教育质量

加强对贫困地区特教教师的培养培训,提高专业化水平。实施特殊教育提升计划,全省30万人口以上的县都建立了1所独立设置的特殊教育学校,义务教育阶段残疾儿童入学率达到91%以上,特殊群体受教育权利得到有效保障。

5. 完善随迁子女就学机制

始终把随迁子女平等接受义务教育作为实现教育公平、为新型城镇化发展服务、维护社会和谐稳定的重要抓手,强化流入地政府责任,坚持以公办学校为主安排随迁子女就学。严格落实统一管理、统一编班、统一教学、统一安排活动,与城市学生公平对待,一视同仁,确保随迁子女进得来、留得住、学得好,取得了良好的工作成效,基本实现了应入尽入。据全国中小学生学籍系统统计,2019年全省共有义务教育阶段随迁子女在校生90.49万人。其中,小学56.94万人、初中33.50万人。省会郑州市义务教育阶段随迁子女在校生达20.07万人,占义务教育阶段学生的14.29%。其中,市直属学校2.20万人,占27.40%;管城区随迁子女在校生1.50万人,占比高达23.62%;金水区随迁子女在校生2.50万人,占比高达19.41%。

二、突出问题

(一)城乡之间的教育质量相差较大

在地方政府投入为主的教育经费体制下,城乡生均教育经费、生均预算内教育经费、生均预算内公用经费存在明显的差距,教师水平差距尤为突出。学校危房主要存在于农村，辍学主要发生在农村，代课教师主要在农村，城乡教育差距成为影响面最大的教育公平问题。

1. 城乡义务教育学校在办学条件上依然差异明显

受历史原因及城乡财力差异影响，城乡办学条件差距依然客观存在。城市中小学的办公楼基本上是较新的楼房，办公室基本都配有风扇，部分办公室配有空调；学生的教室也是宽敞明亮，基本配有电视，部分教室配有多媒体教学设备；另外还配有理化实验室、美术音乐教室、标准操场、图书室和计算机室等。农村中小学绝大部分没有图书馆，所拥有的计算机数量也非常有限，根本就满足不了学生的需求。这些学校一般只具备最低标准的普通教室，功能教室和教学实验仪器及现代教育技术设备基本是空白或残缺的，诸如实验室、计算机房、标准化操场、文体设施等，都只能是学生们的梦想。

2. 农村教师整体素质有待提高

学科结构不合理。农村中小学外语、信息技术、体育、音乐和美术等学科教师严重短缺，普遍存在兼任现象。

（二）地域之间的教育发展相差较大

区际之间差距显著，经济快速发展地区教育投入远远高于发展缓慢地区。目前贫困地区存在的问题是师资队伍配备滞后，缺乏优质教育师资，优秀教师难招难留问题突出，教育质量整体偏低。富裕地区“超编不够用”现象突出，贫困地区尤其是偏远地区、山区“有编不补”，长期使用临时聘用人员，代课教师现象突出。

（三）义务教育择校问题突出

目前，河南“穷省办大教育”的局面还未从根本上得到改观。义务教育仍是教育体系中最薄弱的环节，入学难虽有所缓解，但资源不足和普惠不够的双重压力依然不减。校际差距是人们感觉最直接、反应最强烈的差距，特别是部分薄弱学校的存在，成为促进义务教育均衡发展的主要障碍，是城市义务教育阶段择校现象的主要原因。

校际之间的教育不公平还表现在中小学的教育经费、教师配置不合理，重点学校的生均经费比普通学校高出15%—20%，教职员工工资占经常性经费比重比普通学校低出20%左右。

由于资源总量不足，校际之间发展不平衡，造成学前教育阶段“上公办园难，上优质民办园贵”，义务教育阶段大班额现象严重，择校问题突出。

(四)弱势群体公平受教育机会没有得到充分保障

虽然对农村义务教育阶段学生实行的“两免一补”政策，给予了农村孩子们公平的受初等教育的机会，然而农村义务教育阶段普遍支付能力不足，农村贫困孩子因交不起课本费、杂费而辍学，城市下岗失业者子女对子女的教育投资直线下降。

进城务工农民子女教育公平问题也是实现教育公平的一个难题。目前有留守儿童流动儿童300多万，其中很大一部分儿童不能就地入学。目前有关城市务工农民子女就学政策和收费政策，增加了进城务工农民子女的就学难度。

女童教育的不公平主要表现在农村贫困边远地区的女童教育不足，河南省成人文盲中三分之二是女性，绝大部分在农村。农村扫除青壮年文盲的工作几乎处于停滞状态，今后扫盲教育依然任重而道远。

近年，实施两期特殊教育提升计划，义务教育阶段残疾儿童入学率达到90%以上。但是残疾儿童少年义务教育在一些贫困地区普及水平还比较低；学前、高中和高等特殊教育发展整体相对滞后；特殊教育条件保障机制还不够完善。目前所有市(地)和30万人口以上的县(市)均独立设置特殊教育学校，共计148所；人口不足30万的鹤壁市淇县和三门峡市义马市还没有设立特殊教育学校。

三、对策建议

(一)坚持教育优先发展，为教育公平奠定坚实基础

要把优先发展教育作为贯彻落实习近平新时代中国特色社会主义思想的一项基本要求，继续强化教育优先发展战略，以更大的决心、更多的财力、更强的力度、更实的措施支持教育事业，切实保证经济社会发展规划优先安排教育发展，财政资金优先保障教育投入，公共资源优先满足教育和人力资源开发需求，充分调动全社会关心支持教育的积极性，为青少年健康成长创造良好环境。

(二)深化教育改革，为实现教育公平提供制度保证

要从制度设计和体制创新上解决教育资源配置不公的问题，正确引导教育发展方向。要以体制机制改革为重点，不断加快重要领域和关键环节改革步伐。建立和完善政府问责机制、教育资源使用的监督机制和对落后地区、薄弱学校、弱势群体的

补偿机制，完善城乡统一、重在农村的义务教育经费保障机制，合理配置教育资源，重点向农村地区、边远贫困地区和革命老区倾斜，加快缩小教育差距。建立各级各类学校的国家办学基准和教育质量监控体系。依法明确中央和地方、政府和教育部门、教育部门和其他部门在促进教育公平发展方面的责任，加强教育公平发展的人、财、事权统筹。加快教育人事制度改革，形成义务教育阶段教师定期交流制度，健全教师保障机制，完善教师激励机制，实施教师聘用制度，促进教师均衡配置。将随迁子女义务教育纳入城镇发展规划和财政保障范围，建立以居住证为主要依据的随迁子女入学政策。

（三）规范办学行为，切实维护教育公平

依法治教，创设有利于推进教育公平的制度环境。要坚决治理教育乱收费，坚持标本兼治、加大教育投入和规范教育收费并举，建立健全教育、制度、监督并重的惩治和预防腐败的体系。

坚持义务教育阶段就近入学，保证每个孩子公平的入学机会。探索学区制和九年一贯制对口招生办法情况，坚持以公办学校为主安排随迁子女就学，公办学校学位不足的通过政府购买服务方式安排在普惠性民办学校就读，将随迁子女与城市学生一视同仁，与城市学生统一管理、统一编班、统一教学、统一安排活动。全面实施招生“阳光工程”，建立和完善“全程公开、信息透明、接受监督”的招生工作体系和工作机制，确保招生录取工作的公开、公平、公正。

（四）坚持特色发展，为各类创新人才成长提供广阔空间

坚持有教无类，保障每个人平等受教育权利，努力提供公平、优质、包容的教育，让教育改革发展成果更多、更公平地惠及全民，让人人都有人生出彩的机会。要以实现教育机会公平为重点，推动基本教育公共服务均等化，实行最低标准保障、最低限度保护，缩小绝对差距；又要承认差异，尊重差异，既要为学习困难的学生提供适合他们发展的教育，又要为学生的个性的发展和拔尖创新人才的茁壮成长创造条件。要倡导因地制宜，因材施教，增强学校吸引力，防止出现新的辍学。

（五）以协调发展促进教育公平

一是筹城乡教育协调发展，向农村倾斜。要在政策和制度设计上向农村倾斜，在公共教育资源配置上优先保证农村教育发展的需要，促进义务教育城乡均衡优质发展，加快农村学前教育普及普惠发展，补强农村地区教师短板，加快发展面向农村的职业教育，逐步提高农村教育水平。二是统筹区域教育协调发展，向贫困地区倾斜。以保障义务教育为核心，全面落实教育扶贫政策，稳步提升贫困地区教育基本公共服务水平。实施乡村振兴战略教育行动，补齐贫困地区教育发展短板。三是统筹不同类别学校的协调发展，向薄弱学校倾斜。推进义务教育均衡发展，大力改造薄弱学校，统一区域内办学标准，均衡资源配置，合理调整学校布局，开展学校结对帮扶。四是统筹不同群体的教育协调发展，向弱势群体倾斜。保障家庭经济困难学生顺利完成学业，保障进城务工子女接受义务教育的机会，保障农村留守儿童特别是女童平等就学、完成学业，保障残疾孩子都能接受合适教育。

（调研组组长：尹洪斌，河南省政府副秘书长；陈垠亭，河南省教育厅副厅长；副组长：何秀敏，河南省委高校工委专职委员；成员：胡万欣、苏磊）

教育改革与制度创新调研报告

调研组通过对郑州、新乡和许昌等省辖市的深入调研走访，系统地研究了党的十八大以来河南省教育体制改革与制度创新的整体现状，找出了存在的问题，并通过与国内外教育改革与制度创新成功案例的对比分析，提出了下一步河南省教育改革与制度创新的对策建议。

一、基本情况

（一）基本改革创新探索

党的十八大以来，教育改革与制度创新成为推进河南省教育事业发展的根本动力，在深化教育综合改革、破除体制弊端、激发教育事业发展活力等方面开展了一系列创新探索。

1. 点面结合，教育综合改革持续推进

全省各级政府能够切实履行职责，抓好改革任务的推进和落实，各级教育体制改革领导小组全力统筹协调，能够有效完善各地重大改革任务会商机制。许昌市“1+6”综合改革方案及后续相关整改方案陆续在集团化办学、校长职级制、教科研管理机制、教师待遇、“城市特岗教师”、教师“县管校聘”等诸多方面对全市教育进行了顶层设计与系统筹谋。郑州市、新乡市、开封市借力体制改革在义务教育高位均衡发展方面有着突出表现，并具备积极的引领与示范作用。

2. 放管统筹，中国特色现代学校制度逐步完善

基础教育领域，初步形成了“四会一章程一核心”的现代学校治理机制。“四会”是指办学理事会、校务委员会、教职工代表大会、家长委员会；“一章程”是指办学章程；“一核心”是指党的建设。高等教育领域，基本上形成了党委领导下的校长负责制，即以高校章程为基础，以学术委员会、教职工代表大会、理事会为支撑的现代大学

制度体系。进一步完善职业院校内部收入分配激励机制，增强对优秀技术技能人才的职业吸引力。建立健全符合中国特色现代大学特点的薪酬分配制度。

3. 扶持与规范结合，民办教育办学体制改革更加深入

逐步健全财政、土地、登记、收费等扶持保障机制，着力解决民办教育实际问题，建立健全民办学校第三方质量认证、评估、审计制度，加大民办学校信息公开力度。郑州市集中构建了"滚动发展模式""企业集团投资模式""校企联姻办学模式""优质教育资源倍增模式""集团发展模式"，5 年来已累计投入约 4 亿元资金用于各类发展扶持。新乡市成立由 12 家单位组成的午托机构管理机制。开封市以公平公正为基点，在学校建设、学生培养、党建等方面，认真落实了一系列民办学校优惠政策。

4. 管办评稳妥分离，教育治理能力和治理体系建设更加完善

持续健全党委统一领导、党政齐抓共管、部门各负其责的教育治理体制，教育公共服务水平和教育治理能力不断提升。(1)实施依法治教。新乡市为保障教育用地、推进学校建设、优化布局调整等教育工作提供了法律依据，为推进城乡一体化发展增加了政策保障。(2)建立教育督查巡查机制。许昌市建立教育督查巡查专门机构，重点加强对县级政府、市级职能部门、县级教育行政部门督查巡查。(3)充分发挥督导作用。"五六督政""一突出两强化督学""督学责任区工作"的"郑州模式"得到了国家督学及教育专家的高度肯定。(4)探索第三方评估。开封市借助第三方评估，全方位对学校把脉问诊，切实提高了督导工作的实效性。(5)深化科研体制改革，强化科研创新支撑。许昌市出台了《创新教科研管理专项方案》，整合组建市级教科院，创新教科研协同管理机制，国内兄弟省市的教科研机构，河南的安阳市、巩义市、郑州市金水区的教科研机构均已整合到位，教科研智库作用发挥正当其时。

5. 进出并重，教育对外开放的力度不断加大

持续增强各级教育行政部门服务意识，着力简化服务流程，改进服务质量。截至 2018 年，郑州市有中外合作办学项目学校 19 所，中外合作办学项目 27 个。郑州大学国际交流日趋活跃，境外友好交流学校达 205 所。河师大先后与美国、英国、俄罗斯、德国、法国、加拿大等国家的 40 多所院校与科研机构开展了合作交流。

6. 高考综合改革核心政策确定

本次高考综合改革试点政策要点有四个：一是调整统一高考的科目设置，将现行的统一高考科目调整为语文、数学、外语 3 科。二是不分文理科。三是考生总成绩由统一高考成绩和高中学业水平考试 3 个选考科目(由考生根据自己的学习兴趣和优势，从思想政治、历史、地理、物理、化学、生物科目中自主选择)成绩组成，即"3 + 3"

模式。届时,高中学校必须实施选课走班教学制度,这对教师、教室、教学仪器设备等资源配置提出新的更高的要求。四是实施基于统一高考和高中学业水平考试成绩、参考学生综合素质评价的多元录取机制(“两依据一参考”)。

(二)存在的主要问题

1. 教育改革与制度创新能力亟待提升

一方面,加快推进教育现代化进程迫在眉睫,改革发展的任务更加艰巨繁重,科学决策的难度越来越大,迫切需要借助智库力量来展现河南智慧,讲好河南故事,发出河南声音。但另一方面,教育改革理念相对滞后,教育事业“大而不强”“长板不长短板更短”的特点较为突出。省级智库“弱、小、散、重”,难以在工作中与国家级教育智库实现相互对接,难以在发展中与兄弟省份教育智库进行互学互鉴,导致教育改革与制度创新缺乏有效的战略谋划和综合研判,影响教育体制改革的科学决策、民主决策、依法决策,影响教育科学事业健康发展,这与全面建设小康社会所需的教育体制不相符。

2. 教育资源配置水平有待提高

对家庭教育重视不够;普惠性幼儿园设立不足,学前阶段学位紧缺;基础教育阶段未形成完整有效的学区制,仍然存在“择校热、择校贵”等问题;省内城乡学校标准化建设不规范,“大班额、超级中学”等现象层出不穷;中等职业教育困难重重;高等教育“双一流建设”与内涵建设任务繁重;教育信息化相对滞后;考试招生制度改革尚不完善,实施“公平而有质量的教育”任重道远。

3. 现代学校制度建亟须完善

党的领导、依法办学、依章办学、教授治学、民主监督等政策落地困难。党委、教授、教师、学生、社会组织等各方权力边界不清,学校内部治理结构不完善,治理主体间力量失衡。高校办学自主权落实不够,评估检查太多,疲于应付;高校岗位编制核定仍是1996年的标准,严重滞后于当前发展,且职称聘任与岗位设置聘用不同步,“现代学校”难“现代”。科研经费管理改革政策落实不够,报账困难与程序繁琐现象仍然普遍存在。

4. 民办教育扶持不够,规范不足

对民办教育认识仍有偏差,重视、支持不够。学校定位不明确,财权分类不清晰,政策落实不到位,各级政府在综合调控和管理上缺乏力度,民办学校未享有与公办学校同等的法律地位。民办学校信息不够公开,向社会发布相关重要信息不够及时、主动。联合执法机制不健全，对违法违纪办学行为的规范和处罚需要进一步加大力度。

5. 教育治理能力和治理体系建设需要进一步强化

一是教育治理全局性、战略性筹谋不够，导致教育事业在规划对接、政策协调、机制设计上前期不力，在理念传播、政策解读、民意通达上后续乏力。二是政府职能定位不明确，在“可为”与“不可为”之间存在模糊地带，“管办评分离”未落到实处。三是多元参与、协同共治的局面尚未形成，社会与第三方组织参与治理能力不足，参与路径单一化，公平、有序、稳定的多元治理体系尚未建成。四是法律保障机制不健全，尚未建立健全监督机制、激励机制与信息公开机制等保障体系，缺乏积极有效的正面引导与鼓励。五是教育信息化程度不高，“智媒融合”协同效应尚不明朗。

6. 教育对外开放亟待加强

一是对外开放环境不优。相关保障政策不到位，审批手续繁琐，办理周期较长。二是对外交流水平不高。按照国际化进程的三阶段理论，河南省仍处于教育国际化的初级阶段，尚未涉及学制、学分互认，长期教育交流与合作机制构建等领域。三是高端国际对话、交流合作匮乏，课程建设国际化程度很低。四是对外吸引力不够。来华留学生主要来自东南亚或者其他发展中国家，而欧、美发达国家的学生很少。

7. 落实高考综合改革问题多、困难大

一是大班额、超大班额数量及占比均居全国第一。截至 2018 年，全省普通高中在校生 210.06 万人，共有 3.45 万个班，其中，大班 2.23 万个（占 64.72%），超大班 1.07 万个（占 31.15%），位居全国第一。走班教学难以“走动”。二是教师数量明显不足，尤其是随着新高考的临近，普通高中教师缺额十分严重。到 2018 年，普通高中有代课教师 11044 人、兼任教师 3253 人，缺额达 1.42 万余人，位居全国第一。三是生均教学仪器设备值差距较大。高中生均仪器设备值 1213 元，与全国平均水平 3731 元相比，仅为其三分之一，这一情况在一些县属学校特别是贫困地区学校更为突出。四是相关平台建设滞后。高中走班选课管理平台、综合素质评价信息管理平台的开发、建设等配套措施滞后，制约高考综合改革的整体推进。五是经费保障不力。办学办考经费保障能力不足，严重制约高中办学条件改善和全省高考安全。一方面，全省高中生均公共财政预算教育事业费在全国位居倒数第一。另一方面，现行考试收费标准太低（河南生均 75 元，周边省份生均 120—190 元），直接影响高考综合改革的运行。

二、国内外教育改革与制度创新实践

（一）国内实践

1. 北京市教育改革与制度创新亮点

素质教育体系进一步健全；教育质量进一步提升；教师综合素质加速提高；教育协同发展取得阶段性进展；首都教育影响力不断增强。

2. 上海市教育改革与制度创新重点

逐步完善党对教育工作领导的体制机制，逐步完善教育公共服务体系，全面提升教育品质，增强教育国际影响力和竞争力。有效提高现代教育治理能力，激发社会力量兴办教育，推进产教融合和校企合作，增强教育发展内在动力。重视智库建设，党的十八大以来，已初步形成以国家高端智库为引领、市级新型智库为支撑、其他智库为补充，布局合理、分工明确的新型智库体系。逐步完善现代教育保障体系，营造更加良好的教育改革发展环境，全面落实教育优先发展战略地位。

3. 浙江省民办教育“1+7”政策体系

“1”是指《浙江省人民政府关于鼓励社会力量兴办教育促进民办教育健康发展的实施意见》，“7”是指《现有民办学校变更登记类型实施办法》《落实民办学校办学自主权实施办法》《民办学校信息公开和信用管理办法》《加强民办学校教师队伍建设实施办法》《民办学校财务清算办法》《公共财政扶持民办教育实施办法》《民办学校财务管理办法》。“1+7”政策体系是浙江省贯彻落实促进分类管理、科学定位、差异化发展，统筹推进教育管理体制机制建设的有效依据。

4. 其他省市教育改革与制度创新的有效举措

山东省：2014年出台《关于推进基础教育综合改革的意见》，试点取消学校和校长行政级别，分步推进中小学校长职级制改革，积极探索与校长职级制相适应的职级管理办法，建立促进校长专业发展、保障教育家办学的管理制度。浙江省“最多跑一次改革办公室”，上海市“一次告知、二次办结、三次上门”的服务措施，切实构建政府、社会之间的新型关系。

（二）国际经验

1. 国际教育改革导向

一是终身化。法国、美国、韩国、OECD 国家把促进国民终身学习视为政府的职责，通过一系列法律、社会化服务等方式。二是全民化。联合国全民教育目标、世界银行 2012—2015 年战略计划，涵盖全民入学、全民学习。三是全纳化。即无排斥、无歧视、无分类的教育思潮。四是信息化。大数据 + 人工智能应用于教学与科研。

2. 现代大学制度改革创新得到高度重视

一是加快高等教育法律政策出台。日本有“全球顶级大学”计划（2014—2023年）；德国有“精英大学”和“卓越大学”计划等。二是对大学赋权扩能。法国规定大学在组织管理上，具有单位设置、职员招聘、职员晋升等权力。芬兰规定大学享有独立的法律地位，在大学内部人事任命及财政管理方面也有一定的自治权。三是完善章程，优化治理格局。美国一流私立（非营利）研究型大学的共治体系主要由顶层董事会组织、大学内部领导组织、教师合议组织构成。日本确保大学学术自由、大学教育与经营合理发展，推动一流大学建设进程。

3. 大力创新民办教育发展方式

一是完善购买教育服务机制，营造公平的财政环境。日本列出了中央政府向民间招标采购公共服务的清单。法国设置了政府经费介入程度不同的两种合同（“协作合同”与“简单合同”）。法国政府坚持“适度支持运营、不直接参与”的财税扶持原则，德国政府承担了私立基础教育的大部分办学经费。二是顺应社会时代诉求，开展综合性改革。受人口出生率下降、生源不足和大学学费攀升的影响，英国、日本、美国、德国都进行了不同程度的综合性改革。三是明晰责权划分，施行分类管理。美国、加拿大等发达国家，巴西、南非、马来西亚、新加坡和菲律宾等转型国家纷纷让营利性私立教育合法化，并且建立了相应的分类管理系统。

4. 构建“政府引导 + 多方参与”教育治理格局

教育治理能力与体系建设作为各国教育改革的核心问题，基本呈现出“政府主导 + 多方参与”的格局。一方面，发挥政府引领教育改革的作用，树立政府主导“风向标”。各国政府通过制定政策法规、实施行动计划、优化部门管理等多种途径实现。另一方面，调动社会多元力量积极参与，打造社会治理“排头兵”。通过向社会组织、私营部门等多元力量开放权利，增加国家管理的弹性与韧性。

5. 多种路径推动教育对外开放

一是以“科研实力”促开放。以“高水平、高质量、新前沿”促进各国教育发展走上国际舞台,对话前沿领域。二是以“内优外拓”走国际化。新西兰、澳大利亚、英国优化高等教育课程质量,拓宽学术交流,加强对外开放。三是以“学分互通”打破学科及成果互认壁垒,促进教育国际化融通。如欧盟范围内形成“学分互认体系”,德国政府依据此于2010年起开始构建职业学分互认体系(DECVET)。

三、对策建议

(一)高度重视教育改革与制度创新能力建设

增强教育改革效能与针对性,是进一步深化教育体制机制改革的重要前提与保障。持续关注省级智库构建,健全符合智库特点的政策体系,优化利于智库发展的政务环境,依托省级教育科学研究院,统筹全省教科研力量,加强研判,加强国家教育政策分析能力与省域教育政策创新能力建设,在充分肯定取得的成绩的同时,又能清醒看到存在的问题,未雨绸缪,全面贯彻“宏观政策要稳、微观政策要活、社会政策要托底的总体思路”,为推动河南教育高质量发展咨政献策,有力服务国家教育现代化战略,有效助推河南教育现代化发展。

(二)多措并举完善现代学校制度建设

一是完善学校法人制度。根据各级各类学校特点,逐步完善内部治理结构,提高学校办学活力和自我监管能力。二是完善具有中国特色的现代学校制度。坚持和完善党委领导下的校长负责制,发挥党委领导核心作用,实行党组织领导下的校长负责制,完善决策机制和议事规则。三是落实学校章程,充分发挥学术委员会作用,完善职工代表大会制度和学生代表大会制度,促进和规范学校理事会建设。

(三)支持和规范并重推进民办教育改革发展

一是健全党组织参与决策制度,积极推进学校党组织领导班子成员和决策机构、行政管理机构“双向进入、交叉任职”。二是加大扶持力度。继续开展民办学校“促规范、促发展、促提高”项目活动。三是加强依法依规管理、分类管理,有效促进科学定位、差异化发展。认真贯彻落实国家与省级新的民办教育法律法规,把育人与公益性放在第一位。四是规范办学行为。重预防,抓监管,严查处,对违法违规办学行为“零容忍”,实行“一票否决”。

（四）着力加强教育治理能力和治理体系建设

一是全面推进依法治教。健全教育依法决策机制、教育系统法律顾问制度。二是深化教育领域放管服改革。简政放权、放管结合、优化服务，推进政府职能转变，构建政府、学校、社会之间的新型关系。三是建立教育督查巡查机制。建立省、市、县三级教育督查巡查专门机构，重点加强对政府、政府职能部门、教育行政部门的督查巡查。四是充分发挥“督导评估、检查验收、质量检测”作用，保障教育事业优先优质发展。五是积极探索第三方评价，对教育进行全方位把脉问诊。

（五）“内优外放”扩大对外开放

解放思想，提高认识，强化没有国际化就没有“双一流”和教育现代化的理念。少报批，多报备，简化手续，对高层次人才开通绿色通道，将外教聘请（语言类教师和专业类教师）审批权限下放至高校，设立市级体检点。基础教育阶段学校教师作为专业技术人员群体不纳入党政机关因公出国严控范围。建立外籍教师专项人才库。推进外籍人员子女学校建设。提高课程建设国际化程度。改革学分认证制度，逐步实现省内统一及国际互认。

（六）积极稳妥推进高考综合改革

一是加强党对招生工作的全面领导，强化舆情管控，完善联防联控、齐抓共管的工作机制。二是加大力度消除高中大班额。确保大班额比例控制在10%以下。三是加快高中教师补充和聘用改革。采取调剂其他学段富余编制、扩大寄宿制学校规模、减少教学点数量、挖掘当地编制资源优先保障教育、跨区域跨行业调剂编制统筹使用等措施，同时，采取“县管校聘”“校管县调”等多种方式，切实应对教师结构性需求变化的矛盾。四是加快考试安全保障能力提升。加大考试安全经费保障力度，全面提升考试安全保障能力。五是加大各级政府投入力度。在2021年6月前确保贫困县新增5000个以上标准教室，重点支持到2021年非贫困地区3900个以上的标准教室增容建设。

（调研组组长：张涛，河南省教育厅原副巡视员；副组长：郭国侠；成员：周保荣、李新）

中小学教师队伍建设改革情况调研报告

为贯彻落实中共中央、国务院《关于全面深化新时代教师队伍建设改革的意见》和全国教育大会精神，研究破解制约河南省中小学教师队伍建设改革的瓶颈问题，省直有关部门组成5个专题调研组，在各省辖市、直管县（市）普遍调研的基础上，先后共对9个省辖市20多个县区开展了专题调研。调研结合省情、社情、教情，通过听取汇报、实地调查、座谈访谈等方式，同时结合省外考察、文献分析、比较研究等方法进行。

一、中小学教师队伍基本情况

截至2018年年底，共有各级各类学校（机构）5.36万所，教育人口2817.06万人，其中，在校生2647.67万人，教职工169.39万人，教育人口占总人口的25.96%。

幼儿园教职工36.77万人，其中，园长2.65万人，专任教师21.45万人，具有专科及以上学历的为73.19%。

义务教育学校教职工90.07万人，其中，专任教师83.92万人。小学学校教职工52.93万人，其中，专任教师50.02万人。专任教师学历合格率为100%，具有专科及以上学历比例95.91%，生师比为18.18∶1。初中学校教职工37.14万人，其中，专任教师33.9万人。专任教师学历合格率达99.69%，具有本科及以上学历的比例为79.69%，生师比为13.33∶1。

普通高中学校教职工17.44万人，其中，专任教师15.33万人。专任教师学历合格率达98.23%，具有研究生学历占比为10.03%，生师比为13.7∶1。

二、存在问题及原因分析

近年，河南省加快教师管理制度机制改革，全面实施乡村教师支持计划，不断优化城乡教师资源配置，教师队伍规模逐步扩大、结构明显优化、质量显著提高，为基础教育发展奠定了坚实基础。在实践中，各地总结积累了不少经验做法，有的得到教育部的肯定并在全国推广，但也存在一些突出问题。

（一）教职工编制问题

1. 存在编制总量不足问题

按照生师比测算，目前全省教职工编制总体不足，一些省辖市比如郑州、南阳等市中小学教职工编制缺口较大。同时，由于尚未出台幼儿园编制标准，无法核定幼儿园教师编制，故中小学教师实际缺口数量更大。主要原因：一是随着城镇化快速发展，外来务工人员子女增多，城镇学校在校生迅速增多，各地又陆续新建、改扩建一批学校，但由于没有及时核定教师编制，再加上受编制“只减不增”的限制，现有教职工数量整体不足，无法满足教育快速发展需求。二是随着新农村建设步伐加快，农村学校布局调整，寄宿制学校增多，教辅人员没有及时配备，也造成了教职工的短缺。

2. 存在结构性缺编问题

一是目前农村小规模学校和教学点较多，这些学校虽然在校生较少，但麻雀虽小五脏俱全，尽管按照现有生师比测算达标，但结构性缺编较多，有的学校（教学点）无法开齐国家规定的课程。特别是体、音、美等教师普遍缺乏，相当一部分老师要担任多门课程，还要担负其他管理和教学辅助工作。二是中小学实施新课改后，新增了心理、健康、计算机等课程，这些学科教师普遍缺乏。

3. 存在阶段性缺编问题

主要是受国家二孩政策影响，调研结果表明，40 岁以下的女教师大多有生育二胎的意愿，加之中小学年轻女教师居多，不少学校面临着生育小高峰，阶段性教师紧缺的问题十分突出。据统计，全省女教师中怀孕待产的有 20856 人，正在休产假的有 20990 人，有的学校因此只能临时聘用教师。

4. 存在空编不补问题

调研发现，部分县市未按要求及时补充中小学校教师，存在空编不补等问题。从统计情况看，全省共核定教职工编制约88万人，实有在编教职工约86万人，不少县市存在空编不补等情况。

另据调研了解，现行的教师招聘工作存在不少问题。普遍存在招聘考试重笔试、轻教学，一些已由学校聘用的教师难以通过招聘考试，无法入编。

（二）中小学教师工资待遇问题

1. 教师工资收入整体偏低

根据国家统计数据测算，2012—2016年河南中小学教师平均工资水平均处于全国下游。从全省中小学教师年平均工资收入的实际情况来看，城市与城市之间、城乡之间教师收入也不均衡，差异较大。

2. 教师绩效工资分配有待进一步优化

目前，河南各地教师绩效工资分配办法不合理，绩效工资的奖励资金从教师工资中抽取后进行再分配，这部分奖励资金应由各级财政另行拨付，这样才能够充分发挥绩效工资的激励作用。

（三）乡村教师队伍整体素质不高

乡村中小学教师普遍存在的年龄大、学历低、整体素质不高等突出问题，已成为制约农村教育质量提升、实现城乡义务教育均衡发展的瓶颈。一是老龄化问题突出，有些乡村学校在20世纪八九十年代转正的民办教师占30%；个别乡镇50岁以上教师占比达44%。二是学历起点普遍较低。有些偏远学校半数以上是中师毕业生，有些是初高中毕业由民办教师转正的教师。三是专业发展能力缺乏。调研结果显示，很多教师所教非所学，实际教学效果甚微。与城区教师相比，自主性和创新性不足，专业发展的动力不强。许多乡村教师缺乏现代教育技术应用能力，不会运用多媒体开展教学。

三、对策建议

（一）强化组织保障，做好顶层设计

各级党委、政府要切实履行职责，加强对教师队伍建设改革的领导，并将教师队伍建设改革列入督查督政重点内容，作为党政领导班子和领导干部综合考核评价、奖

惩任免的重要参考。要充分发挥各级党委教育工作领导小组的作用,定期协调解决教师队伍建设改革中的重大问题。同时要把教师置于教育事业发展的战略支点,优先谋划教师工作,优先保障教师经费投入,优先满足教师队伍建设需要。要通过5年左右的努力,教师培养培训体系基本健全,职业发展通道比较畅通,事权人权财权相统一的教师管理体制普遍建立,待遇提升保障机制更加完善,职业吸引力明显增强。

(二)进一步调整优化学校布局结构,盘活教育资源

按照《国务院关于统筹推进县域内城乡义务教育一体化改革发展的若干意见》要求,结合河南实际,统筹城乡教育资源配置、合理规划义务教育学校布局建设。一是加快城镇学校建设。根据城镇化建设需求,进一步完善学校建设规划,预留足够的义务教育用地。并依法落实城镇新建居住区配套标准化学校建设,统筹新建或改扩建配套学校,确保足够的学位供给。二是加快农村寄宿制学校建设。要结合乡村振兴战略,充分考虑当地地形地貌、学校分布、人口及学生流动、学生寄宿需求等情况,科学修订规划,规划保留和调增的项目学校原则上集中在乡镇政府所在地或中心村。三是妥善撤并乡村小规模学校。要按照"科学评估、应留必留、先建后撤、积极稳妥"的原则,积极稳妥开展,并设置合理的过渡期,坚决防止因为学校布局不合理导致学生上学困难甚至辍学。从而有效解决"城镇挤"和"乡村弱"的问题,促进城乡教育均衡发展。

(三)深化教师管理体制改革,优化教师资源配置

一是坚持统一城乡编制标准。在统一城乡中小学教职工编制标准基础上,进一步加大跨地区、跨层级、跨行业调整力度,采取多种形式增加教师总量,优先保障教育发展需要。二是加强教师编制管理。要加强督导检查,采取有效措施,着力解决一些地方存在的空编不补、有编不用等突出问题。严禁非教学机构长期借调教师和非教学人员占用或变相占用中小学编制。三是推行义务教育学校教师"县管校聘"管理体制改革。加强教师聘期制、校长任期制管理。完善激励机制,大力推动城镇学校优秀校长、教师到乡村学校交流轮岗。四是开展帮扶支教工作。持续开展"两区"对口支教,实行学区(乡镇)内体、音、美等教师的走教制度,用活教师资源。五是积极推行银龄讲学计划,鼓励支持乐于奉献、身体健康的优秀退休教师到乡村和基层学校支教讲学。

（四）加大财政投入力度，提升教师工作生活待遇保障水平

深入贯彻落实《国务院办公厅关于进一步保障义务教育教师工资待遇的通知》（国办发〔2018〕89号）精神，切实维护义务教育教师合法权益。进一步优化经费投入结构，重点用于提高教师待遇保障等方面。一是做到“两个确保”：健全中小学教师工资长效联动机制，核定绩效工资总量时统筹考虑当地公务员实际收入水平，确保中小学教师平均工资收入水平不低于或高于当地公务员平均工资收入水平，确保乡村教师平均工资收入水平高于当地同条件城镇教师工资收入水平。二是全面落实惠及农村教师的生活补助、乡镇工作补贴等各项政策。提高集中连片特困地区义务教育学校乡村教师生活补助标准，依据艰苦边远程度实行差别化补助。鼓励有条件的县（市、区）实施乡村教师生活补助政策，省、市财政给予专项奖补。三是探索制定奖励性绩效工资、寄宿制学校教师津贴和延时服务津贴发放办法，确保教师在足额完成工作量的情况下得到合理回报。四是加快农村教师周转宿舍建设，将符合条件的乡村教师纳入当地住房保障范围。

（五）进一步提升教育信息化水平

教育信息化是实现教育现代化的重要保障，也是扩大优质教育资源、提升农村教育质量的有效途径。目前河南多数县、乡（镇）中小学已实现“宽带网络校校通、优质资源班班通、网络学习空间人人通”，但网络信息资源利用率普遍不高。要充分发挥教育信息化“三通两平台”等基础设施的作用，尽快实现信息技术与教育教学深度融合，把一些名家名师的课堂教学实况，引入到广大城乡中小学特别是农村偏远地区乡村学校，进一步扩大优质教育资源，节约教师编制资源。这样不仅可以有效缓解农村教师不足问题，也有利于进一步提升农村教育的质量和水平。

（调研组组长：毛杰，河南省教育厅副厅长；吕冰，河南省教育厅副巡视员；副组长：刘林亚、张冰燕；成员：姜楠、张银涛、李社亮、张利军）

义务教育生均公用经费标准体系保障状况调研报告

自2006年国家实施农村义务教育经费保障机制改革以来，义务教育逐步纳入公共财政保障范围，城乡免费义务教育全面实现，稳定增长的经费保障机制基本建立，九年义务教育全面普及，县域内义务教育均衡发展水平不断提高，迄今已经建立中央和地方分项目、按比例分担的经费保障机制，为义务教育事业持续健康发展提供了坚实保障，但受财力等客观因素影响，其中的生均公用经费补助政策在保障水平、资金管理等方面依然存在问题。为了加强生均公用经费的管理，提高使用效益，调研组组织开展了城乡义务教育生均公用经费执行状况调研，并在此基础上，分析了经费使用过程中存在的问题，对下一步的政策完善给出了建议。

一、义务教育生均公用经费执行情况

河南现行义务教育生均公用经费标准体系由《国务院关于进一步完善城乡义务教育经费保障机制的通知》（国发〔2015〕67号）确定，主要包括：基准定额、小规模学校、寄宿制学校、特殊教育四类标准。条件所限，仅对覆盖面较宽的前三类做了分析调研。

（一）基准定额

改革开放以来很长一段时间，学杂费是中小学公用经费的主要来源。2005年年底《国务院关于深化农村义务教育经费保障机制改革的通知》（国发〔2005〕43号）提出免除农村义务教育阶段学生学杂费。2007年免除农村义务教育阶段学生学杂费，2008年免除城市义务教育阶段学生学杂费。在一系列政策的指导下，各地开始探索统一城乡义务教育生均公用经费标准。2015年，《国务院关于进一步完善城乡义务教育经费保障机制的通知》(国发〔2015〕67 号)提出“统一城乡义务教育学校生均公用经费基准定额”,城乡义务教育中小学生均公用经费标准实现统一。实行农村义务教育经费保障机制改革以来,中央不断提高农村义务教育公用经费保障水平,先后 6 次提高中小学生均公用经费定额标准。目前河南义务教育生均公用经费标准为小学 630 元(含取暖费)每生每年、初中 830 元(含取暖费)每生每年。

(二)小规模学校

长期以来,由于规模效益不高,小规模学校正常运转面临困难。2010 年开始,为解决农村小学教学点运转困难等问题,中央财政对不足 100 人的农村小学教学点按 100 人核定公用经费补助资金。2012 年《国务院办公厅关于规范农村义务教育学校布局调整的意见》(国办发〔2012〕48 号)提出,提高村小学和教学点的生均公用经费标准,对学生规模不足 100 人的村小学和教学点按 100 人核定公用经费,保证其正常运转。2015 年国家在统一城乡义务教育学校生均公用经费基准定额的基础上,适当提高规模较小学校补助水平,继续落实好农村地区不足 100 人的规模较小学校按 100 人核定公用经费等政策。2018 年《国务院办公厅关于全面加强乡村小规模学校和乡镇寄宿制学校建设的指导意见》(国办发〔2018〕27 号)再次强调,切实落实对乡村小规模学校按 100 人拨付公用经费政策,中央财政继续给予支持;鼓励各地结合实际进一步提高学校生均公用经费水平,确保学校正常运转。2018 年《国务院办公厅关于进一步调整优化结构提高教育经费使用效益的意见》(国办发〔2018〕82 号)重申“不足 100 人的村小学和教学点按 100 人核定公用经费”。

(三)寄宿制学校

2015 年国家在统一城乡义务教育学校生均公用经费基准定额的基础上,适当提高寄宿制学校补助水平;对寄宿制学校按照寄宿生年生均 200 元标准增加公用经费补助。这是国家首次给寄宿制学校公用经费的倾斜和补助。2018 年《寄宿制学校建设指导意见》提出,切实落实对乡镇寄宿制学校按寄宿生年生均 200 元标准增加公用经费补助政策,中央财政继续给予支持;鼓励各地结合实际进一步提高学校生均公用经费水平,确保学校正常运转。2018 年《国务院办公厅关于进一步调整优化结构提高教育经费使用效益的意见》(国办发〔2018〕82 号)再次强调落实对寄宿制学校按寄宿生年生均 200 元标准增加公用经费补助政策。

城乡统一的义务教育生均公用经费政策的不断完善,对义务教育均衡发展、促进教育公平具有重大的意义,义务教育学校结束了四处化缘的困难局面,办学条件大幅提升,至2018年河南通过义务教育均衡县验收的县区已占全省总数的84.8%。同时,城乡义务教育投入差距逐渐缩小。2001年全国普通小学生均预算内公用经费支出为45.18元,农村与全国平均水平的比例为0.62∶1;全国普通初中生均预算内公用经费支出为83.40元,农村与全国平均水平的比例为0.54∶1。农村义务教育经费保障机制改革后,城乡中小学生均预算内公用经费支出差距逐渐缩小。2007年全国普通小学生均预算内公用经费支出为425元,农村与全国平均水平的比例为0.95∶1;全国普通初中生均预算内公用经费支出为614.47元,农村与全国平均水平的比例为0.93∶1,较2001年均有明显提高。之后,农村小学生均公用经费与全国的比例稍有下降,初中这一比例则保持持续增长。2014年及之后,随着生均公用经费标准的基本稳定,城乡小学生均预算内公用经费支出差距略有拉大但趋于稳定,农村中小学生均预算内公用经费支出与全国平均水平的比例均保持在0.9以上。

二、调研过程

(一)概念界定

《中华人民共和国义务教育法》规定,“学校的学生人均公用经费基本标准由国务院财政部门会同教育行政部门制定,并根据经济和社会发展状况适时调整。制定、调整学生人均公用经费基本标准,应当满足教育教学基本需要”。即:公用经费主要用于满足教育教学基本需要。

财政部教育部印发的《城乡义务教育补助经费管理办法》(财科教[2016]7号)规定:公用经费是指保障义务教育学校正常运转、完成教育教学活动和其他日常工作任务等方面支出的费用,具体支出范围包括:教学业务与管理、教师培训、实验实习、文体活动、水电、取暖、交通差旅、邮电,仪器设备及图书资料等购置,房屋、建筑物及仪器设备的日常维修维护等。不得用于人员经费、基本建设投资、偿还债务等方面的支出。其中,教师培训费按照学校年度公用经费预算总额的5%安排,用于教师按照学校年度培训计划参加培训所需的差旅费、伙食补助费、资料费和住宿费等开支。

根据《2018年政府收支分类科目》的规定,公用经费属支出经济分类科目中的“商品和服务支出”科目,包括27项,并据以编制预算。这27项具体为:办公费、印刷费、咨询费、手续费、水费、电费、邮电费、取暖费、物业管理费、差旅费、因公出国

(境)费用、维修(护)费、租赁费、会议费、培训费、公务接待费、专用材料费、被装购置费、专用燃料费、劳务费、委托业务费、工会经费、福利费、公务用车运行维护费、其他交通费、税金及附加费用、其他商品和服务支出。

以上可以看出:管理办法中规定的公用经费支出范围难以与会计核算中的支出明细一一对应。公用经费用于资本性支出和经常性支出的边界不清:如果按照资本性支出和经常性支出来划分,用于购置设备值在1000元以上的公用经费和基本建设经费属于资本性支出,其他的公用经费支出和人员经费属于经常性支出,由此可见,公用经费一部分属于资本性支出,一部分属于经常性支出。即:实际操作中,一方面允许支出的“仪器设备及图书资料等购置,房屋、建筑物及仪器设备的日常维修维护”部分支出会被计入资本性支出,另一方面不许列支的“人员支出”大比例占用公用经费。故此次统计除工资以外的全部支出纳入统计范围,在此基础上进行技术纠偏。

(二)调查方法和内容

目前,国内关于中小学公用经费标准制定方法的研究比较少,在已有文献中提及比较多的是1992年国家教委制定的实物消耗定额法。在国际上,中小学经费标准的制定可以与学校财政充足性研究联系在一起。学校财政充足性的研究方法主要有四种:成功学区方法、成本函数法、专家判断法以及证据法,这些方法最终的目的都是为学校提供充足的经费以达到较高的产出标准。充足性财政不仅考虑教育投入,还考虑学校的产出与学校的效率等因素。从目前国内外研究成果来看,国内的实物消耗定额法和国际上的四种充足性学校财政方法可以为制定公用经费标准提供方法论的支持。结合本研究的目的和研究数据的可获得性,主要采用了平均值法、消耗定额法、专家判断法、样本学校分析法和面板数据模型。

1. 平均值法

均值是一种集中趋势的测量指数,可以反映公用经费在一定时期内的支出水平。在本次研究过程中,首先计算全省2016—2018年的公用经费支出平均值,得到各类学校每年的生均公用经费水平,然后以此为基础计算出每年生均公用经费增长水平。

抽样情况。数据进行了三个层面的选择:一是全省层面。对全省公办义务教育学校近3年的实际支出情况、缺口情况、标准办学运行下的需求情况进行全口径统计,参与统计学校数31225所,覆盖率达100%。经筛选合格样本29312个,其中小学17320个,初中3007个,教学点8263个,九年一贯制422个。合格样本数据主要用于现行办学成本分析，通过追踪这些学校 2016—2018 年的公用经费实际支出数据，摸清全省义务教育学校生均公用经费支出的现状水平。以收支现状调研为基础，测算出当前全省义务教育学校生均公用经费支出的基本水平，建立 2016—2018 年各类学校的数据库及面板数据模型。二是样本市层面。选取 4 个经济发展状况有代表性的省辖市，现场指导并选取合格样本 4055 个，用于对缺口经费和标准化办学运行模式下经费预测。三是样本校层面。选取 100 所样本学校进行了面对面审查，实地查看办学状况，主要用于当前经费保障模式下学校运转状态评价。

选样情况：对调研采集的学校公用经费收支状况进行了数据清洗、整理、汇总和归纳分析。为使获取的数据更具有普遍性、实用性和公平性，在分析中，一是剔除了九年一贯制、十二年一贯制、完全中学、特殊教育学校等学制干扰因素较多的样本，对教学点进行了独立分析。二是对一些明显存在填报问题、标准差较大的支出项目，进行了剔除和修正。现状统计和预测分析都分两个层面：第一层面为初中、小学，第二层面为非寄宿、全寄宿。对教学点进行了单独测算。

（1）三年运行均值。

表 1　2016—2018 年义务教育生均公用经费支出情况

单位：元

类型＼年份		2016 年	2017 年	2018 年	三年均值	高出拨款标准值
初中	全寄宿	988	1117	1137	1081	51
	非寄宿	1001	1050	1004	1018	188
小学	全寄宿	986	784.5	928	900	70
	非寄宿	731	703	739	724	94

资料来源：根据全省数据统计。

从以上数据可以看出，三年初中和小学的生均运行费用均高于现行生均标准：初中全寄宿学校高出 51 元，非寄宿学校高出 188 元；小学全寄宿学校高出 70 元，非寄宿学校高出 94 元。成因有两个方面：一是个别县区或市属学校提高生均公用经费补助标准，如郑州市。二是义务教育均衡县验收等临时性投入拉高，纠偏不足。三是缺口真实存在。据了解，资金缺口大多通过寅吃卯粮解决。初中比小学同口径比标准差：初中比小学全寄宿高出 181 元，系数 1.22；非寄宿高出 294 元，系数 1.47。

（2）现行办学基础下正常保障均值。

统计 4 个地市 3984 所学校中，2018 年存在缺口学校共有 3571 所，占比 89.6%；

平均缺口值为生均 447.5 元(其中:小学 415,初中 480)。将清洗后的缺口值加附三年均值,可视为当前办学条件下,保障学校运转的生均需求。

表 2　2016—2018 年义务教育生均公用经费支出情况

单位:元

类型 \ 年份		2016 年	2017 年	2018 年	经费缺口	三年均值	高出拨款标准值	超出占比(%)
初中	全寄宿	988	1117	1137	692	1311	281	27.3
	非寄宿	1001	1050	1004	444	1166	336	40.5
小学	全寄宿	986	785	928	321	1007	177	21.3
	非寄宿	731	703	739	324	832	202	32.1

数据来源:4 个样本市报表数据。

从上述数据可以看出,弥补缺口后的均值高出现有标准情况为:初中全寄宿 281 元,占比 27.3%;初中非寄宿 336 元,占比 40.5%;小学全寄宿 177 元,占比 21.3%;小学非寄宿 202 元,占比 32.1%。从类型差异看,初中寄宿非寄宿差为 145 元,系数为 1.175;小学为 175 元,系数为 1.278。

(3)标准配置条件下运转需求。

按照标准办学条件下对样本市生均经费需求进行了预测,结果如下:

表 3　标准运行模式下生均经费预测

单位:元

类型		生均经费需求(元)	与现行标准差(元)	超出占比(%)
初中	全寄宿	1408	378	36.7
	无寄宿	1143	313	37.7
小学	全寄宿	1018	188	22.7
	无寄宿	896	263	41.7

数据来源:4 个样本市数据。

从上述数据可以看出,标准运行模式下的均值高出现有标准情况为:初中全寄宿 378 元,占比 36.7%;初中无寄宿 313 元,占比 37.7%;小学全寄宿 188 元,占比 22.7%;小学无寄宿 263 元,占比 41.7%。从类型差异看,初中寄宿非寄宿差为 265 元,系数为 1.232;小学为 122 元,系数为 1.136。

2. 消耗定额法

这种方法的关键是对学校所需资源及其数量做出详细的规定，等同于制定中小学办学标准。在本课题研究中，首先确定学校的基准规模，然后确定学校为完成教育教学活动和保障学校正常运转所需要的资源及其相应的数量，再乘以相应的价格，计算出每一种资源所需要的成本，最后把每一项成本加总除以在校生人数，即得出生均公用经费标准。

在广泛调查了解的基础上，借鉴有关材料，制定实物消耗定额表。抽取了6个样本学校，许多学校根据需求对标准进行微调，再乘以当地价格，计算出每所学校当前办学规模下和当前物价下所需要的成本，然后加总平均得出生均公用经费标准。这种分析方法比报表数据更加精准。

表4　普通小学学校商品和服务支出预算定额

科目	二级科目	明细科目	依据	备注
办公费	卫生工具	小扫帚	班均每年20把（含宿舍），各办公室、功能室每年4把，每把9元	
		大扫帚	班均每年6把，每把19元	
		垃圾斗	班均每年8个，寝室每年4个，每个12元	
		拖把	班均每年8把，每把10元	
		垃圾篓	班均每年4个，每个15元	
		鸡毛掸	班均每年2个，每个15元	
		水桶	班均每年2个，每个16元	
	横幅	果皮箱	每校每年10个，每个260元	
	教材教参教辅		参考2017年实际支出，从严控制	
	报纸杂志		专任教师人均每年200元	
	值班物品		坚持勤俭节约，参照2017年实际支出数	
		被褥	每年2套，每套320元，年均640元	
		手电筒	每年4个，每个30元，年均120元	
	办公用品	大衣	每年4件，每件150元，年均600元	
		日常办公	笔墨、计算器、订书机等，师均每年150元	
		证书奖品奖状	生均每年10元	
		各种表册	教室日志、班主任手册、会议记录、教案等，师均每年100元	
		毛巾香皂	每个办公室每年4套，每套30元，年均120元	
		粉笔	每班每年30盒白粉笔，每盒3元；12盒彩色粉笔，每盒7元。班均每年174元	

续表

科目	二级科目	明细科目	依据	备注
办公费	办公用品	黑板擦	班均每年4个,每个15元。班均每年60元	
		洗涤用品	教室、实验室、厕所去污,锅炉除垢,班均每年100元	
		国旗(队旗)、彩旗	每校每年30面,每面35元	
		复印纸	生均每年5元	
		标牌版面	班均每年360元	
		灭火器充粉	每个每年充粉1次,每次60元	
		疾病防治	防控疾病用消毒液、温度计等,每年支出总额,生均每年10元	
		导学稿用纸	每生每天5张,每张0.2元,每年200天,年生均200元	
印刷费	日常印刷		生均每年45元	
水费			生均每年50元	
电费			生均每年160元	
邮电费			生均每年22元	
取暖费			坚持勤俭节约,参照2017年实际支出数	
物业管理费	保安、绿化、保洁等		生均每年140元	
差旅费			参照相关文件执行	
公务接待费			参照相关文件执行	
其他交通费	其他租车费		生均每年15	
会议费	举办或参加各种会议		生均每年24元	
专用材料费	体育教师服装		每位教师每年不超过1000元	
	消耗类音体美用品		生均每年30元	
	电脑耗材		生均每年20元	
	实验室药品		生均每年5元	
	投影机灯泡		每年按投影机数量的三分之一更换,每个2000元	
	小五金		生均每年4元	
维修(护)费	日常维修		生均每年160元	
工会经费	支出费用		按在职职工工资的2%计提	
福利费用	支出费用		参照相关文件执行	
公务用车运行维护费			参照相关文件执行	

续表

科目	二级科目	明细科目	依据	备注
其他商品和服务支出	学生体检费		一、二、三年级每生18元,其他年级每生10元	
	校方责任险		生均每年16.5元	
	教师体检费		师均每年800元	
	教师保险		师均每年100元	
	电教电材费		生均每年15元	
	社会实践费		生均每年100元	
	其他费用		生均每年50元	

表5　普通初中学校商品和服务支出预算定额

科目	二级科目	明细科目	依据	备注
办公费	卫生工具	小扫帚	班均每年24把(含宿舍),各办公室、功能室每年4把,每把9元	
		大扫帚	班均每年6把,每把19元	
		垃圾斗	班均每年4个,寝室每年4个,每个12元	
		拖把	班均每年8把,每把10元	
		垃圾篓	班均每年4个,每个15元	
		鸡毛掸	班均每年2个,每个15元	
		水桶	班均每年2个,每个16元	
	横幅	果皮箱	每校每年10个,每个260元	
	教材教参教辅		参考2017年实际支出,从严控制	
	报纸杂志		专任教师人均每年220元	
	值班物品		坚持勤俭节约,参照2017年实际支出数	
		被褥	每年4套,每套320元,平均每年1280元	
		手电筒	每年8个,每个50元,平均每年400元	
	办公用品	大衣	每年4件,每件150元,年均600元	
		日常办公	笔墨、计算器、订书机等,师均每年200元	
		证书奖品奖状	生均每年20元	
		各种表册	教室日志、班主任手册、会议记录、教案等,师均每年150元	
		毛巾香皂	每个办公室每年4套,每套30元,年均120元	
		粉笔	每班每年60盒白粉笔,每盒3元;20盒彩色粉笔,每盒7元。班均320元	
		黑板擦	班均每年8个,每个15元	
		洗涤用品	教室、实验室、厕所去污,锅炉除垢,班均每年120元	

续表

科目	二级科目	明细科目	依据	备注
办公费	办公用品	国旗(队旗)、彩旗	每校每年60面,每面35元	
		复印纸	生均每年10元	
		标牌版面	班均每年260元	
		灭火器充粉	每个每年充粉1次,每次60元	
		疾病防治	防控疾病用消毒液、温度计等,每年支出总额,生均每年10元	
		导学稿用纸	每生每天10张,每张0.2元,每年200天,年生均400元	
印刷费	日常印刷		生均每年55元	
水费			生均每年70元	
电费			生均每年240元	
邮电费			生均每年17元	
取暖费			坚持勤俭节约,参照2017年实际支出数	
物业管理费	保安、绿化、保洁等		生均每年370元	
差旅费			参照相关文件执行	
公务接待费			参照相关文件执行	
其他交通费	其他租车费		生均每年50元	
会议费	举办或参加各种会议		生均每年50元	
专用材料费	体育教师服装		每位教师每年不超过1000元	
	消耗类音体美用品		生均每年40元	
	电脑耗材		生均每年50元	
	实验室药品		生均每年50元	
	投影机灯泡		每年按投影机数量的三分之一更换,每个2000元	
	小五金		生均每年25元	
维修(护)费	日常维修		生均每年310元	
工会经费	支出费用		按在职职工工资的2%计提	
福利费用	支出费用		参照相关文件执行	
公务用车运行维护费			参照相关文件执行	

续表

科目	二级科目	明细科目	依据	备注
其他商品和服务支出	学生体检费		七年级每生20元,八、九年级每生10元	
	校方责任险		生均每年16.5元	
	教师体检费		师均每年800元	
	教师保险		师均每年100元	
	电教电材费		生均每年24元	
	社会实践费		生均每年120元	
	新生军训费		生均400元	
	其他费用		生均每年160元	

3. 样本学校分析法

该方法首先要确定学校规模和办学条件符合基准的学校,把这些学校的生均支出进行加权平均,得到充足教育经费的标准。我们选取了3所初中和3所小学作为样本学校,按照定额测算出维持学校正常运转的公用经费水平,以保障中小学公用经费的充足性。

表6　样本学校预算定额分析表

地市	学校名称	学校类别	学生数	教职工数	班级数	班均(元)	生均指标(元)
濮阳市	开发区三中	初中	1300	90	24	65325	1206
濮阳市	范县白衣阁乡中心小学	小学	550	26	12	43679	953
三门峡市	三门峡实验小学	小学	2970	149	51	63360	1088
三门峡市	三门峡外国语中学	初中	1954	127	36	83534	1539
新乡市	新乡市第十中学	初中	2432	236	48	64803	1279
省直	省实验小学	小学	2770	189	56	53669	1085

上述数据中初中均值为1342元,超出标准512元,占比61.7%;小学均值为1042元,超出412元,占比65.4%。小学初中差额300元,系数为1.288。

4. 常量倒推法

通过对生均公用经费三年支出结构分析,发现生均公用经费中办公费、电费、物业管理费、维修(护)费、培训费和劳务费占的比重较大,且处于稳定状态,五项之和占生均公用经费的72%左右,我们把这五项定做常量,从五项的增加情况倒推生均公用经费定额。同时将此五项上寄宿与非寄宿的对比,确定一个寄宿生调整系数。

表7 样本学校预算定额分析表

	小学						初中					
	三年支出生均		附加缺口生均		附加缺口生均		三年支出生均		附加缺口生均		附加缺口生均	
	寄宿	非寄宿	寄宿	非寄宿	寄宿	非寄宿	寄宿	非寄宿	寄宿	非寄宿	寄宿	非寄宿
合计	681	454	184	186	865	640	682	611	299	260	981	871
办公费	329	199	60	56	389	255	271	263	70	80	341	343
电费	62	31	24	14	86	45	94	61	65	21	159	82
培训费	24	23	4	8	28	31	36	38	18	10	54	48
物业管理费	28	16	9	7	37	23	24	30	8	9	32	39
劳务费	65	86	38	40	103	126	106	84	52	51	158	135
维修(护)费	173	99	49	61	222	160	151	135	86	89	237	224

据此推算小学寄宿生均运行费用1200元,非寄宿890元;初中寄宿生生均运行费用1360元,非寄宿1200元。小学寄宿与非寄宿生均调整系数为1.35;初中为1.13。

5. 面板数据模型

郑州市教育部门曾聘请第三方对该地学校进行大面积调研,追踪了部分学校2013—2017年5年的公用经费实际支出数据,建立起由时间序列数据和界面数据构成的数据库,运用面板数据模型进行计算。在经过数据专家和教育专家研判后,直接采用了其中几个相关系数。

(1)寄宿生调整系数。

设置中小学住宿生的公用经费拨款调整系数为1.25,即每位住宿生的生均公用经费在各类学校基本标准基础上提高25%。

(2)优质调整系数。

即满足学校特色发展的要求,适应经济发展、物价水平、财政状况等方面。中小学生均公用经费优质标准调整系数为2.07。

6. 专家判断法

把具有代表性的教育专家集合在一起,通过科学方法为学校设计教育发展规划以及所需要的资源,以此保证学校的学生将来能够达到预期的学业标准。本次研究中,我们召开研讨会,充分吸纳专家意见,将其作为调整的依据。

(三)偏差说明

一是口径差异。将教育经费统计和财政专项资金统计进行了比对分析,按照近年财政专项资金占教育经费统计比重提取系数,对生均公用经费均值进行了调整,调整支出明细科目统计口径带来的偏差。但政策口径与核算口径的不对应仍会带来一定差异。

二是标准化办学水平差异。国家层面未出台标准化办学细化配置标准,依据《河南省义务教育发展基本均衡县督导评估实施细则(试行)》(豫教督导〔2012〕199号)和《河南省义务教育学校办学条件基本标准(试行)》(豫教基〔2011〕162号)的学校基本办学标准口径,处于偏低水平。

三是核算准确度。义务教育大部分分布在县以下,调研中发现义务教育财会队伍专业化水平不容乐观,3.1万学校中拥有专职财会人员的仅有0.72万所,仅占23%。如:某县学校财政代理记账,将人员以外的经费全部计入办公费,核算的准确度一定程度影响统计的准确度。

四是管理因素。在生均公用经费为运转经费唯一来源的情况下,一方面大部分学校以收定支,另一方面,很多学校为完成支付进度要求,形成实际支出。此种情况下,财务指标难以真实反映客观需求。

三、调研结果

1. 公用经费现行基准定额已不能满足教育教学活动需求

表现在三个方面:一是经费保障水平处于较低水准,与教育发展需求不匹配。在抽样的市县实地调研中发现,学校普遍存在"三化"(硬化、美化、绿化)不完备、标准化操场缺乏、住宿拥挤、用餐餐位不足、水冲厕所短缺、教育信息化手段利用率不足,与教育现代化、标准化、均衡化还有很大差距,基本办学条件提升任务仍然很重。二是教育教学需求成本增加,经费保障捉襟见肘。比如,随着学校取暖、信息技术课程开设、多媒体教学设备增设、功能室使用等,相应的水电费用增加幅度较大;文明校园创建、新课改、消除大班额后增设教学设备、劳动教育和实践课程开设等,需要加大投入;教师为适应现代化的教育教学手段,需要加强培训学习等,原定的公用经费5%用于教师培训,远远不能满足教师培训需求等等。三是义务教育阶段学校校舍等基础设施陈旧,校舍和仪器设备设施维护费用较高。通过实地察看,县区中小学学校基础薄弱问题依然客观存在,必要的教学设施更新不足,办学条件改善需求较大。

2. 农村"两类"学校经费保障存在短板

(1)寄宿制学校。根据教育部要求,农村寄宿制学校为当前和今后一个时期的投入重点。但寄宿制学校生均 200 元增加补助部分,不能完全满足因寄宿带来的成本增长需求。调研发现,农村义务教育住宿条件仍有待提高。以位于城乡结合部的某校为例,在校生 700 人中,550 人住宿,学校年公用经费约 77 万元,其中寄宿生补助经费 11 万元。宿舍每房间住宿 32 人,安装空调 2 部,因住宿每年增加成本约为:水电暖费 2 万元,寝管、保洁人员(8 人)支出 20 万元,维修(护)费 1 万元,其他费用(室内物品配置)0.5 万元,共计 23.5 万元,缺口 12.5 万元。由于经费不足,教室及宿舍不能及时供暖,规定“每年冬天下第一场雪才开空调”。(2)小规模学校。对乡村小规模学校不足 100 人按 100 人拨付经费,调研中发现存在以下问题:一是拉低资金使用效益(生均支出情况见表 8)。二是 50 人以上学校改善办学条件无能为力。此类学校大多处于远离乡镇所在地的偏远农村,基础设施差,设备不齐全现象严重,除正常办公费用外,校舍及设施维修占去经费较大部分,无法也无力改善办学条件。三是极小规模学校撤并困难。现有学校运转保障政策和乡村教师待遇使 30 人以下学校优势渐显,教师工资待遇高于其他学校,且不纳入均衡县验收范围,个别政府乐见其生存,教学压力小,甚至有一个偏远小学出现只有几个老师带着自家几个亲戚上学的极端现象,使教育政策效力和形象打了折扣。

100 人小规模学校 10 人一阶生均情况见表 8。

表 8　2016—2018 年小规模学校生均支出情况表

单位:元/生·年

规模＼年份	2016 年	2017 年	2018 年
1—10 人	9318	9746	10280
11—20 人	3735	3633	3875
21—30 人	2224	2274	2670
31—40 人	1690	1616	1783
41—50 人	1276	1395	1403
51—60 人	1085	1178	1152
61—70 人	923	970	980
71—80 人	814	821	825
81—90 人	736	772	821
91—100 人	628	682	674
101—200 人	614	653	660
201—300 人	613	621	682
300—500 人	552	578	566

3. 公用经费专户撤销政策严重影响经费支出效率

2016 年之前，生均公用经费作为义务教育保障机制的重要组成部分，由市县财政设立专户管理，独立运行，集中支付。财政部 2016 年印发《中央对地方专项转移支付管理办法》后，大部地方财政对中央财政转移支付专户进行了清理，义务教育公用经费不再单独设立专户。而部分县级财政收支矛盾突出，库款保障水平低。此种情况下，指标下达，但资金不同步下拨的情况普遍存在，不能封闭运行的资金自然不能如期支付，造成学校不能及时支付公用经费开展正常的教育教学活动。形成了一方面账面大量结余，一方面资金难以支付的现象，影响学校正常运转。此次抽样调研地市中，仅有新乡所辖辉县市一地仍保留义保机制专户，封闭运行，该县资金支付进度和学校保障状况明显优于其他市县。

4. 公用经费支出范围与学校实际财务活动不匹配

《城乡义务教育补助经费管理办法》对支出范围是按照使用用途分类，并明确规定不得用于人员经费、基本建设投资、偿还债务等方面的支出。在学校实际支出中，诸如党报党刊（审计、财政等部门刊物）征订、各种进校园活动（足球、杂技、戏曲、法制等）、学校服务社区活动、创建文明（卫生）校园、安保（保洁、寝管等）人员薪酬、校园责任险等支出都必须发生，在学校没有其他收入来源、地方财政也难以另外保障的情况下，都只能从公用经费列支。随着《新政府会计制度》的施行，公用经费支出范围与新制度的会计核算科目也不能匹配，为学校经费支出带来很大困扰，一定程度上制约了公用经费的支出。

5. 教育经费挤占现象无法简单杜绝

第一，因人员短缺带来的经费支出占比较大。原因一是教师结构性缺编，如教师不及时按比例配齐，二孩政策放开后女教师“扎堆”生孩，音、体、美、信、劳课程开设等，需要临时聘用代课教师，所需的代课教师工资在当地财政无力保障的情况下，从公用经费中列支成为无奈之举。调研中某县 26 所样本学校共有在校学生 25002 人，其中，小学 3902 人，初中 21100 人，按照师生比 1∶19、1∶13.5 计算，该县小学教师编制为 205 人，初中教师编制为 1562 人，共计 1767 人。实际配备 1285 人，空编 482 人。共聘用代课教师 97 人，支付工资 232 万元，全部从公用经费中列支，代课教师工资占公用经费总额的 9%。某中心小学，在校学生 620 人，教师编制 46 人，实际配备 26 人，空编 20 人，该校聘请代课教师 4 人，当年支付代课教师工资 9.6 万元，占公用经费总额的 23%。原因二是寄宿制学校建设、校园安全保障、标准化学校建设等政策性工作开展，需要增加宿舍寝管、门卫安保、保洁花艺、垃圾清运等临时人员，其劳务费需从公用经费列支。比如，某市 14 所抽样学校公用经费共计 1304 万元，支付安保人员工资共计 52.8 万元，占公用经费总额的 4%。其中，某中学支付安保人员工资 4.8 万元，占公用经费的 3%；某小学聘用勤杂人员 3 人，支付工资 7.2 万元，占公用经费的 20%。第二，教育服务社会活动开展加大支出压力。近年，进校园活动层出不穷，如"法治进校园""消费维权进校园""生态文明进校园""消防安全进校园""防震减灾进校园""廉政进校园""京剧进校园""地方戏曲进校园""民俗文化进校园""国学进校园""人工智能进校园""科技进校园"等，有的多达几十项，所需费用均从公用经费列支，加重学校工作负担的同时，加剧了收支矛盾。第三，政策性支出挤占教育经费。如残疾人就业保障金。2018 年安阳市职工年平均工资 5 万元，40 所样本学校共有教职工 2817 人，按照《河南省按比例安排残疾人就业办法》之规定，应安排 45 个残疾人就业，或缴纳残疾人就业保证金 225 万元，占公用经费的 5.8%。再如，调研抽样的集中供暖地区（安阳、濮阳），集中供暖取暖费占生均公用经费比例普遍在 10% 以上，个别学校甚至达到 30%，即 60—200 元不等，而财政只按生均 30 元拨款，差额部分均由生均公用经费列支。

四、相关建议

一是调整生均公用经费标准。

表 9　2016—2018 年小规模学校生均支出情况表

单位：（元）

类型	年份	平均值法	样本分析法	面板数据模型	座谈了解诉求	常量倒推法	专家建议标准
初中	全寄宿	1311			1330	1360	1500
	无寄宿	1166	1342		1030	1200	1200
	寄宿制调整系数	1.175		1.25		1.13	
小学	全寄宿	1007			1130	1200	1150
	无寄宿	832	1042		830	890	900
	寄宿制调整系数	1.278		1.25		1.35	

综合上述调研结果，考虑教育现代化目标要求和河南低水平保障现状，建议生均

公用经费标准基准定额调整为：小学每生每年 900 元，初中每生每年 1200 元，在此基础上，初中寄宿生每生每年增加 300 元，小学增加 250 元。

二是建立稳定增长机制。从近 3 年公用经费占教育事业费的比重看，2016—2018 年，全省义务教育公用经费绝对数量有了很大增加，但占比处于下降态势。

表 10　河南省义务教育公用经费占教育事业费比重

单位：(%)

项目	2016 年	2017 年	2018 年
初中	39.45	35.72	34.55
小学	39.33	35.43	33.99

资料来源：河南省教育经费统计报表。

国家当前约束各级政府投入的主要指标是两个“只增不减”，均指教育事业费全口径，在教育事业费的支出中，包括人员经费和公用经费两类。其中，人员经费有一定的刚性，公用经费往往被人员经费挤占。因此，公用经费的多少及其在教育事业费中的比例高低反映了教育事业费的分配是否合理，反映了教育经费的充裕程度，也反映了保障水平的高低。同时，对办学成本有直接影响的物价指数也在以每年 2% 左右的增幅增长。

表 11　国家统计局物价指数

	2016 年	2017 年	2018 年
CPI(上年 = 100)	102.0	101.6	102.1
CPI(1978 年 = 100)	627.5	637.5	650.9
PPI(上年 = 100)	98.6	106.3	103.5
PPI(1985 年 = 100)	353.9	376.2	389.4

故建议建立与物价指数、教育事业费增长等相适应的生均公用经费增长机制，保障事业发展需求，确保各地完成两个“只增不减”的目标。

三是调整小规模标准的划定。对小规模标准的划定，建议 300 人以下按照 300 人拨款，对 100 人以下，按照班数拨款，或者给县或者中心校统筹调配的权限，避免简单执行。

四是加强义务教育公用经费支出的刚性约束。专户管理，足额拨付，集中核算；严格控制各类进校园活动，切实减轻学校负担；对代课教师、后勤保障人员工资和确有政策要求的,明确经费来源。

五是适度调整公用经费支出范围。结合新政府会计制度,规范教育经费支出范围,充分考虑教育教学需求,进一步完善公用经费支出的规范口径,以利核算和管理。

(调研组组长:刘昭阳,河南省教育厅副厅长;吕冰,河南省教育厅副巡视员;副组长:董学胜、杨光;成员:王国平、蔡青)

教育信息化工作进展情况调研报告

教育信息化是教育现代化的基本内涵和显著特征，在教育现代化建设中发挥着重要的支撑和引领作用。调研组通过对部分省辖市、直管县和部分高校开展实地调查和座谈访谈等方式的调研活动，分析总结出了河南省信息化建设过程中一些好的做法及成效，并梳理出了存在的问题，有针对性地提出了下一步的工作建议。

一、国家部署要求

教育信息化于20世纪90年代随着国家教育科研计算机网的建设由高校率先起步，2003年起通过农村远程教育工程拓展到中小学校。2012年，以第一次全国教育信息化工作会议召开为标志，教育信息化整体进入全体系、大幅度推进阶段。2012年至2017年，教育信息化重点工作为实现“三通两平台”（宽带网络校校通、优质资源班班通、网络学习空间人人通，建成教育资源公共服务平台和教育管理公共服务平台）。2018年4月，教育部发布了《教育信息化2.0行动计划》，提出到2022年，基本实现“三全两高一大”的发展目标，即教学应用覆盖全体教师、学习应用覆盖全体适龄学生、数字校园建设覆盖全体学校，信息化应用水平和师生信息素养普遍提高，建成“互联网+教育”大平台，努力构建“互联网+”条件下的人才培养新模式、发展基于互联网的教育服务新模式、探索信息时代教育治理新模式。

二、主要做法及成效

（一）加强工作统筹

2012年，发布了《教育信息化十年发展规划（2012—2020年）》，围绕“三通工程”

推进和省级两个平台建设，采取了一系列政策措施。2015 年，印发了《河南省人民政府关于加快推进教育信息化建设工作的意见》（豫政〔2015〕16 号）；2016 年 11 月，召开了全省教育信息化工作会议，进一步压实各级政府在教育信息化工作中的主体责任。2017 年，为适应网络安全面临的新形势，强化网络安全和信息化工作统筹，将原信息化领导小组改组为网络安全和信息化领导小组，整合信息化资源，理顺管理体制、加强工作统筹。2018 年 3 月，召开了全省教育系统网络安全和信息化工作会议，对贯彻落实教育信息化 2.0 做出部署。

（二）注重分类推进

1. 基础教育

2012 年，按照教育部统一安排，启动实施了“教学点数字教育资源全覆盖”项目，通过接入网络、配置终端、搭建资源平台方式，为 4300 多个农村教学点提供了保障性资源服务。2013 年，为解决中小学校信息化建设滞后，市县资金筹措难的问题，印发了《关于加快推进基础教育信息化建设工作的意见》，明确各县级教育行政部门可以在 2013 年至 2015 年 3 年间，统筹使用信息技术教育费，将分散在学校的小散资金集中起来办大事；3 年时间内，全省基础教育信息化有了快速提升。2016 年至今，每季度印发一次基础教育信息化进展情况通报，对各省辖市、直管县（市）“三通工程”进展情况进行排名公示，有效加大和增强了各地推进教育信息化的压力和动力。截至 2018 年 12 月，中小学宽带网络接入率由 2012 年的 45.2% 提升至 98%，多媒体教室占教室总数的比例由 2012 年的 33.4% 提升至 81%。

2. 中等职业教育

为切实解决中等职业教育的信息化短板问题，2017 年，从“职教攻坚计划”中列出专项，启动实施了“中等职业学校信息化提升工程”，累计投入资金 6 亿多元，支持 155 所中等职业学校开展“数字校园”“智慧校园”建设，并启动了多批次信息化教学大赛。该计划的持续推进，有力提升全省中等职业学校信息化整体水平。

3. 高等教育

2001 年至 2012 年，利用教育信息化引导资金，建成了全国覆盖面最大、用户量最广的河南省教育科研计算机网，支持部分高校开展数字校园建设。2012 年至 2017 年，引导 38 所高校围绕智慧校园建设，网络学习空间应用开展了试点示范。截至目前，除部分新升格院校外，全省高校已基本完成数字校园建设，56% 的高校部署了人员、车辆、大型仪器设备等位置轨迹和校园水、电、气等基础设施进行监管的智能感知系统,45%的高校建成了校园私有云。高校信息化建设重点由网络设施提升向基于物联网的数据感知体系建设、基于大数据的精细管理、精准决策和教学诊改等深层次应用转变。郑州轻工业学院、黄淮学院、河南科技大学等高校信息化建设已达到国内领先水平,创新引领、示范带动的高校信息化发展梯队初步形成。2018 年 5 月,河南省在全国率先发布了《高校信息化发展水平评估指标体系》,得到全国高教系统普遍认可。2018 年 12 月,对全部本科高校开展了拉网式评估,彻底摸清了高校信息化建设底数。同时,全省高校有 298 门省级精品在线开放课程上线运行,其中 8 门课程被认定为首批国家精品在线开放课程;立项建设省级虚拟仿真实验教学项目 100 个、高职院校立体化教材项目 129 个,在教学资源数字化方面取得显著成效。

(三)加快支撑体系建设

省级信息化支撑服务体系建设包括省级教育管理公共服务平台和全省教育资源公共服务体系两大公共服务平台。河南省教育管理公共服务平台于 2013 年启动,由省教育信息中心(教育管理数据中心)负责承建,通过扩充设备方式,保障了全国中小学学籍管理系统等 15 个国家级教育管理信息系统的部署应用。

全省教育资源公共服务体系由省级教育资源公共服务平台、市县教育资源公共服务平台经省级枢纽环境连接而成的逻辑整体,由省电化教育馆牵头承建。省级枢纽环境(主要包括用户管理系统、数据交换系统、资源交易系统、教学支撑系统等)建设正在抓紧推进。

(四)狠抓素养提升

2014 年以来,按照教育部"教师信息技术应用能力提升工程"部署安排,以项目县为基本推进单位,依托"国培计划""省培计划""市培计划""县培计划"等教师培训平台,完成了全省高中、初中、小学和幼儿园共计 110 余万名教师信息化素养全员轮训;建立了基于"个人空间—教师工作坊—网络研修社区"的一体化网络研修体系。同时,依托教育部培训计划,完成了 360 人次的市县教育局长专题培训;通过与省内电信运营商合作,完成了 7500 多人次的电教骨干和中小学校长培训。2018 年 7 月,筹集资金,依托中组部浙江大学培训基地,对 64 所高校信息化主管校长进行了信息化管理能力提升专项培训。

（五）推进资源共享

近年，支持各地因地而宜、因校而宜开展资源共享应用，鼓励构建区域化资源应用模式。如洛阳市积极推进“农村教学点视频点播课堂”“城乡同步课堂”“名师课堂”等五大课堂应用，有效缩小了区域、城乡、校际间的差距。焦作、三门峡市利用区域教研平台，农村和薄弱学校教师与名校名师一起备课、一起教研，快速提高了教师教研教学水平。同时，在社会力量推动下，基于“互联网＋”的资源共享模式逐步兴起，如三门峡市组织6000多名乡村教师参加了友成基金发起的“全国乡村青年教师社会支持公益计划”，建立了农村小规模学校“互联网＋”发展联盟。开封市借助民盟远程教育“烛光行动千校计划”，将北京四中网校优质教育资源引入本地。这些创新型资源共同体的出现，为快速提升基础教育信息化水平开辟了新的道路。

（六）落实精准扶贫

投入800万元，引导16个县开展了“互联网＋教育”精准扶贫试点，取得良好社会效果，此项目推动下的卢氏县“互联网＋教育”精准扶贫经验做法被教育部评为全国典型案例。今年，在“互联网＋教育”精准扶贫试点工作基础上，启动实施了“线上结对、网上牵手”专项扶贫行动，将基于网络的资源推送进一步引向深入。

（七）狠抓安全保障

针对教育系统学校基数庞大、信息系统众多、网络安全技术防范工作任务繁重的特点，2017年，河南省在全国率先设立了教育信息安全监测中心，成立了专业化的安全监测服务团队，将全省9600多个重点系统（网站）纳入监测范围，累计发布安全预警信息1500批次，处置高危及以上漏洞820多个。同时，建立了覆盖市、县和各级各类学校的三级网络安全应急联络员队伍，坚持每季度印发网络安全工作通报、每周发布网络安全工作动态、每日对网络安全隐患整改情况进行总结梳理，形成了集技术监测、预警通报和处置反馈为一体的网络安全管理体系。2018年4月，中央网信委内刊《网信动态》对河南省教育系统网络安全管理经验予以全文刊发，开创了中央网信委专刊介绍省级教育行政部门网信工作经验的先河。

三、存在问题

（一）教育信息化相关规划执行不够

虽然教育信息化的发展规划、部署要求和工作标准已较为明确，但信息化本身是对教学、管理与服务方式的深层次变革，这种变革既需要行政部门的强力推动，更需要一系列工程性项目作为支撑，但由于缺乏经费，导致很多项目没有落地实施。

（二）中小学校特别是农村学校信息化基础设施建设滞后

虽然全省中小学校（不含教学点）宽带网络接入率已达到98%，但网络接入带宽普遍不高，不足以满足实际教学需求；有些学校仅是教师办公室接入了互联网。

（三）教育资源公共服务体系尚未成型

各级教育资源公共服务平台是汇聚优质资源的重要载体，是开展教育教学模式创新的重要支撑，也是开展网络学习空间应用的主要依托，在基础教育信息化全局中有着至关重要的作用，但就目前而言，省级平台自身服务能力较弱，枢纽作用不强，市县平台数量较少且单独运行，未能有效整合与互联。

（四）优质适用的保障性资源不足

省基础教育资源中心前些年开发的资源已不能适应教材更新需求，由于经费缺乏，近年这些公益性资源始终无法更新，造成政府性资源服务托底不足。虽然市场上有一定的专业化资源，但这些资源是收费项目，有些市县没有进行集中采购。

四、工作建议

到2022年实现“三全两高一大”的发展目标，时间紧迫、任务艰巨。需要在尽快补牢信息化1.0短板基础上，围绕2.0确定的8项重点任务，全面发力，奋力追赶。

一是加强教育信息化工作统筹，指导市县和高校调整设立网络安全和信息化行政管理部门，提高信息化规划力、统筹力和执行力。

二是推动在省、市、县三级设立教育信息化专项经费，明确信息化经费在生均经费中的比例，为信息化长远发展提供有效保障。

三是加快省级教育管理和全省教育资源公共服务体系建设，为全省教育信息化发展提供基础支撑。

四是全面推进中小学数字校园建设，发挥信息化在教学管理中的创新引领作用，提高基础教育信息化总体水平。

五是制定数字教育资源建设专项规划，逐步实现优质资源建设的体系化、标准化、规范化，为学校和师生提供优质适用的资源服务。

六是推进全省教育系统各类平台数据集成与共享，构建互联互通、开放灵活、覆盖全省的教育大数据应用体系，为教育管理、教学评价提供量化支撑。

（调研组组长：刁玉华，河南省教育厅副厅长；副组长：杨学勇；成员：施晓春、麦世奎）

教育系统党的建设调研报告

为深入了解河南省高等学校和中小学校党建工作情况，成立了高等学校党建和中小学校党建两个调研组，分赴郑州、洛阳、安阳等6个省辖市，对18所高等学校和14所公办中小学校、13所民办学校（培训机构），以及1个县级教育局机关党委开展党建工作专题调研。

一、教育系统学校基层党组织建设情况

地市各级教育部门和高等学校、广大中小学校紧紧围绕“把方向、揽全局、抓思想、建队伍、促党建”等要求，讲政治、强功能，攻弱项、补短板，重创新、求实效，在加强学校党组织政治核心作用、健全完善工作管理体制、提升党组织建设水平、抓好德育和思想政治工作等方面做了大量工作，各级各类学校党建工作取得了阶段性成果。

（一）高校党建工作落实情况

1. 深入学习宣传《高校党建工作重点任务》

《中共中央组织部　中共教育部党组关于印发〈高校党建工作重点任务〉的通知》（组通字〔2018〕10号）、《中共河南省委高校工委2018年重点工作安排意见》下发以后，各高校党委高度重视，积极落实。一是学习文件，吃透精神。各高校党委召开专门会议，认真学习领会文件精神，安排部署相关工作。二是制定方案，整体部署。由党委办公室或党委组织部牵头，制定具体落实方案，强化责任，切实将党建工作任务落到实处。

2. 认真研究制定问题清单和工作台账

各高校依据以上两个文件精神，结合自身实际，研究制定党建重点工作台账，以表格的形式明确了细化工作分目标、推进措施、责任领导、责任处室、时间节点等内

容。院（系）党委（党总支）能根据学校党建工作的任务清单和工作台账，结合本单位实际制定具体详实的工作台账，明确任务进度，列好工作时间表，健全党建资料，制定合理举措，对照问题制定解决方案。学校党委办公室及党委组织部、宣传部、统战部及时对院（系）党委（党总支）台账进展情况进行督导检查，确保各项重点工作做细做准做实。据统计，18所高校党建重点工作台账共梳理工作任务190余项，列出具体推进措施共520多条，对一些具体问题提出了明确的完成时限。

3. 制定修订一批党建制度和实施细则

一是出台了《党委领导下的校长负责制实施细则》，建立健全校党委统一领导、党政分工合作、协调运行的工作机制。完善了党委会和校长办公会等议事决策制度，明晰了议事决策内容、程序和要求。二是规范了学校党委班子联系院（系）党组织和师生党支部制度、党组织书记抓党建述职评议考核制度、基层党支部组织生活会制度、"三会一课"制度等。三是出台了师生党支部建设标准和考核办法，建立后进党支部动态化整顿机制。

（二）中小学校党建工作落实情况

1. 加强党的领导，中小学校党建管理体制正在逐步理顺

《中共中央组织部　中共教育部党组关于印发〈关于加强中小学党的建设工作的意见〉的通知》（中组发〔2016〕17号）、《中央办公厅〈关于加强民办学校党的建设工作的意见（试行）〉的通知》（中办发〔2016〕78号）下发后，各省辖市积极贯彻落实以上两个文件精神，组织部和市教育局党组联合印发通知，按照管党建与管业务相结合，业务主管部门与属地管理相结合、以主管部门党组织管理为主的原则，对辖区中小学校和民办学校的党组织和党员关系进行了理顺，所属县（区）原隶属于各乡镇（办事处）党委的公办中小学党组织，已全部转入教育行政部门党组织（部分退休党员本着自愿和方便过组织生活的原则，留在了所在村或社区党组织），民办学校党组关系均已转入所在教育部门党组织管理，并建立和完善了党员信息库，实现了教育部门党组织对所属中小学校和民办学校党建工作的统一领导和指导。

2. 健全组织设置，党组织和党的工作的覆盖面进一步扩大

通过实地走访和听取汇报，6个省辖市根据党员数量和分布情况，依照以上两个文件精神，按照应建必建的原则，对党的组织进行了规范设置。从调研的结果看，城区公办中小学校和乡镇中心校实现了党的组织全覆盖。其他具有3名正式党员的农村中小学校（教学点）部分建立了党组织，不足3名党员的学校，本着就近就便的原

则,挂靠到建立党组织的学校,对没有党员的学校派驻党建工作指导员,保证了党的工作全覆盖。安阳市推行"四建三管"工作模式。四建,即:对有3名以上正式党员的"单独建";对正式党员不足3名的"联合建";对条件尚不成熟的,依托教育部门"挂靠建";对兼职党员3名以上但组织关系不在学校的,组建"功能型"党组织。三管,即坚持行业主管为主,属地管理为辅,对行业性强且与地方联系紧密的学校实行教育行政部门与属地双向共管。商丘市睢阳区各乡镇(办事处)将中小学校党组织管理结构图统一制作,挂在中心学校党员活动室,每个支部、每个党员所属党组织情况一目了然。同时,民办学校的党组织也正在积极建立与完善中,一些党组织建立比较早的民办学校专门在单位门口挂上党组织标牌,部分民办学校党建工作进入章程,党组织负责人进入董事会,党组织的作用得到较好发挥。

3. 实行双向交叉,党组织班子建设得到进一步加强

各地对中小学校党组织建设普遍比较重视,能够选优配强基层党组织班子,积极推行书记、校长"一肩挑",并配置专职副书记负责党建工作。绝大多数学校领导班子和党组织班子实行双向进入、交叉任职,在党员较少没有单独建立党组织的学校,是党员的学校负责人进入挂靠党组织的支委班子。安阳市于2017年年底,以中小学校党组织按期换届为契机,党组织书记全部配备到位,委员全部按职数要求选举产生,组织委员、宣传委员、纪检委员分工明确,进一步夯实了党建工作基础。商丘市睢阳区、信阳市浉河区为城区中小学校党组织配备了专职副书记或者专职党务工作人员。郑州市金水区推行党政融合模式,党支部书记和学校行政领导交叉任职,支部委员任中层干部,优秀教师基本上都是党员。

4. 完善党建制度,行之有效的党建工作机制逐步建立

各地各校注重建立健全基层组织建设的各项规章制度,促进党建工作规范有序地运行。近年,各地结合实际分别健全完善了《三会一课制度》《支部学习制度》《民主评议党员制度》《廉政建设制度》《民主生活会制度》《党内监督制度》《党建工作例会制度》《入党积极分子培养与考察制度》等制度,使党建工作"有规可依,有章可循"。商丘市教育局建立了党建工作责任制和党建工作联系点制度,将责任层层落实,形成党组抓支部、支部抓党员、党员带群众的良好格局。郑州市教育局建立党建信息交流机制,每周编发《郑州教育党建》,进一步展示基层党建先进经验,推动各校互相学习交流借鉴。还有一些学校强化民主集中制建设,加大党组织参与重大问题决策的工作力度,一些教职工关心的重点、难点、热点问题都能够实行民主决策,保证了党和国家的教育方针政策能够正确执行。

5. 坚持立德树人,思想政治教育和德育工作持续加强

各学校能将党建工作有机融入“立德树人”的全过程,抓好思想政治教育和德育工作,并将课堂教学作为社会主义核心价值观建设的主渠道,深入挖掘中华传统文化精髓,潜移默化开展宣传教育,让学生用喜闻乐见的形式理解核心价值观,从小树立爱国爱党意识。安阳市结合本市的厚重文化底蕴进行社会主义核心价值观教育,组织中小学生到殷墟博物苑、红旗渠、中国文字博物馆、汤阴岳飞庙等爱国主义教育基地,开展生动活泼的社会主义核心价值观主题实践活动,让学生充分领悟“自强不息,厚德载物”“精忠报国”等优秀传统文化的魅力。信阳市第三小学长期开展“童心向党”活动,通过国学经典的学习浸润,培养本真学生。商丘市第三实验小学通过每天开展的“奏国歌向国旗敬礼”活动,培养学生的爱国情怀。郑州市金水区和信阳市浉河区每年确定一个学校党建工作主题,引领教育事业发展。

6. 强化阵地建设,党建工作的影响力吸引力不断增强

从调研情况看,各地各校在巩固和加强阵地建设上,加大了时间、精力和资金的投入,各中小学校的软硬件建设都有较大进步。商丘市在中小学中开展创建标准化党支部活动,全市教育系统95%以上的党支部都有党员活动室,为党员学习、进行组织生活以及开展各项活动提供了必要的场所。各校通过开展“两学一做”学习教育等,加强党员政治理论学习,提高了广大党员的思想认识和政治觉悟。信阳市第三小学通过微信公众号传播党建和德育知识;睢阳区教体局为每名党员印制“共产党员学习教育口袋书”;晨钟教育集团编印“晨钟党建微手册”;郑州七中严格档案管理,做到一名党员一份档案;郑州外资企业管理学校组织在校学生实习期间,成立临时党支部,发挥示范引领作用,确保学生实习工作的正常秩序;等等。这些办法措施,营造了党建工作的浓厚氛围,发挥了党员先锋模范作用,提高了党建工作的质量和标准。

二、存在的主要问题

近年,高校党建和中小学校党建意识逐渐增强,党建责任逐步压实,通过贯彻落实上级指示精神,学校党建工作取得了很大进展。但对照中央和省委的要求还有不小差距,仍存在着不少薄弱环节和突出问题。

（一）高校党建工作存在的问题

1. 班子成员联系指导制度建立情况

问题主要表现：有的校党委成员联系基层党组织不够到位。大部分高校都建立了校级领导班子成员联系指导基层党组织制度，但从了解的情况看，这项制度落实得还不够到位。个别高校领导班子成员联系得还不够深入、不够经常，没能深入其中掌握实情，切实给予指导；由于"学校党委班子成员和院（系）党组织班子成员联系师生党支部"是新的要求，调研的大部分高校做出了制度安排和工作推动，尚无得到有效的落实。

2. 师生党支部建设情况

问题主要表现：一是师生党支部设置需要进一步优化。个别高校存在有处、系、室具备独立设置党支部条件，但并没有独立设置，而是建成联合支部，不便于日常管理、教育、服务和正常开展组织生活。除老本科高校外，不同程度存在一个院（系）只设置了教工、学生各一个党支部，不少教工、学生党支部超过 40 人的情况，基层组织生活会质量和效果难以保证。二是各高校教师党支部书记"双带头"工程需要进一步加强。调研的 18 所高校中，公办院校的教师党支部书记"双带头"比例基本上达到了 70%，民办高校的教师党支部书记"双带头"工程比较薄弱，需进一步加强。

3. 高校指导院（系）党建工作情况

问题主要表现：一是"一岗双责"的思想认识不够到位。党政合作是做好党建工作的基础。通过同调研高校的书记、校长、纪委书记等相关代表的访谈和座谈，了解到高校不同程度上存在党委书记、总支书记等专职党务干部对党建工作的重要性认识比较到位，但其他班子成员、兼职党务干部对"一岗双责"的认识还需要提升。二是学校党委专题研究基层党建工作需要加强。调研的 18 所高校中，专题研究基层党建工作基本情况是：省属高校普遍好于市属高校，公办高校普遍好于民办高校，本科高校普遍好于专科学校。但整体上党委研究基层党建工作的力度均需要加强，调研中发现个别学校 2017 年党委会记录本上没有一次专题研究基层党建工作记录。三是院（系）相关议事决策制度需要修订。通过实地走访和查阅资料发现，高校基层党组织会议、党政联席会制度和议事决策规则还不够规范。

4. 党员发展和日常学习教育管理情况

问题主要表现：一是各高校"三会一课"、"支部主题党日"等组织生活制度化常态化有所改进，但组织生活质量、活动方式创新还有待加强，有的基层组织存在记录缺失或记录过于简单的情况。二是党员发展不够规范。从查阅党员组织档案材料情况看,存在有内容不完整等情况(申请入党积极分子培养考察登记表、入党志愿书、预备党员考察鉴定表有关栏目的填写,有的书写不认真、表述不准确,有的栏目内容填写和签字字迹不一致),有的没按规定安排培养人、介绍人。三是大三学生党员实习管理问题。四是高校在优秀青年教师、海外留学归国教师、高职称高学历人员中发展党员人数还需要加强。

(二)中小学校党建工作存在的问题

1. 个别地方和学校对党建工作重视程度不够

党建工作重不重视、抓与不抓,效果大不相同。行动迅速、举措务实的地方,学校党建工作有亮点、有特色,学校发展建设也平稳有序。但也有的地方对党建工作仍存在片面认识,“说起来重要、抓起来次要、忙起来不要”,导致抓党建工作的内在动力不足。一些学校书记、校长存在重业务轻党建的现象,有的学校党组织书记作为党风廉政建设第一责任人,在实际工作中倾注的时间和精力还不够多,全面从严治党主体责任落实有待进一步压实;一些党务干部多为兼职,平时忙于日常事务性业务性工作,对党建工作不细致、不深入,缺乏党建工作经验;个别党员教师党员意识淡化;一些中小学校存在无党建经费来源或党建经费不足、来源不稳定等问题,仅能开展日常党建工作,在党员培训、党员活动等方面缺乏经费保障。

2. 部分地方没有按要求理顺学校党组织隶属关系

按照《中共中央组织部　中共教育部党组关于印发〈关于加强中小学党的建设工作的意见〉的通知》(中组发〔2016〕17号)、《中央办公厅〈关于加强民办学校党的建设工作的意见(试行)〉的通知》(中办发〔2016〕78号)的要求,公办中小学校和民办学校党组织应隶属于教育部门党组织。但调研发现一些省辖市没有完全理顺隶属关系。

3. 农村中小学党组织设置不够科学,农村中小学党建工作相对较弱

目前,虽然公办中小学校党的工作基本实现全覆盖,但在一些地区乡镇以下农村中小学单独组建党支部比例较少,主要采取联合或挂靠组建的形式,存在联合建过于随意、缺乏科学规划等问题;有的农村小学存在一无支部、二无党员或校长不是党员的现象;建立党组织的农村学校,普遍存在党员分散,组织政治理论学习、开展“三会一课”活动难度较大,主观原因是不重视农村小学党组织的建设,客观原因是个别农村中小学规模相对较小,党员人数少,且流动性大,单独成立支部难度较大,为便于管理和开展组织生活没有单独建。

4. 中小学党组织的引领力和影响力有待进一步提升

一些中小学党组织积极主动作为不够，政治核心作用发挥不充分，个别学校党组织在领导学校党的纪律检查工作、落实党风廉政建设责任制等方面存有短板和空白。目前，我国义务教育阶段的中小学校实行校长负责制，客观上造成学校党组织书记或专职副书记影响力、话语权不够，书记在把握学校发展方向、参与决定重大问题等方面有欠缺，存在党组织活动经常让位于行政活动的现象；还有些学校政策待遇落实不够到位，导致党务工作人员地位不高、待遇偏低、动力不足。

5. 一些学校党建工作机制不够完善，党建工作载体不够丰富

一些学校党建工作缺乏必要的抓手，组织生活缺乏创新意识，各项制度落实不够严格，学习教育内容枯燥，形式不丰富；有的学校由于场地紧张还没有建设专门的党员活动室，党组织活动开展也缺乏有效的氛围；一些学校党员教育管理和激励约束机制不健全不完善，制度规定仅仅是写在纸上、挂在墙上，流于形式，导致党建工作缺乏凝聚力、号召力，推动力不强，工作成效不够显著，以党建统领教育教学工作不够有效，结合不紧，存在“两张皮”的现象。

6. 民办学校（培训机构）党建工作相对薄弱

调研中发现，民办学校（培训机构）在党建工作方面问题比较多。普遍存在党组织覆盖面不广、党组织作用发挥不充分、无党建办公场所、经费得不到保障等问题；多数管理体制没有理顺，党组织隶属关系大都不归属于所在地乡镇（办事处）党组织；党组织设置也不够规范，党员管理不严格，“三会一课”不能按规定开展；部分民办学校（培训机构）没有将党建工作纳入学校章程。另外，由于民办学校的绝大部分精力用在稳定和发展学校上，加上民办学校的党员人数少、流动性大，导致党组织建设面临诸多困难，特别是在引导优秀年轻教师积极向党组织靠拢，发现和主动培养入党积极分子队伍等方面工作比较滞后。一些民办学校党员的党组织关系不能及时转入。

三、全面加强教育系统党的建设的建议

坚持把政治建设摆在首位，深入学习贯彻习近平新时代中国特色社会主义思想和党的十九大精神，牢固树立“四个意识”，不断坚定“四个自信”，坚决做到“两个维护”，推进教育系统党的建设全面覆盖全面从严。全面加强教育系统党的政治、思想、组织、作风、纪律建设，把制度建设贯穿其中，坚定不移推进全面从严治党向纵深

发展。实施基层党建质量提升攻坚行动，开展“不忘初心、牢记使命”主题教育，深入推进“两学一做”学习教育常态化制度化，为教育改革发展提供坚强政治、思想和组织保证。

（一）切实加强党对教育工作的全面领导

党的领导是实现教育现代化的根本保障。各级党委要切实加强对教育工作的全面领导，充分发挥总揽全局、协调各方的重要作用，协调动员各方面力量共同推进教育现代化。要落实优先发展教育的责任，在经济社会发展规划中优先安排教育发展。要紧跟时代步伐，关注人民需求变化，及时研究解决教育现代化重大问题，为教育排忧解难，不断深化改革，创造性开展教育现代化建设。

（二）切实加强教育系统思想建设质量

持续开展习近平新时代中国特色社会主义思想专题培训，建立健全对教育系统党员干部和骨干教师专题培训的常态化工作机制，办好教育相关部门和各级各类学校领导班子成员专题培训班、哲学社会科学教学科研骨干研修班、高校思想政治理论课骨干教师研修班、高校辅导员骨干培训班等，形成多层次党的创新理论学习培训体系。将习近平新时代中国特色社会主义思想融入中小学教育，统筹利用学校和社会资源，丰富中小学教学形式，通过课上课下、校内校外等多种途径，广泛开展丰富多彩的教育和实践活动，让中小学生在潜移默化中增强对习近平新时代中国特色社会主义思想的情感认同，从小培育践行社会主义核心价值观，强化道德规范，扣好人生第一粒扣子。

（三）切实加强高校党建工作质量

修订《中国共产党普通高等学校基层组织工作条例》，研究制订高校党委工作规定，指导高校完善校、院（系）两级议事决策规则。研究制订高校党建工作标准，健全完善测评体系。加强对高校领导班子及成员的管理监督，完善年度考核，强化重点考核。加强高校院（系）领导班子建设。实施高校党组织对标争先建设计划，开展新时代高校党建示范创建和质量创优工作，实施高校教师党支部书记双带头人培育工程。指导开展高校基层党组织书记抓党建述职评议考核工作，开展全国高校基层党支部书记集中轮训，组织举办高校师生党支部书记网络示范培训，推选宣传高校基层党支部书记年度人物。优化加强党建带团建机制，将团建纳入党建工作考核。

(四)切实加强中小学校党建工作质量

出台中小学党建工作有关标准,在中小学校实行党组织领导下的校长负责制,充分发挥党组织领导核心作用,抓好中小学德育和思想政治工作,促进中小学校党建工作与教育教学深度融合,强化党建带团建、队建。开展中小学校党建工作督查,推动各地理顺党建工作管理体制,实现党组织和党的工作全覆盖。开展中小学、民办学校和中外合作办学机构党组织书记示范培训和网络培训,提高党建工作水平。

(五)切实加强教育系统基层党组织建设

加强对中小学校、民办学校、公办高校、中外合作办学党建工作的分类精准指导,推进党建工作规范化、科学化。坚持"三会一课"制度,推进教育系统党的基层组织设置和活动方式创新,加强基层党组织带头人队伍建设,扩大基层党组织覆盖面,充分发挥基层党组织的战斗堡垒作用。以提升组织力为重点,突出政治功能,加强党支部建设,推动党支部履行好直接教育党员、管理党员、监督党员和组织群众、宣传群众、凝聚群众、发动群众的职责。加强教育系统党员队伍管理,严肃党的政治纪律和政治规矩,增强广大党员政治意识、大局意识、核心意识、看齐意识,发挥先锋模范作用。不断加强和改进高校统战工作。以加强基层党建带动工会、共青团、妇联等群团组织和学生会组织、学生社团建设,坚持不懈促进学校和谐稳定,坚持不懈培育优良校风学风。通过加强基层党组织和党员队伍建设,凝聚起同心推进教育现代化的强大合力。

(六)切实加强教育系统党风廉政建设

认真抓好中央八项规定及实施细则精神和河南省实施办法的贯彻落实,密切关注"四风"隐形变异、改头换面等新动向,抓住典型、坚决问责、形成威慑。重点整治表态多调门高、行动少落实差等形式主义和官僚主义问题,推动上级规划试点和政策支持落地见效,防止"面子工程"、形象工程、"政绩工程"。加强纪律教育,强化纪律执行,把教育系统遵守政治纪律、落实党的教育方针政策和教育重大决策部署作为监督重点。加强重要领域和关键环节廉政风险防控机制建设,积极推进高校纪检监察体制改革。

（调研组组长:高治军,河南省委高校工委专职委员;副组长:刘根成、宋辉、冯轩友;成员:李志广、许一玉）

下编　政策文件篇

中共河南省委河南省人民政府关于印发《河南教育现代化2035》《加快推进河南教育现代化实施方案（2019—2022年）》的通知

（豫发［2019］29号）

各省辖市党委和人民政府、济源示范区党工委和管委会，省委各部委，省直机关各单位，省管各企业和高等院校，各人民团体：

现将《河南教育现代化2035》《加快推进河南教育现代化实施方案（2019—2022年）》印发给你们，请结合实际认真贯彻执行。

中共河南省委

河南省人民政府

2019年12月27日

河南教育现代化2035

教育是民族振兴、社会进步的重要基石。教育现代化是新时代中国特色社会主义现代化建设的重要支撑，是实现中原崛起、河南振兴的基础工程。加快推进教育现代化，发展更加公平、更高质量的教育，对建设教育强省、助力谱写新时代中原更加出彩的绚丽篇章具有重要意义。

一、战略背景

（一）发展现状

党的十八大以来，在以习近平同志为核心的党中央坚强领导下，省委、省政府以习近平新时代中国特色社会主义思想为指导，坚定不移实施科教兴豫和人才强省战略，出台一系列政策措施，实施一批重点工程，全省教育事业取得长足进步。教育优先发展战略地位进一步强化，教育改革逐步深化，教育投入大幅度增加，教育水平不断提高，教育服务经济社会发展的能力显著增强，人民对教育的满意度不断提升。

教育系统党的建设得到新加强。党领导教育工作的体制机制不断完善，学校特别是高校意识形态工作不断加强，党管办学方向、管改革发展、管干部管人才的要求得到有效落实。教育系统坚决做到“两个维护”，各级党组织严格党内政治生活，驰而不息纠正“四风”，党员干部“四个意识”明显增强，“四个自信”更加坚定，党风政风行风持续向好。推进习近平新时代中国特色社会主义思想进教材、进课堂、进头脑，学校思想政治理论课在改进中加强，广大师生思想政治素质持续提升。举办全省思想政治理论课教师教学技能大赛等活动，营造了讲好思想政治理论课的浓厚氛围。22个高校基层党组织被评为首批全国党建工作“标杆院系”和“样板支部”，民办高校、中外合作办学机构党组织覆盖面进一步扩大。

教育发展水平迈上新台阶。基础教育进一步巩固提高，学前教育三年毛入学率、义务教育巩固率、高中阶段教育毛入学率分别达到88.13%、94.62%、91.23%，均高于全国平均水平。大力推进城乡义务教育一体化发展,加强农村寄宿制学校建设,实施扩充城镇义务教育资源计划,义务教育大班额比例由2013年的26.12%下降到2018年的15%,85%的县(市、区)实现义务教育基本均衡。职教攻坚扎实推进,积极搭建校企合作平台,推动产教融合创新发展,健全德技并修、工学结合的育人机制,职业教育总体规模和校均规模均居全国首位,形成"长垣厨师""林州建工"等一批职教品牌。积极促进普通高校分类发展,着力提升高等教育质量,高等教育毛入学率达到45.6%,与全国平均水平的差距进一步缩小。郑州大学、河南大学进入国家"双一流"建设高校规划,实现了我省高等教育重大突破。

教育改革取得新进展。出台教育综合改革方案,设立"一市四县两校"教育改革实验区,承担3个国家教育体制改革试点项目,一批引领性改革举措取得突破。办学体制改革有序推进,设立省民办教育发展专项资金,累计吸引460亿元社会资本投资教育。教育领域"放管服"和"管办评"分离改革深入实施,职称评审权全部下放到高校,在中小学设置正高级职称,以绩效为导向的省属本科高校、职业院校财政经费核拨机制不断完善,考试招生制度改革稳步推进。教育合作交流持续加强,与教育部等共建高校达到11所,位居全国前列。

教育公平取得新成效。进城务工人员随迁子女入学率达到99%,农村留守儿童教育管理进一步加强。特殊群体受教育权利得到有效保障。学生资助政策体系更加完善,贫困家庭学生实现应助尽助,学生接受高等教育机会进一步扩大。加大招生政策支持力度,继续实施专项计划,定向招收农村和贫困地区学生,人民群众教育获得感显著增强。

教育保障水平实现新突破。教育优先发展战略地位更加巩固,全社会关心教育、支持教育、参与教育的氛围更加浓厚。教育经费投入持续增加,各阶段教育生均拨款水平不断提高。教师队伍特别是乡村教师队伍建设全面加强。教育信息化建设深入推进,优质教育资源覆盖面有效扩大。

(二)发展环境

从国际国内形势看,和平与发展的时代主题没有变,世界多极化、经济全球化、文化多样化、社会信息化深入发展。新一轮科技革命和产业变革加速演进,大数据、人工智能、云计算、物联网等的深入发展正在重塑全球经济发展格局,创新驱动发展成为世界各国的共识,教育在国家和地区发展中的基础性、先导性和全局性作用更加凸显。作为世界第二大经济体,我国在世界新一轮科技革命和产业变革中发挥着越来越重要的作用，正在加速向创新型国家迈进，重大科技创新正在引领生产方式发生深刻变革。

从我省经济社会发展看，省委、省政府以习近平新时代中国特色社会主义思想为指导，深入实施郑州航空港经济综合实验区、中国（河南）自由贸易试验区、郑洛新国家自主创新示范区和中原城市群建设等国家战略，各项事业取得显著进步。产业结构转型升级进程加快，科技创新对经济发展贡献度不断提升，人才需求的类型、层次不断发生变化，高素质、复合型人才需求缺口越来越大；乡村振兴战略深入实施，新型城镇化加速推进，区域之间、城乡之间人口流动不断加快，教育资源空间布局面临深度调整；人口老龄化加速和生育政策放宽，学龄人口、劳动年龄人口规模和结构不断变化，以高校毕业生为代表的青年群体就业观念和需求发生深刻变化，人民群众对高质量、多样化的教育需求日益增长。

从教育发展趋势看，以学习者为中心的发展理念日益深入人心，教育更加注重能力培养、促进人的全面发展，全民学习、终身学习、个性化学习成为教育发展趋势。新兴技术对教育发展产生重要影响，教育模式、形态、内容和学习者的学习方式正在发生深刻变革。教育与经济社会发展的结合更加紧密，对接产业链、创新链的学科专业体系不断完善，校企合作、产教融合不断深化，转变教育发展方式、坚持走以提升质量突出特色为核心的高等教育内涵式发展道路成为共识。社会力量参与教育治理的广度和深度不断拓展，教育治理呈现出多方合作、广泛参与的特征。

面对国际国内形势的新变化，面对全省经济社会发展的新需求，面对教育发展的新趋势，必须清醒地认识到，我省教育事业发展仍不平衡不充分，还不能很好适应经济社会发展和人民群众日益增长的对优质教育的需求。科学的教育理念尚未完全确立，素质教育尚未得到充分发展，思想品德教育有待进一步加强。教师队伍建设尚不能满足教育现代化需要，教师特别是中小学教师职业吸引力不足，地位待遇有待提高，准入、招聘、交流、退出等机制还不够完善，编制统筹配置和跨区域调整力度不足，相关人事政策有待改进，管理体制机制亟须理顺。区域之间、城乡之间、校际之间教育发展存在差距，基本公共教育服务均等化水平有待提升。高等教育整体实力不强，高水平大学不多，教学条件生均水平偏低，高校同质化现象突出，人才培养结构与经济社会发展需求契合度不够，师范教育吸引力有所减弱，医学教育资源不足、质量不够高，与我省先进制造业对接的工科专业特色不明显，分类发展的效应还没有充分显现。有效服务全民终身学习的体系制度尚不健全，教育支撑引领创新发展和服务全省对外开放大局的能力亟待提升；政府为主、全社会共同投入教育的机制还不健全，政府依法管理、学校自主办学、社会广泛参与的教育治理体系尚未完全形成，教育治理能力和治理体系现代化水平仍需提高。

加快教育现代化进程，是全省教育事业发展面临的重大任务。必须抓住机遇、超前布局，以更宽广的国际视野、更高远的目标要求、更有力的战略举措推动教育现代化，更好地支撑我省现代化建设，谱写新时代中原更加出彩的绚丽篇章。

二、总体思路

(一)指导思想

以习近平新时代中国特色社会主义思想为指导，全面贯彻党的十九大和十九届二中、三中、四中全会精神，增强“四个意识”，坚定“四个自信”，做到“两个维护”，紧紧围绕统筹推进“五位一体”总体布局和协调推进“四个全面”战略布局，全面贯彻党的教育方针，坚持马克思主义指导地位，坚持教育为人民服务、为中国共产党治国理政服务、为巩固和发展中国特色社会主义制度服务、为改革开放和社会主义现代化建设服务。立足省情，优先发展教育，尊重教育规律，坚持改革创新，以凝聚人心、完善人格、开发人力、培育人才、造福人民为工作目标，大力推进教育理念、体系、制度、内容、方法和治理现代化，培养德智体美劳全面发展的社会主义建设者和接班人，加快推进教育现代化，建设教育强省，办好人民满意的教育，为新时代中原更加出彩提供强大支撑。

(二)基本理念

注重以德为先。把思想品德、理想信念教育摆在首要位置，坚持以树人为核心、以立德为根本、育人和育才相统一，着力提高受教育者的道德品质和思想水平，培养一代又一代拥护中国共产党领导和我国社会主义制度、立志为中国特色社会主义奋斗终生的有用人才。

注重全面发展。大力发展素质教育，促进“五育”(德育、智育、体育、美育和劳动教育)有机融合，全面提升学生意志品质、思维能力、创新精神等综合素质，提高身心健康发展水平。

注重面向人人。坚持有教无类，保障每个人平等受教育权利，努力提供公平、优质、包容的教育，使教育选择更多样、成长道路更宽广，让人人都有人生出彩的机会。

注重终身学习。将学有所教与终身受益作为衡量教育发展水平的重要标准，努力为每个人在人生不同时期提供丰富多样的学习机会、开放优质的学习资源、灵活便捷的学习方式、绿色友好的学习环境，让学习成为一种生存需要和生活方式。

注重融合发展。推动教育向社会开放、向产业开放，推进产教融合、科教融合、军民融合，推动学校教育、社会教育、家庭教育有机结合，实现教育与经济社会深度融合、协同发展。

（三）基本原则

坚持党的领导。坚持办学正确政治方向，加强党对教育工作的全面领导，着力加强教育系统党的政治建设、思想建设、组织建设、作风建设和纪律建设，把制度建设贯穿其中，把思想政治工作贯穿学校教育管理全过程，牢牢掌握教育领域意识形态工作的领导权，确保全省教育系统安全稳定，为教育现代化提供坚强的政治保证和组织保障。

坚持中国特色。把培养社会主义建设者和接班人作为根本任务，强化社会主义核心价值观教育，继承和弘扬中华优秀教育思想和实践经验，充分发挥我国的制度优势，走中国特色社会主义教育现代化道路。

坚持优先发展。把优先发展教育事业作为推动各项事业发展的重要先手棋，牢固树立抓教育就是抓发展、谋教育就是谋未来的理念，在组织领导、发展规划、资源保障上把教育事业摆在优先发展地位，在全省社会主义现代化建设全局中超前规划、优先发展教育。

坚持改革创新。将改革作为推进教育现代化的根本动力，深化教育领域综合改革，增强系统性、整体性和协同性，充分运用新技术、新机制、新模式，着力推动教育理论创新、制度创新和实践创新，推动教育事业创新发展。

坚持依法治教。更加注重运用法治思维和法治方式推动教育改革发展，加强教育法规体系建设，完善行政执法体制机制，大力推行依法行政、依法办学、依法执教，为实现教育现代化提供法治保障。

坚持统筹推进。紧紧围绕国家战略规划实施对多样化、高素质人才的需求，抓重点、强弱项、补短板。统筹利用国内国际两种资源，坚持以我为主，扩大教育对外开放，充分调动各方面力量，协同推进教育现代化。

（四）战略目标

到 2035 年，总体实现教育现代化，建成教育强省、人力资源强省和人才强省，成为中西部地区教育领先省份，进入全国教育现代化发展水平上游行列。

1. 普及有质量的学前教育

全面普及学前三年教育，建成覆盖城乡、布局合理的学前教育公共服务体系，形成完善的学前教育管理体制、办园体制和政策保障体系，为幼儿提供更加充裕普惠、安全优质的学前教育，使适龄幼儿通过有质量的学前教育养成良好行为习惯，健康快乐成长。

2. 实现优质均衡的义务教育

实现九年义务教育城乡一体化均衡发展，在基本均衡的基础上实现优质均衡发展，保障适龄儿童接受良好的义务教育，九年义务教育巩固及完成水平和学生学业质量达到国家要求。

3. 全面普及高中阶段教育

高中阶段教育普及与完成水平达到国家要求，城乡新增劳动力普遍接受高中阶段教育。普通高中与中等职业教育协调发展，有效满足学生个性化、多路径发展需求，学生自主发展能力显著增强，为成长成才提供坚实的知识和能力储备。

4. 现代职业教育服务能力显著增强

集中力量建设一批高水平高职院校和专业群，形成服务现代产业发展、德技并修、产教融合的现代职业教育与培训体系，加强职业教育"双师型""一体化"教师队伍建设力度，培养大批高素质技术技能型人才。

5. 高等教育内涵式发展水平和竞争力明显提升

建成类别清晰、结构合理、适应市场多样化需求的现代高等教育体系，高等教育普及程度达到全国平均水平。打造一批具有国内外影响力的创新平台和高端智库，产生一批有重大影响的标志性科技和文化创新成果。

6. 残疾儿童少年享有适合的教育

形成布局合理、学段衔接、普职融通、医教结合的特殊教育体系，统筹财政教育支出，倾斜支持特殊教育，建立更加完善的家庭经济困难残疾儿童少年助学政策体系，让残疾学生接受适合自身特点、有利自身发展、有质量的教育。

7. 形成共建共享的教育治理新格局

全省教育法规和政策制度体系更加完备有效，社会参与教育决策的机制更加完善，政府依法行政、引领教育发展的能力显著增强，教育管理信息化和决策施政科学化、民主化、精细化水平显著提高，形成政府宏观管理、学校自主办学、社会广泛参与、各方共同推进的教育治理新格局，实现教育治理体系和治理能力现代化。

8. 建成服务全民终身学习的现代教育体系

实现普通教育和职业教育、学历教育和非学历教育、职前教育和职后教育沟通衔接，线上学习和线下学习相互融合，学校教育和社会教育、家庭教育密切配合的终身教育体系。建成学习型社会，实现人人皆学、处处能学、时时可学。

表1 教育事业发展和人力资源开发主要预期指标

单位:%

指标	2017年		2018年		2020年		2022年		2035年	
	河南	全国	河南	全国	河南	全国	河南	全国	河南	全国
学前三年毛入园率	86.5	79.6	88.1	82	90	85	91	—	>95	>95
九年义务教育巩固率	94.3	93.8	94.6	94.2	96	95	96	—	97	97
域内义务教育均衡县(市、区)的比例	64.6(基本均衡)	81(基本均衡)	84.8(基本均衡)	—	95(基本均衡)	95(基本均衡)	100(基本均衡)	—	95(优质均衡)	95(优质均衡)
高中阶段教育毛入学率	90.6	88.3	91.2	89.2	92	90	92	—	97	97
高等教育毛入学率	41.8	45.7	45.6	48.7	50	50	52	—	65	65
学前教育教师接受专业教育比例	77.4	69.3	77.9	—	79	75	82	—	>95	>95
义务教育专任教师中本科以上学历比例	59.3	66.1	62.7	—	65	75	70	—	>95	>95
新增劳动力中受过高中及高等教育比例	85	88	—	—	87	90	—	—	93	95
劳动年龄人口平均受教育年限(年)	10.5	10.5	10.6	—	10.8	10.8	10.8	—	12	12

三、战略任务

(一)学习贯彻习近平新时代中国特色社会主义思想

实现教育现代化的战略目标，必须以习近平新时代中国特色社会主义思想为根本遵循，把学习贯彻习近平新时代中国特色社会主义思想作为首要任务，贯穿到教育改革发展全过程，落实到教育现代化各领域、各环节。

1. 高举习近平新时代中国特色社会主义思想伟大旗帜

坚持以学习为先导，努力提升推进教育现代化的能力。推动教育系统党员干部和广大教师努力学习习近平新时代中国特色社会主义思想，深入理解和准确把握贯穿其中的马克思主义立场、观点、方法，增强“四个意识”，坚定“四个自信”，坚决做到“两个维护”。坚持以培训为抓手，持续开展习近平新时代中国特色社会主义思想专题培训，建立健全教育系统党员干部和骨干教师专题培训常态化工作机制，按照干部管理权限和分类分级原则，办好教育相关部门和各级各类学校领导班子成员专题培训班、哲学社会科学教学科研骨干研修班、高校思想政治理论课骨干教师研修班、高校辅导员骨干培训班等，建立多层次学习培训体系，强化对习近平新时代中国特色社会主义思想精髓的准确把握。

将学习贯彻习近平新时代中国特色社会主义思想与推进教育现代化紧密结合，与解决全省教育领域的实际问题紧密结合，用以分析问题、解决问题，不断深化对教育规律和人才成长规律的认识，准确把握教育改革发展阶段性特征，深入分析人民群众对教育的新需求、新期待，提高学习本领、政治领导本领、改革创新本领、科学发展本领、依法治教本领、群众工作本领、狠抓落实本领和驾驭风险本领，为教育现代化顺利推进奠定坚实基础。

2. 持续加强习近平新时代中国特色社会主义思想研究

加强习近平新时代中国特色社会主义思想系统化、学理化、学科化研究阐释。设立“习近平新时代中国特色社会主义思想研究”“习近平教育重要论述研究”等一批哲学社会科学、教育科学重大研究课题，加快推出一批高质量、有深度的研究成果。

加强习近平新时代中国特色社会主义思想研究学科建设。支持高校在马克思主义理论、教育学、哲学、理论经济学、法学、政治学等一级学科中设立习近平新时代中国特色社会主义思想研究方向和研究生培养方向，加强马克思主义理论学科建设，支持有条件的高校设置党的建设二级学科。加大支持力度，重点建设一支以中青年骨干为主的专家队伍，在相关高校学科领域设立研究习近平新时代中国特色社会主义思想的省特聘教授岗位，培养集聚一批具有扎实理论功底和国际交往能力的高端学术带头人。

重视习近平新时代中国特色社会主义思想研究成果的传播。结合实际，采取灵活多样的方式，组织开展高校名师大讲堂、理论名家社会行、专家学者宣讲、大学生骨干宣讲等活动，向社会宣讲习近平新时代中国特色社会主义思想，使之不断深入人心。

3. 推动习近平新时代中国特色社会主义思想进教材、进课堂、进头脑

坚持从源头抓起，中小学统一使用道德与法治（思想政治）、语文和历史国家统

编教材，确保习近平新时代中国特色社会主义思想融入中小学教育。积极推动有条件的高中阶段学校开设习近平新时代中国特色社会主义思想选修课和主题团课党课。根据不同学段、不同学校、不同学习者特点，打造一批习近平新时代中国特色社会主义思想示范课堂，推出一批精品网络公开课，扩大受众覆盖面。

统筹利用学校和社会资源，丰富中小学教学形式，依靠课上课下、校内校外多种方式，广泛开展丰富多彩的教育实践活动，让中小学生在潜移默化中不断增强对习近平新时代中国特色社会主义思想的情感认同，牢固树立共产主义远大理想。

强化以习近平新时代中国特色社会主义思想为核心内容的高校思想政治教育。建强思想政治理论课专职教师队伍，发挥思想政治理论课的主渠道作用，积极组织省内专家学者参与国家组织的马克思主义理论研究与建设工程重点教材编写工作。

在高校建设一批重点马克思主义学院，开好高校思想政治理论课。鼓励有条件的高校面向大学生开设"习近平总书记关于教育的重要论述"公共选修课。优化课程设置，强化课程育人功能，让各类课程与思想政治理论课同向同行，教育和引导学生正确认识世界和中国发展大势，不断树立为共产主义远大理想和中国特色社会主义共同理想而奋斗的信念和信心。

（二）全面提升教育质量

提高教育质量是教育现代化的核心要求。落实立德树人根本任务，遵循教育规律和人才成长规律，坚持质量标准，抓住教育的关键环节和核心要素，形成更高水平的人才培养体系，将中国特色社会主义特色和优势有效转化为培养社会主义建设者和接班人的能力，努力培养又红又专、德才兼备，能够满足党、国家、人民以及时代需要的人才。

1. 大力实施新时代立德树人工程

坚持把立德树人融入思想道德教育、文化知识教育、社会实践教育各环节，贯穿基础教育、职业教育、高等教育各领域。把立德树人的成效作为检验学校一切工作的根本标准，强化"三全育人"（全员、全过程、全方位育人），不断提高学生思想水平、政治觉悟、道德品质、文化素养和身心健康水平。把思想政治工作作为学校各项工作的生命线，将思想政治工作体系贯穿学科体系、教学体系、教材体系、管理体系等人才培养体系。

广泛开展理想信念教育，深化中国特色社会主义和中国梦宣传教育，弘扬民族精神和时代精神，加强党的基本理论、基本路线、基本方略教育，教育引导学生树立共产主义远大理想和中国特色社会主义共同理想，加强中国历史特别是中国近代史、中国革命史、中国共产党历史、中华人民共和国历史、改革开放史等教育，加强中华优秀传统文化、革命文化、社会主义先进文化教育，促使广大学生坚定“四个自信”。加强爱国主义教育，把爱国主义教育有机融入教育教学各环节，贯穿国民教育全过程。加强国情、省情教育，充分发挥焦裕禄精神、红旗渠精神和大别山精神等红色资源优势，讲好党的故事、革命的故事、根据地的故事、英雄和烈士的故事，激发青少年热爱祖国、热爱家乡的思想感情。加强集体主义教育，培养青少年的集体主义道德品质。加强品德修养，强化教育引导、实践养成，引导学生成为有大爱大德大情怀的人。坚持不懈培养和弘扬社会主义核心价值观，引导广大师生做社会主义核心价值观的坚定信仰者、积极传播者、模范践行者。培养奋斗精神，教育引导学生树立高远志向，历练敢于担当、不懈奋斗的精神，保持勇于奋斗的精神状态、乐观向上的人生态度，做到知行合一、刚健有为、自强不息。

增强综合素质，教育引导学生培养综合能力，培养创新思维。提高智育水平，增长知识见识，培养学生良好的学习品质，激励学生做终身学习者。普及科学知识、传播科学思想、倡导科学方法、提高科学素养，培养学生的科学精神和原创能力。充分发挥语言文字的文化承载功能，强化学校语言文字教育。树立健康第一的教育理念，全面强化学校体育工作，帮助学生在体育锻炼中享受乐趣、增强体质、健全人格、锤炼意志，养成终身锻炼的良好习惯。全面加强和改进学校美育，坚持以美育人、以文化人，发展艺术教育，提升学生艺术修养和审美情趣。加强劳动教育，弘扬劳动精神，引导学生崇尚劳动、尊重劳动。强化实践动手能力、合作能力和创新能力培养。将法治教育全面纳入国民教育体系，加强宪法教育，使尊法学法守法用法成为青少年的共同追求和自觉行动。加强民族团结教育、生态文明教育、国家安全和国防教育。

优化育人网络系统，丰富和完善教育载体。突出齐抓共管，形成家庭、学校、社会紧密衔接的完整育人链条，营造立体的教育生态。加强全员育人责任体系构建，明确不同群体的育人责任和育人路径。强化课堂教学主阵地的育人功能，充分发挥各学科的德育功能。注重第二课堂建设，拓宽育人渠道。加强育人环境管理，充分发挥优良育人环境的熏陶作用。

2. 推进各级各类教育标准建设

衔接国家相关标准，制定覆盖全学段、符合不同层次和类型教育特点的教育质量标准，明确学生发展核心素养要求。完善学前教育保教质量标准，不断优化幼儿园工作规程，科学保教，防止幼儿园小学化倾向，进一步明确健康、语言、社会、科学、艺术等方面的儿童发展要求和幼儿园实施要求。制定完善中小学各学科学业质量标准和体质健康标准,进一步确立以学生发展为本的教育理念,倡导启发式教学和研究性学习,营造独立思考、互动交流、激励创新的教学环境。将标准化建设作为统领职业教育发展的突破口,完善职业教育体系。推进资历框架建设,探索实现学历证书和职业技能等级证书互通衔接。在职业院校、应用型本科高校推行1+X证书制度(学历证书+若干职业技能等级证书制度)试点。制定紧跟时代发展的多样化高等教育人才培养质量标准,突出特色分类发展,引导高校在不同层次、不同领域办出特色。

制定完善人才培养资源要素标准。根据各级各类教育特点和人才培养目标,建立以师资配备、生均拨款、教学设施设备配备等资源要素为核心的标准体系。建立健全办学条件标准动态调整机制,根据教育发展需求和经济社会发展状况,适时修订办学条件标准。积极推进绿色学校建设,按照国家要求,创建平安校园、文明校园、和谐校园。

3. 加强课程教材体系建设

充分反映当代中国马克思主义和世界科学技术进展,广泛吸收人类优秀文明成果,建设适应新时代中国特色社会主义发展要求、门类齐全、学段衔接的课程体系。围绕学生发展加强核心素养培养,科学规划大中小学课程,合理设置基本课程。分类制定课程标准,按照循序渐进、由浅入深、有机衔接的原则,合理设计各学段、各学科专业教学基本内容和要求,促进各学段教学内容纵向衔接和各门课程教学内容横向配合。促进学科间融合,探索开发以培养综合素质为核心的跨学科课程和主题学习课程。针对学习者的个性化学习需求,充分利用现代信息技术,丰富并创新课程形式,加大微课程、大规模开放在线课程、讲座式课程、综合实践活动课程等开发力度,推进课程多样化。推动校企共同研究制定人才培养方案,及时将新技术、新工艺、新规范纳入教学标准和教学内容,强化学生实习实训。健全专业教学资源库,进一步扩大优质资源覆盖面。推动高校及时调整专业人才培养方案,定期更新教学大纲,适时修订专业教材,构建更为灵活开放的课程体系。建设一流专业点,引领支撑高水平本科教育。进一步完善高校创新创业教育课程体系,加强高校职业发展与就业指导教育。鼓励行业部门、第三方机构以及高校联盟探索制定专业、课程认证标准。切实发挥教材育人功能,用好国家统编教材。加强教材建设重大理论和实践问题研究,建设高素质专业化教材编审队伍。

4. 创新人才培养机制

创新发展素质教育的有效途径。深化教学改革,推行启发式、探究式、参与式、合作式等教学方式以及走班制、选课制等教学组织模式，促进学生主动把学习、观察、实践同思考紧密结合，保护和激发学生的好奇心和学习兴趣，注重培养学生创新精神与实践能力，强化学生心理健康教育，全面提升学生心理素质。强化实践育人环节，增加实践教学比重。结合专业特点和人才培养要求，分类制定实践教学标准。加强研学实践教育基地、实习实训基地、大学生校外实践教育基地、实践教学共享平台建设。建立完善的学生实习实训和社会实践保障激励机制，落实社会企事业单位育人责任。探索建立发现与培养具有特殊才能和潜质学生的机制，实施特需课程和弹性化教学，为创新人才培养和成长提供更加有利的环境。

在中小学普遍开展劳动和职业启蒙教育，在职业院校全面推行产教融合、校企合作的人才培养模式。职业院校应当坚持德技并修、工学结合，根据自身特点和人才培养需要，主动与具备条件的企业在人才培养、技术创新、就业创业、社会服务、文化传承等方面开展合作。加快推进职业教育学分银行建设，实现学习成果可追溯、可查询、可转换。发挥企业重要办学主体作用，鼓励有条件的企业特别是大企业举办高质量职业教育。积极推行职业教育项目教学、案例教学、情景教学、工作过程导向教学，注重培养学生工匠精神，加强和改进公共基础课教学，为学生职业发展奠定较为扎实的科学文化基础。

全面推行科教融合、产学研用协同育人的高等教育人才培养模式，把创新创业教育贯穿人才培养全过程。深入实施高校教学质量与教学改革工程和研究生教育创新计划，深化普通本科人才培养模式改革，大力推行卓越人才教育培养计划；推进研究生教育综合改革，改进培养方式，更加重视导师队伍建设和培养过程优化，着力提高研究生的创新能力和实践能力。

健全社会资源有效开发配置的政策体系，加大图书馆、博物馆、科技馆、纪念馆、运动场、少年宫、儿童活动中心等公益设施建设力度，免费向学生开放。大力推进校园文化建设，积极开展校内外结合的科技教育活动，鼓励中小学校与科技馆、高校、科研机构等协同加强青少年科学素质培养。

重视家庭教育和社会教育。丰富家庭教育资源，加强对家长的教育指导服务，通过家长学校、家长会、家校委员会等，引导家长树立正确教育观念、掌握科学教育方法，注重家风建设，推进家庭学校共同育人。积极发展内容丰富、形式多样、规范有序的校外教育。大力发展社会教育，构建学校和各级党政机关、社会团体、企事业单位及乡镇（街道）、村（社区）、家庭协同育人格局。统筹协调社会资源支持服务家庭教育，促进全社会担负青少年成长成才的责任。

5. 完善教育质量评估监测机制

建立更加科学公正的考试评价制度。按照促进学生成长、国家选才、社会公平有机统一的原则，充分利用现代信息技术，逐步使考试招生制度更加科学完善，带动教育综合改革，促进学生全面发展。

完善初高中学生学业水平考试和综合素质评价制度，加强对校外培训机构的专项治理，严格规范培训行为，坚决纠正以分数为唯一指标的考核倾向，切实减轻中小学生过重课业负担。不断优化自主招生工作机制，强化对学生的学科特长和创新潜质要求，严格录取标准。建立更加完善的职业院校分类考试招生制度，完善支持政策，推进校企一体化育人。深化研究生考试招生制度改革，完善多元化招生选拔机制，推进分类考试，建立健全有利于拔尖创新人才和高层次应用型人才脱颖而出的招生选拔机制。

完善学校内部质量控制机制。推动学校以持续提高质量为目标，针对课堂教学、实习实践、考试评价等教育教学过程中的关键环节制定指导性规范，建立全过程、全方位人才培养质量反馈监控体系，推动学校不断改进教学过程、优化资源配置，持续提高办学质量。建立学校年度教学质量报告发布制度，接受社会监督。

建立学术诚信机制，规范学术评价，遏制科研浮躁风气，打击学术不端行为与学术腐败，营造良好学术氛围。健全能力与知识考核并重的多元化学业考核评价体系，完善学生学习过程监测、评估与反馈机制，建立更加完善的高等教育考试管理、学位论文抽检和学位授予制度，确保高等教育质量和学位声誉。

健全人才培养质量监测体系。坚持分类评估、动态监测原则，开展常态化人才培养质量跟踪监测。建立质量监测结果反馈改进机制，加强监测信息公开和结果反馈，健全质量信息收集和发布制度，逐步健全监测结果与资源投入挂钩机制，改进教育教学过程。引导行业企业和其他社会力量积极参与教育质量监测评估，培育和扶持一批具有独立性、专业性、权威性的第三方评估机构，形成若干具有国际知名度的教育质量监测评估组织与机构。重视评价结果运用，构建评价激励和导向机制，引导学校面向市场、面向社会、面向需求办学，形成政府管教育、学校办教育、社会评教育的新格局。

（三）推动各级教育高水平、高质量普及

各级教育高水平、高质量普及是实现教育现代化的重要基础。要重点关注农村地区，不断完善发展机制，精准施策，补齐短板，全面扩大人民群众受教育机会。

1. 提升学前教育普及水平

以农村为重点全面普及学前三年教育。建成覆盖城乡、布局合理的学前教育公共服务体系,形成完善的学前教育管理体制、办园体制和政策保障体系,为幼儿提供更加充裕、普惠、优质的学前教育。

健全学前教育发展机制。强化省、市级政府的统筹责任,落实县级政府发展学前教育的主体责任,充分发挥乡镇政府作用。大力发展公办幼儿园,完善扶持政策,鼓励各地通过政府补贴、购买服务等方式,加快发展普惠性民办幼儿园,扩大普惠性学前教育资源。创新学前教育教师、保育员培养和补充机制,按标准补足配齐幼儿园教师和保育员,满足学前教育发展需求。

努力让所有儿童接受学前教育。根据人口规模及分布情况,合理规划幼儿园布局,重点关注乡村幼儿园的布局和建设。健全城镇新建小区配套建设幼儿园制度,满足城镇幼儿入园需求。完善学前教育资助政策体系,确保弱势群体儿童享受学前教育服务。完善学前教育服务网络,创新服务方式,实现学前教育全覆盖。

提高学前教育质量。完善监管体系,加强县级政府对学前教育发展的统筹管理。严格幼儿园准入制度,健全并落实幼儿园办园行为基本规范,完善保教质量评估指导体系和教研指导网络,开展幼儿园办园行为督导评估,坚持以游戏为基本活动,全面提高幼儿园保教质量。建立完善的农村薄弱幼儿园帮扶指导体系,逐步提高农村地区学前教育水平。

2. 提升义务教育巩固水平

全面深化教育教学改革,切实提高义务教育教学质量。坚持以德为先、全面发展、面向全体、知行合一的原则,强化"五育"并举,全面发展素质教育。优化教学方式,加强教学管理,促进信息技术与教育教学融合。全面深入实施义务教育质量提升工程,落实立德树人根本任务,着力培养担当民族复兴大任的时代新人。

有效保证学位供给。严格落实城镇新建小区配套建设学校制度,加强农村标准化寄宿制学校建设,保留并办好必要的乡村小规模学校(含教学点),保障学生就近接受优质教育,防止学生因就学不便而失学。

构建更加严密的控辍保学制度。坚持依法控辍,提高质量控辍,落实扶贫控辍,强化保障控辍。把农村、偏远、贫困和流动人口相对集中等地区作为重点监测地区,把初中作为重点监测学段,把流动、留守、残疾、家庭经济困难适龄儿童少年与服刑人员未成年子女作为重点监测群体,加强学生失学辍学情况监测。健全家庭经济困难学生、残疾儿童、留守儿童和随迁子女关爱与精准帮扶责任制,及时了解学生的思想、学习和生活状况，防止学生因经济困难、身体残疾、父母外出务工等原因而辍学。健全控辍保学工作责任体系，落实政府、学校和监护人责任，切实保障义务教育阶段儿童受教育权益。建立学习困难学生个性化帮扶机制，确保学生不因学习困难而辍学。

完善控辍保学督导机制和考核问责机制，将义务教育控辍保学工作纳入各级政府考核体系，作为对政府及其主要领导考核的重要指标。建立学籍系统和国家人口基础信息库比对核查机制，及时发现未入学适龄儿童少年，建立未入学适龄残疾儿童少年、服刑人员未成年子女数据库，采用多种形式保障其接受义务教育并纳入学籍管理，防止空挂学籍或中途辍学。

3. 提升高中阶段教育普及水平

形成高中阶段多样化办学格局。推动城乡新增劳动力普遍接受高中阶段教育，普及与完成水平达到国家要求。建立普通高中和中等职业教育互通机制，推进普通高中教育与中等职业教育协调发展，有效满足学生个性化、多样化发展需求，增强学生自主发展能力，为成长成才提供坚实的知识和能力储备。鼓励普通高中多样化特色发展，扩大优质中等职业学校招生范围。

开展高中阶段教育普及攻坚。加大对高中阶段教育资源不足地区普及攻坚的支持力度，优化学校布局，加强学校建设，改善办学条件，满足学生就学需求。统筹考虑高考综合改革和普通高中新课程实施需求，拓宽高中建设资金筹措渠道，保障公办普通高中稳定健康发展。建立高中阶段教育学生辍学监测机制。探索建立激励机制，推动初中毕业未升学学生和从业人员通过接受各种形式的中等职业教育、各类形式的成人高中教育、半工半读教育等完成高中阶段教育。

整体提升普通高中办学水平。加快推进普通高中新课程方案和标准实施。通过示范引领，有效推进和深化课程改革。建立课程实施监测制度，健全课程建设和管理反馈机制。开展学业水平考试命题评估。改进学校教学组织管理，规范学校教学组织行为。主动适应高考综合改革要求，建立完善学生发展指导制度，开好生涯教育课程，实现生涯教育全覆盖。支持基于核心素养的教学实践探索，有序推进选课走班、导师制等教学制度改革。

完善普通高中学生综合素质评价体系。加快省级综合素质评价信息平台建设，切实规范普通高中学生综合素质评价程序和内容，加强多元、多方位、多环节监督，确保评价内容公开、程序透明、结果可信。加强学生社会实践基地建设，广泛开展社会实践活动，使学生开阔视野、增长见识、提高综合素养。

(四)实现基本公共教育服务均等化

基本公共教育服务均等化是教育现代化的基本要求。建立健全科学合理的基本公共教育资源均衡配置机制,建立基于学生自身发展、价值增值的教育公平推进和保障机制,激发学生发展的内生动力,逐步缩小区域、城乡、校际差距,努力让全省人民享有更公平、更优质的教育,让教育改革发展成果更多、更公平惠及广大人民群众。

1. 全面提升义务教育均等化水平

实现义务教育学校建设标准化。落实国家义务教育阶段学校基本办学标准,建立学校标准化建设长效机制,探索建立学校教学设施设备标准化配备和定期更新机制。健全年度督导评估机制,推进城乡学校在办学条件、师资配备等方面普遍达标。

推进城乡义务教育优质均衡发展。优化义务教育学校布局。根据乡村振兴、新型城镇化、产业布局、人口变化与流动等因素,科学编制县域义务教育学校布局规划。实施乡村教育振兴计划,推动乡村学校建设融入乡村振兴战略。健全城乡一体化的学校布局建设、师资配置、经费保障、督导评估等机制。建立健全城乡对口帮扶机制,合理确定并逐年提高城镇教师到农村支教补助和农村教师特殊岗位津贴标准,改善支教教师的工作、生活条件,保障支教教师合法权益。开展年度城镇教师支教督导问效评估,实施城镇教师支教定期报告和年度检查通报制度,确保支教实效。在实现县域内义务教育基本均衡的基础上,进一步推进县际间教育优质均衡发展。

2. 推进随迁子女入学待遇同城化

完善按城镇化总体规划和常住人口规模编制城镇学校布局规划、建设学校的制度,有序扩大城镇学校学位供给。根据就近入学原则,保障随迁子女平等享受基本公共教育服务。健全流动人口子女异地升学考试制度,完善符合条件的随迁子女在流入地参加中、高考政策和随迁子女就学政策,加快流入地学校建设,积极稳妥解决新型城镇化进程中新增市民和进城务工人员子女的就学问题。简化优化随迁子女入学程序,完善便民服务举措,将随迁子女与城市学生统一管理、统一编班、统一教学、统一安排活动,确保入学待遇同城化。定期开展随迁子女教育发展水平监测评估。

3. 实现困难群体帮扶精准化

健全家庭经济困难学生资助体系。完善家庭经济困难学生资助政策,从制度上保障不让一个学生因家庭经济困难而失学。改进资助方式,推动保障型资助向发展型资助转变,把资助育人工作融入全学段、学生资助工作全过程。完善家庭经济困难学生认定办法,开发全省智能化精准帮扶信息平台,鼓励学校建设智能化精准帮扶系统,充分利用现代信息技术提高资助工作精准度和工作效率。完善资助宣传、监管和资助育人长效工作机制,规范学生资助管理。加强学生资助工作体系建设,健全工作机制,建强专职队伍,定期开展资助工作人员培训,提高专业化水平。实施教育精准扶贫计划,深入推进教育精准扶贫,加快“三山一滩”等贫困地区教育发展,补齐教育短板,加大教育投入和师资培养培训力度,整体提升贫困地区教育发展水平。对困难群体进行精准帮扶,重点帮助贫困家庭子女接受公平、有质量的教育,阻断贫困代际传递。深入实施农村学生营养改善计划,逐步提高学校食堂供餐比例和学生膳食标准。

4. 办好特殊教育

推进适龄残疾儿童少年教育全覆盖。针对学生不同情况,实施差别化教育和个性化培养计划,为每个残疾学生建立个人档案,提高特殊教育的针对性。全面推进融合教育,优先让残疾儿童少年在普通学校接受教育,对中重度和多重残疾学生通过就读特殊教育学校、送教上门、个性化帮扶等方式实施教育,努力使每个适龄残疾儿童少年通过教育培训掌握一技之长。促进医教结合,建立多部门合作机制,加强专业人员的配备和合作,提高残疾学生评估鉴定、入学安置、教育教学、康复训练的有效性。探索建立适合残疾幼儿康复和身心发展的学前教育模式。全面普及残疾儿童少年义务教育,提高残疾青少年高中阶段教育普及水平,鼓励高校积极招收符合录取标准的残疾学生并给予专项教育经费支持。支持有条件的特殊教育学校发挥融合教育资源中心、残疾人终身学习中心的作用,为残疾人提供教育服务。建立健全特殊教育监测和督导制度,落实各级政府的法定责任,确保每个残疾人都能够接受公平教育,获得自我发展能力。开展贫困地区残疾学生免费接受高等教育试点并逐步向全省推广。

(五)构建完善的终身学习体系

加快建设学习型社会是教育现代化的迫切要求。要充分满足学习者的多样化需求,充分整合省内各种资源,建立各级各类教育互联互通的终身教育服务网络,全面提高人口素质,把人口优势转化为人力人才资源优势。

1. 完善终身学习服务平台

大力发展继续教育,强化职业学校和高校的继续教育与社会培训服务功能,面向行业企业开展多种类型、多种形式的职工继续教育。面向退役军人、进城务工人员、转岗人员、城镇化进程中的新市民、城乡待业人员、残疾人、农村实用人才等社会群体,提供多样化教育与培训服务。积极构建省级开放大学、市级社区大学、县级社区学院、乡镇(街道)社区学校、村(社区)居民学习点五级教育培训网络。完善各级各类学习型组织的系统推进机制与区域协调机制，促进各组织间的衔接、沟通与融合，构建与现代城市发展相适应的区域终身教育体系，推动学习型社会建设。

2. 优化终身学习资源配置

扩大社区教育资源供给，建立健全社区教育办学网络。引导高校、职业学校、行业企业和其他社会力量共同参与社区教育，培育多元办学主体，提供多样化教育服务。鼓励各地加强社区教育机构与城乡社区综合服务中心（站）的设施统筹、资源共享和服务联动。通过财政支持、社会资助等多种形式，扩大社区教育资源和学习场所，强化社区教育的普惠性，推动社区教育融入社区治理。创新家庭教育指导方式，构建家庭教育公共服务网络，形成家庭教育、社会教育、学校教育融合机制。在全省范围内普及国家通用语言文字，提升农村地区普通话水平，消除语言交流障碍。大力发展老年教育，创新老年教育的体制机制，创建一批市级老年大学、县级老年学院和乡镇（街道）老年学校，满足老年人多样化的学习需求。开展面向"三农"的农村实用技术培训、劳动力转移就业培训和社会文化生活教育。充分运用现代教育技术，推动城乡优质教育资源共享。

3. 建立终身学习制度环境

完善招生入学、弹性学习及继续教育制度，使学习者都有机会通过直接入学、先就业再升学、边就业边学习等多种方式成长成才。建立制度化、规范化的转学转专业机制，允许学生在具备相应条件的前提下灵活转换专业。建立学分银行，落实国家关于各类终身学习成果的学分认定标准、积累办法和转换途径的相关规定，为学习者提供能够记录、储存学习经历和成果的个人学习账户。深化高中后教育学分制、弹性学制和学习者自主选课制度改革。推动各类非学历教育学习成果认定和转换。鼓励普通高中开设选修课程、职业课程，探索开设大学先修课程，加强与高等教育、职业教育的衔接，大力推进中高职衔接、普教融通。

发挥政府主导作用，推动各地出台终身学习激励政策。探索开展以大数据为基础的全面学习需求与能力检测。制定和完善终身教育法规，切实保障公民终身学习权利。明确各级各类教育机构在终身学习体系中的地位、目标、责任及相互关系。完善社区学院、老年大学等办学机构的建设标准和管理办法。逐步将在职人员教育、农村成人教育、社区教育等非学历继续教育纳入教育事业统计范围。建立健全终身学习的目标责任机制、部门协调机制、评估机制、总结通报机制和理论研究机制等，强化经费保障、场所保障及人员保障。

(六)强化一流人才培养和支撑创新发展能力

一流的人才培养与创新发展能力是衡量教育现代化水平的重要标准。要面向富民强省需求,特别是产业布局和区域发展的战略需要,优化教育体系和学校布局结构,努力提升高校一流人才培养与服务创新发展水平。

1. 分类建设一批一流高校

加快推进一流大学和一流学科建设。坚持中国特色,瞄准世界一流,强化政策、资源和资金支持,加快推进郑州大学、河南大学“双一流”建设,着力提高拔尖创新人才培养水平,培养一批高层次创新创业团队和高级专门人才。把郑州大学建成国际知名的综合性大学,争取进入世界一流大学行列,成为中西部地区经济社会发展的重要创新基地。河南大学生物学主要学科领域达到世界一流学科水平,多学科协调发展的一流学科体系更加完善,初步形成世界一流大学的学科基础。支持更多高校进入国家“双一流”建设序列,争取若干所大学具备国内一流大学竞争力,更多学科进入国内一流学科行列,高等教育质量整体提升。

分类推动高校提高办学水平。完善高校分类设置、评价、指导、评估、拨款制度,引导高校科学定位,在不同层次、领域办出特色,争创一流。提升特色骨干大学办学水平,着力建设一批行业特色鲜明、学科优势明显的大学,在行业拔尖创新型人才培养上取得突破。加强应用技术类型本科院校应用能力建设,打造一批产业贡献力大、创新应用能力高、结构带动力强的应用技术类型高校。重点建设若干所优质高等职业院校,带动形成为地方经济发展提供有力支撑的技术技能人才培养格局。鼓励支持高水平、有特色的民办高校培育优质学科、专业、课程和师资,整体提升管理水平和教育教学质量。

2. 加快发展现代职业教育

完善职业教育和培训体系。坚持面向市场、服务发展、促进就业的办学方向,不断优化职业教育结构与布局,畅通技术技能人才成长渠道,形成纵向衔接、横向贯通、学历教育与培训并重的现代职业教育体系。支持发展一批品牌化、连锁化和中高职衔接的职业教育集团,扩大对初中毕业生实行中高职贯通培养的招生规模。实施中国特色高水平高等职业学校和专业建设计划,建设若干引领改革、支撑发展、中国特色、世界水平的高等职业学校和骨干专业(群)。职业院校要按照育训结合、长短结合、内外结合的要求,面向在校学生和全体社会成员开展职业培训。多种形式大力发展面向农业农村的职业教育,培养以新型职业农民为主体的农村实用人才,支撑乡村振兴。

促进产教融合、校企合作育人。推行现代学徒制和企业新型学徒制，健全德技并修、工学结合的育人机制，形成符合技术技能人才成长规律的职业教育人才培养模式。鼓励社会各界特别是企业积极支持职业教育、参与人才培养，推动职业教育与产业发展有机衔接、深度融合，实现由政府举办为主向政府统筹管理、社会多元办学的格局转变，由追求规模扩张向提高质量转变，由参照普通办学模式向企业社会参与、专业特色鲜明的类型教育转变。

3. 构建适应区域和产业发展需要的教育布局

建立更加有效的区域教育协调发展新机制。围绕国家在我省实施的一系列重大战略和区域经济社会发展需求，着眼区域产业发展和人才汇聚，合理配置教育资源，推动区域性院校集群建设，提高教育对区域和产业发展的支撑和服务能力。加大与我省基础产业、支柱产业和国家战略紧密相关学科专业的建设力度，构建对我省经济社会发展起重要支撑作用的优势学科专业群。优先布局现代农业、先进制造业、现代服务业、战略性新兴产业等产业迫切需要的高校与职业学校，重点发展高水平行业特色大学、应用型高校和小规模特色学院。对标国家高等教育和人才发展目标，根据我省人口与教育发展现状，科学规划高等教育增量供给。坚持新增资源向新的城镇化地区、产业集聚区、高等教育资源短缺地区倾斜。大力支持城市与大学开展共建工作，形成以城育校、以校兴城共同发展的良好格局。

4. 优化人才培养结构

健全需求导向的人才培养结构调整机制。综合运用招生计划、就业反馈、人才需求预警等方式，引导高校和职业学校及时调整与发展需求不适应的学科专业。适应我省产业分工从价值链中低端向中高端转变对人才需求的变化和国内国际人才竞争的变化趋势，逐步提高高层次人才培养比重，加强创新人才特别是拔尖创新人才培养，提高高素质技术技能型人才培养水平，提升我省教育系统产出人才的成长性和竞争力。扩大高等教育尤其是研究生招生规模，每万名人口中获得硕士、博士学位人数力争达到国家平均水平，促进学术学位与专业学位研究生教育协调发展。在关键领域加快发展博士专业学位教育，培养应用型高层次人才。探索建立与科研项目和经费挂钩的研究生招生计划管理机制。推进军民深度融合，军地合力培养国防和军队现代化急需的各类人才。

加强大学生就业创业综合服务基地和综合服务功能体系建设。健全高校毕业生就业质量年度报告编制发布制度，继续开展高校毕业生离校就业状况跟踪调查，持续做好全省经济发展对普通高校毕业生人才需求预测工作。进一步完善就业创业服务体系，推动实现高校毕业生更加充分和更高质量的就业创业。

5. 加强高校创新体系建设

提升高校科技创新资源聚集能力。突出“高精尖”导向，依托高校重大科研项目，深入实施重大人才工程，加强院士工作站、博士后流动站（工作站）、海外高层次人才创新园和中国郑州航空港引智试验区等平台建设，着力发现、培养和集聚战略科学家、科技领军人才等各种类型的创新型人才（团队）。结合国家支持重点和我省区域特点，建设一批重点学科，建成一批省级重点实验室、工程研究中心等科研创新平台。依托高校、科研院所和高新技术企业，探索构建产学研用深度融合的全链条、网络化、开放式协同创新联盟。加强学科交叉，突出关键共性技术、前沿引领技术、现代工程技术、颠覆性技术创新。建立各类创新平台向人才培养开放的长效机制，完善产教、科教、企教融合的人才培养模式，以高水平的科学研究支撑高质量的人才培养和产业创新，推动创新链、产业链与人才培养链有机衔接。

提高高校哲学社会科学研究水平。坚持马克思主义指导地位，树立正确的价值取向和学术导向，坚定不移地实施以育人育才为中心的高校哲学社会科学整体发展战略。聚焦创新理论、传承文明、资政育人、服务社会的目标任务，建设高水平科研队伍，立足我省文化优势，开展联合攻关，产出一批原创性、标志性学术成果。加快发展哲学、历史学、经济学、政治学、法学、社会学、民族学、新闻学、人口学、宗教学、心理学等对哲学社会科学具有支撑作用的学科，重视发展甲骨文等具有重要文化价值和传承意义的“绝学”、冷门学科，构建具有中原风格的一流哲学社会科学学科体系、学术体系。构建更加完善的高校哲学社会科学研究创新平台支撑体系，加强前瞻性、针对性、储备性战略研究，培育建设一批高水平新型智库。

健全有利于激发创新活力和促进科技成果转化的科研体制。加大投入，建立高校科研稳定支持机制，积极构建开放协同高效的现代大学科研组织机制，推进科技资源开放共享。完善有利于调动科研人员积极性的评价和考核机制，提升评价和考核的科学性。推动高校建立知识产权运营专门队伍，强化知识产权创造、保护和运用，完善科技成果转化登记、收益分配制度和服务保障体系。强化高校科技服务职能，充分利用大学科技园、产业创业园和工程技术（研究）中心等平台，为师生创新创业提供支持与服务。

（七）建设高素质、专业化、创新型教师队伍

教师是立教之本、兴教之源，兴豫必先兴教、兴教必先强师。要坚持把教师队伍

建设作为基础工作，完善教师发展和管理机制，吸引和汇聚优秀人才从教，激发教师专业发展活力，努力建设一支有理想信念、有道德情操、有扎实学识、有仁爱之心的教师队伍，更好承担传播知识、传播思想、传播真理，塑造灵魂、塑造生命、塑造新人的时代重任。

1. 加强师德师风建设

提升教师思想政治素质。坚持教育者先受教育，组织教师深入学习领会习近平新时代中国特色社会主义思想，带头践行社会主义核心价值观，熟练掌握马克思主义基本原理和立场、观点、方法，把党的教育方针贯彻到教育教学工作全过程。加强中华优秀传统文化、革命文化、社会主义先进文化教育，引导广大教师热爱祖国、奉献祖国。把理想信念、职业道德、法治教育、心理健康教育等融入教师培养、培训和管理工作，形成教师思想政治教育长效机制。健全把骨干教师培养成党员，把党员教师培养成教学、科研、管理骨干的“双培养”机制。充分发挥教师党支部的战斗堡垒作用和党员教师的先锋模范作用，把广大教师凝聚在党的周围，更好担当起先进思想文化的传播者、党执政的坚定支持者、学生健康成长的指导者和引路人的责任。着眼各层次教师群体特点，创新教师思想政治工作方式方法，开辟新阵地，利用新载体，强化社会实践参与，推动教师充分了解世情、国情、省情、社情、民情，增强思想政治工作的针对性和实效性。

创新师德建设机制。坚持教书和育人相统一、言传和身教相统一、潜心问道和关注社会相统一、学术自由和学术规范相统一，引导教师以德修身、以德立学、以德施教、以德育德。将师德师风作为教师评价的第一标准，把师德表现作为教师资格定期注册、业绩考核、职称评审、岗位聘用、评优奖励的首要要求。坚持严格制度规定和日常教育督导相结合。完善学生、家长和社会参与的师德监督机制。逐步推动师德建设常态化、制度化、长效化。构建师德状况定期调研和评议制度，完善师德舆情快速反应和重大问题报告、惩处机制。提炼和宣扬优秀教师为学为师的大爱师魂，塑造教师良好社会形象，营造浓厚的尊师重教氛围。

2. 建设高素质教师队伍

振兴新时代教师教育。加大对师范院校支持力度，健全以师范院校为主体、高水平综合大学参与、优质中小学（幼儿园）为实践基地的开放、协同、联动的特色教师教育体系。努力培育建设若干国家级和省级高水平师范教育基地。以国家级教师教育改革试验区建设和卓越教师培养培训模式改革等为抓手，构建具有河南特色的高水平教师教育体系。遵循教师专业发展规律，强化职前教师培养和职后教师发展有机衔接。鼓励引导师范院校设立德育相关专业。建立初中毕业起点、贯通培养的学前教育教师和小学教师培养体系。完善特殊教育教师专业化教育体系。构建更加科学的教师培养课程体系,加强师范生教学基本功和教学技能训练,强化实践教学,完善协同育人机制,提高新教师教书育人实际能力。

完善教师专业发展体系。推进培训、教研、电教、科研部门有机整合,不断加强教师发展机构和专业培训者队伍建设。建立培训机构开放竞争、参训教师自主选择的教师培训机制,积极引进更多优质培训资源。建立培训学分银行,使教师培训与学历教育有效衔接。健全职业院校专业教师到行业企业实践机制,使专业教师普遍成为“双师型”“一体化”教师。加强教师教学发展中心建设,完善高校教师专业发展机制。健全各级各类学校教研制度,发挥教学名师的示范带动作用。建立健全教师专业化发展激励机制,推动教师终身学习和专业自主发展。

提升校长办学治校能力。推行中小学校长职级制改革,积极落实学校内部推选、外部选派、公开选拔(聘)、择优上岗相结合的领导人员选拔任用制度。明确校长职责,根据任期目标进行任期制管理与考核评价,定期对校长办学绩效进行评估,逐步完善优胜劣汰机制。以乡村中小学骨干校长培训为重点,构建各级各类学校校长培训体系,增强校长培训的针对性,打造一支政治过硬、品德高尚、业务精湛、治校有方的校长队伍。鼓励校长和教师大胆探索,创新教育模式和教学方法,形成教学特色与风格,营造豫派教育名家脱颖而出的环境。

加快培养熟练应用信息技术的新型教师。适应信息化、人工智能等新技术变革,推动教师积极转变角色定位,做学生学习的指导者、支持者。创新教师教育课程与培养机制,提升师范生信息素养,推动教师培训与信息技术有机结合。大力提升教师专业素质和新技术应用能力,实现新技术与教育教学深度融合。

3. 优化教师管理机制

创新教职工编制管理。适应全面深化改革、新型城镇化、人口政策变化及高考制度改革的需要,在现有编制总量内,统筹考虑、合理核定教职工编制。盘活事业编制存量,优化编制结构,向教师队伍倾斜。采取多种形式增加教师总量,保障教育发展需要。创新编制管理,加大教职工编制统筹配置和跨区域调整力度,向乡村小规模学校和人员紧缺学校倾斜,按照班师比与生师比相结合的方式核定乡村小规模学校编制。实行省级统筹、市域调剂、以县为主,动态调配编制。按照国家课程设置要求,补足配优国家规定的必修课程教师,特别是农村学校音乐、体育、美术、英语、信息技术及特殊教育教师。建立企业经营管理者、技术能手与职业院校管理者、骨干教师相互兼职制度。探索实行高校人员总量管理，加快推进“员额制”改革。

完善教师准入、评价与退出机制。严格执行教师持证上岗制度。完善教师资格考试政策，逐步将研修教师教育课程、参加教育教学实践作为认定教育教学能力、取得教师资格的必备条件。逐步提升幼儿园和中小学教师职业准入标准。探索将行业企业从业经历作为认定教育教学能力、取得职业学校专业课教师资格的必要条件。严把教师选聘入口关，对思想政治素质和业务能力水平进行双重考察。制定符合教育行业特点的教师招聘办法，遴选乐教适教善教的优秀人才进入教师队伍。健全教师分类考核评价制度。对中小学教师的考评要突出教育教学实绩，对“双师型”“一体化”教师要充分体现技能水平和专业教学能力，对高校教师的考评要凸显能力贡献导向。进一步完善乡村教师考核评价机制。实行定期注册制度，建立完善教师退出机制，提升教师队伍整体活力。

加大优秀人才引进力度。实施更加积极、开放、有效的人才引进政策。支持职业院校专设流动岗位，大力引进行业企业一流人才，吸引具有创新实践经验的企业家、高科技人才、高技能人才等兼职任教。深入实施中原百人计划、中原千人计划、省特聘教授等重大人才项目，着力培养和引进活跃在国际学术前沿的一流科学家、学科领军人物和创新团队。完善外籍教师和海外人才引进使用管理制度，大力引进优秀人才特别是青年优秀人才。

优化职称评审和岗位聘任机制。适当提高中小学（幼儿园）中级、高级教师岗位比例。畅通各级各类教师职称评审“绿色”通道，建立优秀教师脱颖而出的机制。职称评审要突出人才培养中心地位，向一线教师和在乡村学校长期从教的教师倾斜。深化高校和中等职业学校职称制度改革，由高校自主制定评价标准、自主组织评审、自主考核聘任，在中等职业学校设立正高级职称。学校可根据政策规定自主设岗和动态调岗，实现职称评审与岗位聘用有效衔接。加强中小学高级职称教师的聘后管理，完善职称评聘退出机制。推行高校教师职务聘任制改革，加强聘期考核、准聘与长聘相结合。

4. 提高教师社会地位

完善教师待遇保障制度。健全中小学教师工资长效联动机制，确保中小学教师平均工资收入水平不低于或高于当地公务员平均工资收入水平，乡村教师实际工资收入水平不低于同等条件县镇教师工资收入水平，并随着经济社会发展逐步提高。完善教师收入分配激励机制，有效体现工作量和工作绩效。鼓励和规范高校、职业院校教师通过技术创新、科技开发、成果转让和决策咨询等方式服务社会，获取合理报酬,增加合法收入。积极完善个人、政府合理分担的民办学校教师社会保障机制。

完善教师荣誉制度。加大教师表彰奖励力度,因地制宜,开展多形式、多层次的教师表彰奖励活动,积极落实相关优惠政策。各类表彰奖励要向乡村学校、乡村教师倾斜。引导和鼓励社会力量建立专项基金,对长期在农村学校任教的优秀教师给予专门奖励。开展尊师活动,弘扬重教风尚,不断增强教师的荣誉感、幸福感与获得感。

(八)加快信息化时代的教育变革

教育信息化是教育现代化的基本内涵和显著特征,也是推进教育现代化的关键途径。教育信息化作为教育系统性变革的内生变量,将通过推动教育环境与资源生态、教学结构与组织形式、教育管理与服务业态等方面的系统变革,带动教育现代化跨越式创新发展。

1. 促进教育教学环境智能化

提升学校教育教学环境的智能化水平。加强学校尤其是农村中小学校园网络基础设施建设与多媒体终端配备。推进数字校园、图书馆、实验(实训)室等学习场所的智能化升级与改造,引导开发智慧数字教育软件与资源,构建以学习者为中心的智慧教育教学环境。分步建设综合运用物联感知、大数据、人工智能、虚拟现实、增强现实等技术的智慧型教学、教研与管理综合服务平台,为实施智慧教育奠定基础。汇聚教育部门、人力资源社会保障部门、学校资源(信息化)中心、社会教育机构、教育资源企业等优势力量,构建面向全省的大规模智慧型教与学平台,推动实现教育教学环境、管理与评价等全过程智能化。

2. 探索现代信息技术与教育教学融合应用的新形态

推动信息技术与教育教学深层次融合和新型教学方式应用。学习借鉴国内外教育信息化应用的成功经验,积极开展现代信息技术与教育教学融合及创新应用的理论与实践研究。不断探索信息技术在跨界学习、众创空间、创新创业教育等领域中应用的新型教与学方式。建立适用于不同学科需求的信息化教学模式与专题案例资源库,推动一线教师有效应用技术开展课堂教学。充分利用人工智能与虚拟现实等新技术,构建具有场景式、体验式、沉浸式等特征的新型学习形态。不断深化技术在学校教育、社区教育、网络研修中的融合应用,发挥试点院校、示范共同体等优秀组织的示范引领作用,辐射提升教师的信息技术与教育教学融合能力,实现教育信息化创新应用。

3. 完善信息化时代的数字标准体系

针对不同时期教育的阶段性特征，教育部门要协同学校、行业、企业，对标国家信息化标准，修订我省教育信息化标准与规范。完善数字校园建设与评估标准，引导各级各类学校合理规划建设教与学环境。制定数字教育资源的技术与质量标准，完善教学软件、教育游戏、在线开放课程等数字教与学资源的审查与准入标准，确保数字教育资源健康发展。完善信息化时代教师信息技术应用能力标准、学生信息素养评价标准及评估模型，推动师生信息素养从技术应用向信息思维和能力素质拓展。探索建立青少年数字学习产品专有评价与底线审查机制，充分发挥社会与行业组织作用，加强对各种网络学习系统及学习资源的质量监管，构建安全有序的教育信息化环境。

4. 创新“互联网＋教育”平台服务业态

构建“互联网＋教育”的数字公共资源与信息管理服务平台。鼓励学校和企业共同开发在线优质教育平台，精准推送定制化教育服务。健全“互联网＋”时代的数字公共教育资源“共建—共享—共用”机制。完善资源利益分配机制、知识产权保护制度和新型教育服务监管制度，充分利用市场机制激发教育服务业态创新活力。建设具有河南特色的数字公共教育资源体系，实现优质教育资源对农村、贫困地区学校共享。不断更新数字公共教育资源内容、丰富数字公共教育资源类型、优化教育资源服务平台与功能，整合大数据、人工智能、区块链等技术优势，综合提升数字公共教育资源与服务质量。依托互联网、大数据等技术，优化教育综合管理与治理流程，建设基于“互联网＋”的教育管理信息系统、教育统计信息系统、学校教育教学信息系统，推进教育综合管理与监测精准化和高效化。通过教育大数据互联互通，实现各级各类学校教育活动与教学行为等常态数据的伴随式精准采集、智能化有效分析、即时性督导评价，为政府、学校提供基于全数据的内外部监测、预警与决策支持。

（九）构建新时代教育对外开放新格局

教育对外开放是推进教育现代化的重要举措，是我省改革开放事业的重要组成部分。新时代教育对外开放要服务对外开放全局，深度融入“一带一路”建设，不断丰富开放内涵，持续提高开放水平和国内国际影响力。

1. 全面提升国际交流合作水平

促进中外教育交流合作。完善学校、师生与国外双向交流合作机制，鼓励更多学校与海外优质学校建立伙伴关系，加强国际理解教育，提高师生对外交流能力。支持有条件的高校选用国际高水平理工类专业课程、教材。深入实施“一带一路”教育行动计划，加快培养一批非通用语种、涉外法律等“一带一路”建设急需人才。加强与世界一流高校、研究机构合作交流。加强国际科研协同创新，多渠道吸引国外优秀教师、科研人员来豫从事科研或教学工作，共同推进高水平基础研究和高新技术研究，打造中西部教育对外开放高地。

培养急需的国际化人才。坚持高端引领，完善体制机制，创新路径模式，吸引世界高水平大学来豫办学，建设一批高水平中外合作办学机构和项目，形成一批国际化优质教育资源，满足经济社会发展对国际化复合型人才的需求。健全质量保障体系，推动中外合作办学健康有序发展。加强统筹规划，优化管理服务，扩大选派规模，拓宽选派渠道，提高选派质量，利用国际优质教育资源，做好国家公派出国留学和自费出国留学工作，培养拔尖创新人才。健全留学生归国就业创业优惠政策，加强海外留学人才引进和成果转化，吸引更多优秀留学生来豫工作。

2. 提升我省教育国际影响力

打造留学河南品牌。持续实施留学河南计划，健全奖学金体系，改进资助方式和选拔办法，优化留学生就读学科专业结构，提高学历生比重，建立完善来豫留学教育质量保障机制，全面提升留学质量，培养杰出来华留学人才。构建来豫留学社会化、专业化服务体系，完善留学生勤工助学和优秀毕业生在豫工作制度，做好留学生校友工作，鼓励并支持来豫留学毕业生成立海外校友会。

开发国际一流教育资源。统筹利用国内外两种优质教育资源，通过引进、借鉴、吸收、融合、创新，形成具有河南特色、国际竞争优势的课程、教材、专业、教学模式、管理模式、评价工具等，并对外推介。支持高校、职业学校与企业共同走出去，鼓励有条件的职业院校在海外建设“鲁班工坊”等办学机构，参与中国特色海外国际学校建设，积极探索境外办学模式，共建一批人才培养、科技创新和人文交流基地，打造一批具有河南特色的办学品牌，树立我省教育形象，提升我省教育知名度、全球影响力和国际竞争力。

3. 扩大与深化中外人文交流

完善中外人文交流布局。发挥我省区位、历史、资源等优势，加快融入国家“一带一路”建设，拓展领域途径，丰富内容形式，努力构建各层次、各领域对外开放深度融合、相互促进的中外人文交流新格局。积极参与国家中外高级别人文交流和项目合作，引导和鼓励学生、教师参与各领域的中外人文交流，积极开展国际教育援助，促进中外民心相通和文明交流互鉴。密切与国际组织的合作关系，创新与国际组织的教育合作方式，推进与国际组织及专业机构的教育交流与合作，吸引国际组织及其二级机构、区域中心落户我省。支持优秀青年师生参加国际志愿服务和国际合作项目，积极向国际组织推荐实习生，鼓励教育领域优秀人才到国际组织任职。深度参与国际教育规则、标准、评价体系的研究制定，在国际舞台发出河南声音，讲好河南故事，展示河南形象。

办好孔子学院（课堂）。进一步扩大办学规模，优化办学布局，拓展办学功能，加强内涵建设，创新传播形式，促进孔子学院（课堂）特色发展。充分发挥武术、中医药、汉字文化、农业、粮食研究等特色优势，打造一批具有河南特色的“汉语＋”项目。积极推动汉语国际教育学科建设和专业发展，注重师资队伍建设，提升师资水平。开发独具中原文化内核的教材和多媒体汉语国际推广资源，尝试中原故事世界演绎、河南元素国际表达，扩大中原文化全球影响力。

（十）推进教育治理体系和治理能力现代化

现代教育治理体系是教育现代化的重要保障。要强化教育治理顶层设计，明确总体思路，把握关键环节，转变政府职能，深化简政放权，提升监管能力，创新服务方式，坚持依法治教、依法办学、依法治校，建立多元参与的协同治理新机制，实现教育治理法治化、制度化、规范化。

1. 提高教育法治化水平

构建完善的教育法规、规章和制度保障体系。适应教育改革发展需要，积极探索和推动教育法规、规章建设，提高针对性、及时性、可操作性，进一步加强协调衔接，构建覆盖重要教育领域和环节、系统科学的教育法规制度体系。健全学校办学的法规支持体系，完善师生权益保护及纠纷处理制度，畅通师生权利的救济渠道，建立健全复议、诉讼、仲裁、调解等教育纠纷多元化解决机制。

健全教育法律实施和监管机制。依法明确政府管理教育的权责范围，规范教育行政程序，推动教育行政权力合法有效行使。完善教育行政规范性文件和重大教育决策的合法性审查机制，建立健全教育重大决策责任追究制度。建立健全教育行政执法机制，完善执法程序，规范操作流程，依法查处扰乱教育秩序、侵害受教育者和教育者权益等违反教育法律法规的行为。加大各级人大及其常委会对教育法律法规执行情况的监督检查力度，加强司法机关对教育的司法监督，完善政府层级监督机制，进一步发挥社会对教育执法的监督作用。

2. 提升政府管理服务水平

转变政府管理方式。建立健全教育行政管理清单制度，提升政府综合运用法律、标准、信息服务等现代治理手段的能力和水平，保障教育有序健康发展。推动教育服务专业化、标准化、便捷化。创新监管方式，完善信用机制，推行"双随机、一公开"监管、行政执法、督导、巡视、第三方评估等举措，强化事中事后监管。遵循教育发展规律和教育现代化的基本要求，完善各级各类教育督导制度，健全督政、督学、评估监测"三位一体"的教育督导体系，健全教育督导体制机制，依法保障教育督导机构独立行使职能。建设专业化督学队伍，加强督导结果公开和使用，提高教育督导权威性和实效性。

推进政府科学决策。完善教育政策性文件制定程序，实行重大教育决策和政府规范性文件出台前咨询、听证、公示制度，完善教育政策落实情况评估机制，提高教育决策科学性。加强教育政策研究，健全教育战略咨询机制，加强对重大教育问题的理论和实证研究及政策储备。

3. 提高学校自主管理能力

完善学校治理结构。继续加强高校章程建设，创新章程实施保障机制，切实发挥章程在学校治理中的关键作用。坚持和完善公办普通高校党委领导下的校长负责制，建立健全党委领导、校长负责、教授治学、民主管理的现代大学治理结构和治理机制，不断完善中国特色现代大学制度。完善现代职业学校制度，建立学校、行业、企业等共同参与的学校理事会或董事会。完善中小学领导体制和工作机制，在中小学、幼儿园建立健全家长委员会制度，积极探索完善家长委员会的组织形式和运行规则，保障家长对学校办学活动和管理行为的知情权、参与权和监督权。

推进民办学校管理制度改革创新。鼓励民办学校按照非营利性和营利性两种组织属性开展现代学校制度改革创新。建立健全民办学校理事会（董事会）、监事（会）制度，依法保障校长行使管理权，完善教职工代表大会制度，形成决策、执行、监督相互独立、相互制约的法人治理结构。完善民办学校资产管理、财务监管和会计制度，鼓励设立基金会依法举办民办学校，规范民办学校融资途径，保证学校办学安全。

4. 完善社会参与教育治理机制

完善社会参与教育决策机制。建立健全科学开放的决策制度，拓展公众参与教育决策的广度和深度，健全社会参与教育评价与监管机制。开展教育舆情常态化监测，将公众热点问题及时纳入教育决策议程。培育社会性教育评估机构，发挥行业协会、专业学会、基金会等机构在教育公共治理中的作用，提高教育评估专业权威性和社会公信力，构建政府、用人单位、行业协会、专业学会、研究机构等共同参与的多元化教育评估新机制。鼓励具备条件的行业组织参与教育教学标准制定、教育质量监测和教育评价工作。

建立社会参与学校管理机制。鼓励学校开放办学，努力形成家长、社区、用人单位、行业协会等共同参与学校治理的格局。鼓励各级各类学校与社区建立互助互利、共同发展的合作关系，创新职业学校、高校与社会合作方式，在决策咨询、教学科研、安全管理、学生实习实践等方面更多引入社会资源，不断拓展社会参与的广度和深度。

四、保障措施

（一）加强党对教育工作的全面领导

1. 健全党对教育工作全面领导的体制机制

各级党委和教育部门党组织要切实履行管党治党主体责任，建立健全党委统一领导、党政齐抓共管、部门各负其责的教育领导体制，切实构建党对教育工作纵到底、横到边、全覆盖的领导格局。省委教育工作领导小组要高度重视教育现代化工作，统筹解决全省教育现代化推进过程中的重大问题。各地党委教育工作领导小组要建立健全跨部门的统筹协调机制，努力形成多部门着力、各方面配合、全方位推动的工作局面，有序推进教育现代化。党政主要负责同志要熟悉教育、关心教育，及时研究教育现代化相关工作，解决重大问题，不断深化改革，创造性推进教育现代化。

2. 加强教育系统基层党组织建设和意识形态工作

加强对各级各类学校党建工作的分类指导，提高党建工作质量，切实把党的领导贯穿办学治校、教书育人全过程。创新教育系统基层党组织设置方式，推动党的组织从“有形覆盖”到“有效覆盖”，把基层党组织建设成为师生最贴心、最信赖的组织。严肃党内政治生活，强化组织引领，提高党员素质，充分发挥党支部的战斗堡垒作用和党员队伍的先锋模范作用。加强党对意识形态工作的领导，认真落实意识形态工作责任制，坚持教育与宗教相分离原则，严禁任何组织和个人利用宗教干预教育教学活动。不断加强和改进高校统战工作。以基层党建带动工会、共青团、妇联等群团组织和学生会组织、学生社团建设，坚持不懈促进学校和谐稳定，坚持不懈培育优良校风学风。

3. 深化教育系统党风廉政建设和反腐败斗争

强化党风廉政建设“两个责任”，认真落实领导干部“一岗双责”。深入开展党风廉政教育，切实增强全面从严治党的政治责任和党员干部遵规守纪的底线意识。深化巡视工作，把教育系统遵守政治纪律、落实党的教育方针政策和教育重大决策部署作为监督重点。巩固拓展落实中央八项规定精神成果，继续整治“四风”问题，营造风清气正的政治生态。建立健全党风廉政建设制度体系，加强重要领域和关键环节廉政风险防控机制建设，积极推进高校纪检监察体制改革。坚持无禁区、全覆盖、零容忍，坚持重遏制、强高压、长震慑，严肃查处违规违纪行为和腐败案件，为全面推进教育现代化保驾护航。

（二）完善教育现代化投入支撑体制

1. 推进教育投入持续稳定增长

坚持教育优先发展，经济社会发展规划优先安排教育发展，财政资金优先保障教育投入，公共资源配置优先满足教育和人力资源开发需要。积极调整财政支出结构，压缩一般性开支，增加教育投入，确保财政一般公共预算教育支出逐年只增不减，确保按在校学生人数平均的一般公共预算教育支出逐年只增不减，努力实现公共财政教育经费占财政总支出的比例逐年只增不减，力争到2035年，各阶段生均一般公共预算教育事业费在全国位次明显提升。合理划分教育领域财政事权和支出责任，全面建立权责清晰、财力协调、标准合理、保障有力的教育事业发展保障机制，优化支出责任分担方式，依法落实各级政府教育支出责任，加大财政教育投入。

2. 完善多渠道教育经费筹措体制

坚持教育公益属性，完善国家、社会和受教育者合理分担非义务教育培养成本的机制。综合经济社会发展水平、培养成本、学生资助水平和群众承受能力等因素，合理确定非义务教育学校学费标准。全面建立并落实各阶段教育生均经费基本标准和生均财政拨款基本标准，建立健全财政拨款标准、收费标准、资助标准三位一体联动调整机制。综合运用各类政策手段，改善环境、优化服务，落实相关税收优惠政策，完善土地、金融、人才等优惠政策，鼓励出资、捐资办学，支持和规范社会力量兴办教育。加强监督和管理，依法落实民办学校举办者筹措办学经费的法律责任，健全退出机制。充分发挥各级基金会作用，吸引社会捐赠。

3. 提高经费使用效益

加大教育经费统筹力度，优化经费使用方向，推动教育经费使用结构重心从规模扩张向质量提升、结构优化转移，从硬件设施建设向教育教学改革和教师队伍建设等转移，形成与教育改革发展相适应的教育经费使用结构。以监审、监控、监督为着力点，构建全覆盖、全过程、全方位的教育经费监管体系，努力建成与教育现代化相适应的内部控制体系。全面实施绩效管理，优化绩效目标设置，细化绩效管理办法，加强动态绩效评价，强化绩效评价结果应用。建立完善高校总会计师制度、教育系统内部审计制度、教育经费统计公告制度和财政教育经费预决算公开制度，强化信息化管理，保证教育经费使用效益最大化。

（三）加大教育现代化推进力度

1. 切实强化组织领导

建立教育现代化常态考核机制，按照依法依规、客观公正、注重实效原则，加强各省辖市政府、济源示范区管委会、各县（市、区）政府履行教育职责常态监测。创新教育现代化考核内容，健全考核办法，优化考核方式，考核结果定期向社会公布。

2. 强力推动政策落实

建立协同规划机制，将教育现代化纳入全省国民经济和社会发展规划，加强与相关规划的衔接，强化战略目标、战略任务、重大改革和重大工程项目的协同规划与协同实施。根据教育现代化远景目标，滚动编制阶段性实施方案，研究出台重大政策和重大工程项目，破解关键问题，补齐突出短板，确保教育现代化的目标、任务、政策落到实处。

3. 积极营造良好氛围

充分发挥社会机构、人民团体的积极作用，引导和鼓励企事业单位、社区、家庭和社会公众多形式、多途径参与和支持教育现代化建设。坚持正确的舆论导向，及时报道教育现代化进程中的新举措、新成就、新经验，及时回应社会关切，着力引导全社会理性看待教育改革发展中存在的问题，最大限度凝聚共识，形成全社会关心、支持和主动参与教育现代化建设的良好氛围。

加快推进河南教育现代化实施方案(2019—2022年)

为贯彻落实中央教育现代化战略部署,确保新时代河南教育现代化开好局、起好步,推进教育事业改革发展,指导推进教育改革发展的具体实施,制定本方案。

一、总体思路

(一)指导思想

以习近平新时代中国特色社会主义思想为指导,全面贯彻党的十九大和十九届二中、三中、四中全会精神,加强党对教育工作的全面领导,以培养社会主义建设者和接班人为根本任务,以办好人民满意的教育为目标,以促进公平和提高质量为主题,积极服务国家战略规划实施,聚焦人民群众关心的教育热点难点问题和阻碍教育事业健康发展的体制机制障碍,着力深化改革、优化结构,着力补短板、提质量,加快教育现代化步伐,推动我省由教育大省向教育强省转变,切实提升教育服务经济社会发展的能力,为我省决胜全面建成小康社会和实现2035年教育发展目标奠定坚实基础。

(二)实施原则

——立足当前,着眼长远。坚持教育近期发展目标与教育现代化2035年中远期目标相衔接,既立足当前,破解发展难题、满足现实需要,又着眼未来,谋划远期目标、促进长远发展。顺应教育改革发展的趋势,加强教育发展体制机制建设,破解发展过程中的瓶颈障碍,增强政策的针对性和前瞻性。

——问题导向,求实求效。坚持问题导向,从解决影响全省教育改革发展的突出障碍和人民群众反映强烈的突出问题入手,抓住主要矛盾和矛盾的主要方面,使改革更加精准地对接教育发展所需、基层学校所困和人民群众所盼。

——尊重规律,改革创新。始终遵循教育发展规律和人才成长规律,解放思想、实事求是、与时俱进,转变发展方式,创新发展模式,深化教育改革,坚持改革的力度、发展的速度和社会可承受程度有机统一,将科学精神和务实原则落实到教育事业发展全过程。

——统筹兼顾,协调发展。准确把握社会矛盾新变化和全省教育事业发展的阶段性特征,聚焦重点领域、关键环节,加强统筹协调,坚持精准施策,强化政策倾斜、资源倾斜和力量倾斜,坚持补短板和提质量同时发力,统筹教育规模、结构、质量和效益,促进各级各类教育协调健康发展。

——围绕大局,服务发展。立足我省经济社会发展全局,紧紧围绕实施国家战略规划发展教育,根据城镇化带来的人口流动和产业结构转型升级需求调整教育资源布局及学科专业结构,创新人才培养模式,提高科研成果转化能力,加大教育对外开放力度,以教育高质量发展推动全省经济社会高质量发展。

(三)总体目标

到 2022 年,全面实现各级各类教育普及目标,学前教育更加普及普惠,义务教育更为优质均衡,普通高中教育更加多样化、有特色,基础教育在国民教育体系中的基础性、先导性地位更加凸显;职业教育产教融合、校企合作更加紧密,职业院校办学能力显著增强,现代职业教育和培训体系更加完善;高等教育内涵建设扎实推进,“双一流”高校建设取得新突破,高校在不同领域特色发展、争创一流,整体办学质量稳步提升;普通教育和职业教育更加协调,继续教育、终身教育扎实推进,学习型社会建设初见成效。各级各类教育实现更高水平、更有质量的发展,人民群众关心的教育热点难点问题得到有效破解,教育资源分配更加科学,力争让每个孩子都能享受到公平而有质量的教育。教育对外开放水平显著提升,教育服务经济社会发展能力显著增强,为谱写新时代中原更加出彩的绚丽篇章提供坚强的人才保证和智力支持。

二、重点任务

(一)全面落实立德树人根本任务

全面贯彻党的教育方针,坚持以树人为核心、以立德为根本,把立德树人贯穿学校教育和人才培养全过程,在坚定理想信念、厚植爱国主义情怀、加强思想品德、增长知识见识、培养奋斗精神、增强综合素质上下功夫,培养德智体美劳全面发展的社会主义建设者和接班人。

1. 推动习近平新时代中国特色社会主义思想进教材、进课堂、进头脑

坚持把习近平新时代中国特色社会主义思想贯穿教育教学全过程。加强教材建设与管理，全省中小学统一使用道德与法治（思想政治）、语文和历史国家统编教材，高校统一使用马克思主义理论研究和建设工程重点教材。加强地方课程教材和校本课程教材规划建设。充分挖掘哲学社会科学、自然科学等所有课程中蕴含的思想政治教育资源，着力提升教材思想性、科学性、时代性。深入实施青年马克思主义者培养工程，组建党的创新理论宣讲团，深入开展党的创新理论集中宣讲活动，做到班班讲、人人懂。坚持教育者先受教育，将习近平新时代中国特色社会主义思想纳入师范生培养和教师培训必修课程，引导广大师生深刻理解掌握科学体系和丰富内涵，做到学思用贯通、知信行统一，把教材体系、教学体系有效转化为学生的知识体系、价值体系。实施学习贯彻习近平新时代中国特色社会主义思想大学习领航计划。组织举办高校思想政治工作队伍专题培训班。支持办好学生理论社团，深入开展“习近平教育重要论述学悟行”等系列活动。加强习近平新时代中国特色社会主义思想研究，推出一批高质量研究成果。

2. 加强中小学德育工作

突出德育实效，整合德育资源和工作力量，推进以社会主义核心价值观为统领的一体化德育建设，形成方向正确、内容完善、学段衔接、载体丰富、常态开展的德育工作体系。全面提高德育教育质量，充分发挥课堂教学主渠道作用，将中小学德育内容细化落实到各学科课程教学目标之中。充分挖掘革命旧址、博物馆、纪念馆、党史馆、烈士陵园等红色资源，搜集整理不同历史时期的革命先烈、英雄模范、先进典型的感人事迹，积极开展校园红色文化理论研究。通过不断挖掘“红色宝藏”，把历史转化为课程、史料转化为教材、现场转化为课堂，将理想信念教育、爱国主义教育、社会主义核心价值观教育、中华优秀传统文化教育等融入教育教学全过程。加强国防教育与学校教育教学融合，形成丰富多样的教育形式和教学方法，提升国防教育工作水平。加强语言文字工作，实施中华经典诵读工程、国家通用语言文字普及攻坚工程、中国语言资源保护工程，提高学生规范使用国家通用语言文字能力。

加强精神文明建设和校园文化建设。全面开展升国旗、唱国歌等主题教育，广泛开展“开学第一课”“少年传承中华传统美德”“寻找最美孝心少年”“建设书香校园、书香班级”“中小学生电影周”以及时代楷模、道德模范、大国工匠进校园等形式多样的校园文化活动。继续办好具有河南特色的全省中职文明风采竞赛、中职学生素质

能力大赛、中职中华优秀传统文化大赛等竞赛活动，切实加强职业道德教育和职业素养教育。利用全国研学实践教育基地营地、爱国主义教育基地、红色教育资源和省中小学社会实践教育基地，开展不同主题的社会实践教育和研学实践教育活动。发挥中小学心理健康教育专家指导委员会作用，建设中小学心理健康教育示范区、示范校。实施中小学班主任能力提升工程，提高中小学德育工作队伍素质，建立健全家庭教育工作机制，统筹各种家校沟通方式，营造学校、家庭、社会共同参与的良好育人氛围，提升德育工作整体水平。

3. 推进高校思想政治工作

深入实施高校思想政治工作质量提升工程，推进"三全育人"综合改革，将思想政治工作体系贯穿学科体系、教学体系、教材体系、管理体系，深入构建一体化育人体系。配齐建强高校思想政治工作队伍，鼓励支持高校思想政治工作骨干在职攻读博士学位，提升队伍的政治素质和业务能力，做到政治要强、情怀要深、思维要新、视野要广、自律要严、人格要正。创新开展研究生思想政治教育，发挥导师在研究生思想政治教育中首要责任人作用。加强教师思想政治工作，大力培育高校思想政治工作领军人才，培育一批思想政治工作中青年杰出人才。扎实推进网络育人，利用全国高校思想政治工作网、易班网和中国大学生在线网络平台资源，逐步推广大学生思想政治教育手机 APP"指点天下"使用。加强心理育人工作，发挥心理健康教育在思想政治工作中的重要作用。推动高校学生会和学生社团改革，促进学生会和学生社团健康有序发展。广泛开展学雷锋活动，深入开展志愿服务和社会实践活动。

加强学校思想政治理论课建设，用习近平新时代中国特色社会主义思想铸魂育人，统筹推进大中小学思想政治理论课一体化建设，推进思想政治理论课内涵式建设。坚持政治性和学理性相统一、价值性和知识性相统一、建设性和批判性相统一、理论性和实践性相统一、统一性和多样性相统一、主导性和主体性相统一、灌输性和启发性相统一、显性教育和隐性教育相统一，提高思想政治理论课的思想性、理论性和亲和力、针对性。充分挖掘专业课程的思想政治教育资源，大力加强课程思政建设，推动思政课程和课程思政协同发展。加强马克思主义学院建设，建设一批重点马克思主义学院。加强马克思主义理论学科建设，用学科专业建设成果服务思想政治理论课建设。

4. 加强体育、美育、劳动教育

强化体育课和课外锻炼，把中小学生参加体育活动情况、学生体质健康状况和运动技能等级纳入初中、高中学业水平考试内容，纳入学生综合素质评价体系。推进体育教学改革，广泛开展课外体育锻炼，切实保证中小学生每天1小时校园体育活动，使每名学生掌握1—2项专项运动技能。完善校园体育竞赛体系，组织和支持学生参加各类青少年体育竞赛活动。实施校园足球场地建设工程，大力发展校园足球，全省青少年校园足球特色学校达到3000所。

推动各级各类学校开齐开足美育课程，形成大中小幼美育相互衔接、课堂教学和课外活动相互结合、普及教育与专业教育相互促进、学校美育和社会家庭美育相互联系的具有河南特色的现代化美育体系。拓展美育实践活动平台，将中华优秀传统文化融入学校美育，持续开展戏曲进校园、高雅艺术进校园、艺术展演活动。建设中小学体育艺术"一校一品"示范校、特色校，建设100所中华优秀传统文化艺术传承学校。全面加强贫困地区义务教育薄弱学校体育、美育教师队伍建设，改善教学场地、教学设施、器材配备等办学条件。

加强劳动和实践育人，构建学科教学和校园文化相融合、家庭和社会相衔接的劳动与实践育人机制。强化实践动手、合作、创新等能力培养，开好中小学综合实践活动课程。加强劳动教育，弘扬劳动精神，组织开展形式多样的劳动实践，让学生在实践中培养劳动观念、劳动意识和劳动技能。

加强学校健康教育，把增强学生健康素质作为学校教育的基本目标之一，促进学生身心健康和全面发展，增强维护全民健康的社会责任感。将健康教育纳入学校课程体系，培养学生的健康意识与公共卫生意识，掌握维护健康的知识和技能，形成文明健康的生活方式，提高学生的健康素养和自身健康管理能力。

（二）巩固提高基础教育水平

强化基础教育在国民教育体系中的基础性、先导性地位，巩固义务教育均衡发展成果，提高学前教育、高中阶段教育普及程度。统筹城乡基础教育发展，科学编制县域内基础教育学校布局专项规划。加大基础教育投入，合理配置教育资源，全面提高基础教育质量。

1. 加快学前教育普及普惠发展

实施普惠性学前教育资源扩容计划。制定学前教育深化改革规范发展的实施意见，继续实施学前教育行动计划，实施公办幼儿园建设工程和普惠性民办幼儿园扶持工程，坚持公办民办并举，多渠道增加普惠性资源供给，完善学前教育公共服务体系。重点在农村地区、贫困地区、新增人口集中地区建设一批普惠性幼儿园。大力发展农村学前教育，每个乡镇办好1—2所公办中心幼儿园，规模大的村独立建园或设分园，规模小的村联合办园，完善县、乡、村三级学前教育公共服务网络。

充分利用农村中小学闲置校舍、腾退搬迁的空置厂房、乡村公共服务设施等资源举办公办幼儿园。鼓励有条件的事业单位、乡镇（街道）、村集体举办幼儿园。国有企业要继续办好因特殊原因确需保留的公办幼儿园。加快普惠性民办幼儿园认定，落实补助标准及扶持政策，引导支持民办幼儿园提供有质量的普惠性服务。开展城镇小区配套幼儿园专项治理，规范小区配套幼儿园建设、使用，确保办成公办幼儿园或普惠性民办幼儿园。鼓励支持有条件的幼儿园开设托班，招收2—3岁的幼儿。

提高保育教育质量。加强学前教育管理机构和专业化管理队伍建设，完善质量监测评估体系，强化对幼儿园的业务指导与质量管理。完善年检及备案公示制度，强化对幼儿园教职工配备、安全防护、卫生保健、保教质量、收费行为等方面的动态监管。遵循幼儿身心发展规律，坚持以游戏为基本活动，实施科学保教，开展幼儿园“小学化”专项治理行动，着力消除“小学化”倾向。推进县域、镇域一体化管理，深入开展学前教育结对帮扶行动，促进城乡一体化发展。规范发展民办幼儿园，稳步实施民办幼儿园分类管理改革，加强无证幼儿园分类治理，坚决遏制部分民办幼儿园过度逐利行为。加强幼儿“食育”课程研究。

2. 推动义务教育优质均衡发展

实施义务教育优质均衡行动计划。推动城乡义务教育一体化发展，全面落实县域内城乡义务教育学校建设标准、教师编制标准、生均公用经费基准定额、基本装备配置标准，强化分类施策。加快推进县域内义务教育均衡发展和城乡基本公共教育服务均等化，深入开展义务教育基本均衡县省级评估验收活动，推动所有县（市、区）2022年实现基本均衡达标，鼓励通过国家认定的义务教育基本均衡县向优质均衡迈进，开展义务教育优质均衡县省级评估验收活动。

实施义务教育薄弱环节改善与能力提升工程。修订完善义务教育学校办学条件基本标准，逐县（市、区）、逐校建立标准化建设台账，加快推进标准化建设，确保所有义务教育学校达到省定办学条件基本标准。通过城乡一体化办学、利用信息技术共享优质资源等方式，提高乡村小规模学校教学质量。强化义务教育学校管理，全面落实义务教育学校管理标准，完善管理和治理体系，深化体制机制改革，激发学校生机活力，推动义务教育学校依法办学、科学管理，提高教学质量。强化课堂主阵地作用，切实提高课堂教学质量。健全义务教育质量评价监测体系。统筹县域内公办民办义务教育协调发展，改进义务教育教学管理模式，试行学区化管理、集团化办学、强校带弱校、学校联盟、九年一贯制等灵活多样的办学形式，发挥优质学校的示范辐射作用。

完善义务教育学生招生考试管理制度，推进义务教育学校免试就近入学全覆盖。民办义务教育学校招生纳入审批地统一管理，与公办学校同步招生；对报名人数超过招生计划的，实行电脑随机录取。

实施乡村小规模学校和农村寄宿制学校建设工程，无寄宿制小学或不能满足寄宿需求的乡镇改扩建或新建1—3所农村标准化寄宿制小学，全省新建、改扩建农村寄宿制学校3000所左右，满足留守儿童和其他少年儿童的寄宿需求，小规模学校达到办学条件基本要求。实施扩充城镇义务教育资源工程，启动城镇学校建设工程，新建、改扩建一批城镇中小学，新增城镇义务教育学位248万个，有效增加城镇义务教育资源供给，消除义务教育大班额。

提升义务教育巩固水平。完善义务教育学籍管理制度和信息系统，加强公安户籍系统与教育学籍管理系统比对，精准跟踪每一名学生的就学状态，掌握失学原因，采取针对性控辍保学措施。提高质量控辍，避免因学习困难或厌学而辍学；落实扶贫控辍，避免因贫失学辍学；强化保障控辍，避免因上学远、上学难而辍学。健全控辍保学工作责任体系，落实政府、学校和监护人责任，发挥共青团、妇联、残联、村（居）民委员会等群团及基层组织在控辍保学工作中的作用，让适龄儿童少年都能接受完整义务教育。

3. 加快普及高中阶段教育

实施国家高中阶段教育普及攻坚计划。继续实施国家教育基础薄弱县普通高中建设项目、国家普通高中改造计划和河南省普通高中改造项目。把发展中等职业教育作为普及高中阶段教育的重要基础，保持高中阶段教育职普比大体相当，使绝大多数城乡新增劳动力接受高中阶段教育。启动实施普通高中特色提质计划，推动特色发展。

实施普通高中办学条件改善工程。加快新建、改扩建一批普通高中，改善办学条件，提高普及率。加大消除普通高中大班额力度。落实国家普通高中学校校舍建设标准和装备配备标准。组织开展普及高中阶段教育评估验收。

实施普通高中特色发展工程。深入开展普通高中多样化发展省级示范校认定工作，形成一批办学特色鲜明、文化内涵丰富、课程丰富多样、教学方式灵活、评价科学有效、办学绩效突出的特色优质普通高中。围绕课程改革主要任务，瞄准学生核心素养提升，构建全面培养体系，推进普通高中育人方式改革。打造一批普通高中示范性学科，支持基于核心素养的学科教学实践探索，推出一批普通高中优质在线选修课程，带动全省普通高中学科教学水平提升。培育一批普通高中教育教学改革青年教师领军人物。推进实施中学生“英才计划”，逐步增加试点高校和参与中学的数量，完善选拔、培养和考核办法，加强基础教育与高等教育的有效衔接，探索拔尖创新后备人才培养模式。

4. 保障特殊群体受教育权利

保障进城务工随迁子女接受义务教育的权利。坚持以流入地为主、以公办学校为主的政策，将进城务工随迁子女义务教育纳入公共教育服务体系，统筹安排就读，切实做到进城务工随迁子女就学与本地户籍学生一视同仁。在公办学校不能满足需要的情况下，采取政府购买服务等方式保障进城务工随迁子女在民办学校接受义务教育。

加强农村留守儿童教育关爱保护。健全家庭、学校、政府、社会力量共同参与的服务体系，明确工作责任，创新关爱与教育形式，加强心理辅导、法治教育和安全教育，强化家长的法定责任。加强寄宿制学校建设，优先保障留守儿童寄宿需求。推动各地落实军人、公安民警子女教育优待政策。

实施特殊教育办学能力提升工程。推动建设布局合理、学段衔接、普职融通、医教结合的特殊教育体系，着力扩大特殊教育资源，在残疾学生较多的普通中小学和中等职业学校设立特殊教育资源教室，在有条件的特殊教育学校设立区域性特殊教育资源中心。以普通学校随班就读为主体、以特殊教育学校为骨干、以送教上门和远程教育为补充，全面推进融合教育。健全残疾儿童少年入学数据核对机制，摸清适龄残疾儿童少年底数，落实“一人一案”，做好教育安置工作。稳步推进学前融合教育，加快发展以职业教育为主的残疾人高中阶段教育。全面促进医教结合，建设一批省级医教结合示范校。加大国家通用手语和通用盲文推行力度。加强特殊教育学校教师队伍、教材和教学资源建设，提高教师专业化水平，注重残疾学生潜能开发和缺陷补偿。支持残疾人高等教育发展，重视残疾人继续教育。

5. 减轻中小学生过重课业负担

深化中小学教育教学评价改革。树立科学的教育质量观，加强教育科学研究，改进教学方式与学习方法。实施优秀教学成果推广应用计划，推动创新教学方式方法。深化评价机制改革，推行“绿色评价”。完善中小学教育质量综合评价指标体系，扭转单纯以学生学业考试成绩和学校升学率评价中小学教育质量的倾向。

着力减轻中小学生过重的课业负担。坚持依法规范、分类管理、综合施策、协同治理，规范办学行为，建立学生课业负担监测和公告制度。支持中小学校开展课后服务工作。坚决查处中小学不遵守教学计划、“非零起点教学”等行为。加大校外培训机构治理力度，严格规范培训行为，建立健全长效监管和部门联合工作机制，加大跨部门综合监管执法力度，压实工作责任，巩固治理成果。注重学生内在潜质的开发和启蒙，保护学生的好奇心和求知欲，促进学习兴趣和能力的养成、向上向善人格的培育、良好习惯的形成、健康体魄的塑造。建立健全政府、学校、医疗卫生机构、家庭、学生共同参与的儿童青少年近视综合防控体系，建立评议考核制度，加强视力健康教育，改善学校采光和照明等视觉环境，合理安排课程与活动，增加户外活动和锻炼，定期开展中小学生视力监测。

（三）加快构建现代职业教育体系

深入落实国家职业教育改革实施方案，深化产教融合、校企合作，完善现代职业教育和培训体系，健全德技并修、工学结合的育人机制，扎实推进职业教育高质量发展，为经济社会发展提供强有力的技术技能人才支撑。

1. 深化产教融合、校企合作

实施职业教育融合发展计划。探索建立政府、行业、企业、学校、社会协同推进的产教融合、校企合作工作机制。修订完善河南省职业教育校企合作促进办法，促进、规范和保障职业学校校企合作。鼓励支持中高等职业学校与企业、行业协会等深度开展产教融合、校企合作。开展省级产教融合建设试点工作，争取一批城市、职业院校、企业成为国家职业教育"十百千"产教融合建设试点。支持建设一批股份制、混合所有制性质的职业院校、产业学院（系、部）和职业培训机构。重点建设一批高水平、专业化产教融合实训基地和实体化运作的省级示范性职业教育集团。充分发挥行业职业教育校企合作指导委员会的作用，广泛开展产教对话活动，推动一批产教融合、校企合作项目落地。

深入推进校企"双元"育人。引导支持企业深度参与职业教育人才培养全过程，紧密围绕产业升级和企业生产需求，大力推广"订单式"培养、现代学徒制、企业新型学徒制等"双培型"培养模式。推动校企共同研究制定人才培养方案，实现校企专业共建、课程共担、教材共编、师资共训、基地共享、人才共育，及时将新技术、新工艺、新规范纳入教学标准和教学内容。

完善产教融合、校企合作激励政策。在开展国家和省级产教融合建设试点基础上，支持培育一批产教融合型企业和院校，实行"金融 + 财政 + 土地 + 信用"的组合式激励，落实相关税收政策。发挥企业重要办学主体作用，鼓励有条件的企业特别是大型企业举办高质量职业教育，企业兴办职业教育的投资符合条件的，可按投资额的一定比例抵免该企业当年应缴的教育费附加和地方教育附加。鼓励金融机构依法依规审慎授信,为校企合作提供相关信贷和融资支持。校企合作中,学校和企业对合作成果享有使用、处置和收益管理的自主权。

积极创建国家职业教育改革试验区。在职业教育产教融合、校企合作、办学体制机制改革、技术技能人才贯通培养、"双师型"队伍建设、助力脱贫攻坚等方面先行先试。选择校企合作推进力度大、职业教育发展环境好、推进职业教育改革成效明显的地方,共建省职业教育改革试验区。

2. 完善现代职业教育体系

实施职业院校高水平建设行动计划。积极适应我省经济社会高质量发展对技术技能人才的迫切需求,着力打造一批高水平职业院校和骨干专业(群)。推动中等职业学校在全面改善办学条件的基础上,培育办学特色,提高培养质量;推动高等职业学校加强内涵建设,提升办学水平,增强服务能力。

提高中等职业教育发展水平。巩固中等职业教育基础性地位,实施中等职业学校标准化建设工程,推动全省中等职业学校基本办学条件达到国家标准。每个县要建好办好一所符合当地经济社会发展和技术技能人才培养需要的中等职业学校,重点支持集中连片特困地区每个县至少建好办好一所中等职业学校。逐步提高公办中等职业学校生均拨款水平,增强中等职业教育发展保障能力。

推进高等职业教育高质量发展。实施高水平职业院校建设工程,重点建设一批省级高水平职业院校和骨干专业(群),大力支持中国特色高水平高职院校和专业建设。引导高职院校辐射带动更多中等职业学校发展,在学前教育、护理、养老、健康服务、现代服务业等领域,稳步扩大中高职贯通培养规模。服务军民融合发展,落实定向培养直招士官政策,推动优质职业教育资源向军事人才培养开放。完善高层次应用型人才培养体系。推动具备条件的普通本科高校向应用型转变,鼓励有条件的普通高校开设应用技术类型专业或课程。切实做好本科层次职业教育学校试点工作。探索"3+4"(3年中等职业教育、4年本科教育)、"三二分段制"(3年高等职业教育、2年本科教育)对口贯通分段培养等模式,探索在中国特色高水平(国家示范、国家骨干)高职院校、河南省高水平(省级优质)高职院校举办特色专业四年制本科职业教育,支持高职院校深度参与专业学位研究生教育实践培养环节。对代表我省参加世界技能大赛全国选拔赛并入选国家集训队,或获得全国一类职业技能大赛、全国职业院校技能大赛二等奖及以上的职业院校应届毕业生,可由本科院校免试录取;对获得我省省级一类职业技能竞赛和省教育部门主办的职业院校技能大赛三等奖及以上的中等职业学校应届毕业生,可由高职院校免试录取。

广泛开展高质量职业培训。落实职业院校实施学历教育与培训并举的法定职责,面向在校学生和全体社会成员广泛开展职业培训。推行1+X证书制度(学历证书+若干职业技能等级证书制度),探索实行毕业证、技能等级证、职业资格证并轨制度,打通学历、技能、就业通道。面向现代农业、先进制造业、现代服务业、战略性新兴产业,以及具有技能传承性、独具地方特色的产业,重点建设一批区域性省级职业技能培训示范基地。贯彻国务院职业技能提升行动工作要求,落实《河南省职业培训条例》,深入推进全民技能振兴工程,充分发挥职业院校在"技能河南"建设特别是技能人才培养中的主阵地作用,积极开展多层次、多类型、多群体的职业技能培训和岗位技能提升培训。支持和规范社会力量兴办职业教育培训机构。对培训后取得职业资格证或职业技能等级证、专项职业能力证、培训合格证的毕业学年高校毕业生(含技师学院高级工班、预备技师班和特殊教育院校职业教育类毕业生),按规定落实职业培训补贴政策。

3. 提高技术技能人才培养质量

优化专业结构和课程体系。统筹全省职业教育专业布局,引导职业院校明确学校定位和办学特色,优化专业设置,建设专业群,建立紧密对接产业链、创新链的专业体系。支持有条件的地方加强职业教育园区建设,把职业教育园区与当地产业集聚区统筹规划、紧密对接,推动园区内职业教育资源实现共建、共享、共用。落实国家职业教育教学相关标准,修订100个左右省级专业教学标准,支持建设50个左右重点专业、200门左右省级职业教育在线精品课程,推动校企合作开发200种左右地方特色教材,推广使用新型活页式、工作手册式教材并配套开发信息化教学资源。

健全德技并修、工学结合的育人机制。推动职业院校组建高水平、结构化教师教学创新团队,广泛采用项目教学、案例教学、情景教学、模拟教学、行动导向教学等工学结合更加紧密的"理实一体化"教学方法。推进信息技术与教学深度融合,创设虚实结合的学习环境,探索线上、线下"双线并进"的教学方式。健全我省职业技能竞赛制度,积极支持职业院校师生广泛参与各类技能大赛,推动技能大赛全员化,以赛促教、以赛促学、以赛促训,着力培养学生的职业道德、工匠精神、职业技能和就业创业能力。加强职业教育科研体系建设,健全职业教育教学成果和科研成果奖励制度,加强成果转化、应用和推广。

（四）着力推进高等教育内涵式发展

聚焦内涵建设，着力质量提升，强化服务意识和能力，以建设高水平人才培养体系为核心，全面提升高等教育人才培养、科学研究、社会服务、文化传承创新和国际交流能力。以实施高等教育特色发展行动计划为抓手，对标一流，改革驱动，引导高校科学定位、突出特色，促进内涵提质发展。

1. 推动高校分类发展

完善普通高校分类发展制度体系，构建高校分类评价、分类评估、分类拨款等制度，推动高校确定发展类型，明确发展目标和发展路径。继续实施普通高校分类发展计划，发挥示范引领作用，重点建设一批各类型的示范性高校。加快一流大学建设，重点建设2—3所高水平综合性研究型大学。加强特色骨干大学和特色骨干学科建设，立项9所特色骨干大学建设高校和8所特色骨干学科建设高校。实施高水平应用型本科高校建设工程，加强应用技术类型本科院校内涵建设，重点建设15—20所高水平应用技术类型本科高校和50个对接区域产业链的专业（集群），提升服务区域产业发展能力。推进高等职业学校高质量发展，重点建设30所优质高等职业院校，培养服务区域发展的高素质技术技能人才。明确不同类型高校人才培养定位，到2020年，高水平大学和特色骨干大学全部停办专科层次教育。

2. 优化高等教育布局结构

调整优化高校区域布局，合理配置高等教育资源，促进高等教育布局与产业布局和社会发展需要相衔接。科学制定高校设置规划，通过新建、分立、合并、集团化办学等方式，在高等教育资源薄弱、经济社会发展急需人才支撑、对高等教育布局结构具有明显补充作用的地市布局高校，构建以地市为依托、空间布局合理的高等教育发展骨干节点。加强省级统筹，加大高等职业教育布局结构调整力度，建设若干所特色鲜明、具有竞争力的优质高等职业学校。积极推进普通本科高校设置工作，构建本专科协调发展的高等教育层次结构。理顺公办高校管理体制，逐步过渡到本科院校和行业特殊性强的高职院校由省政府或省直部门举办、其他高职院校由各地举办的管理体制。鼓励民间资本到省辖市、济源示范区、省直管县（市）举办高职教育。

3. 加快推进“双一流”建设

以扎根河南、中国特色、世界一流为核心，以立德树人为根本，以支撑创新驱动发展战略、服务河南经济社会发展为导向，加强目标引导、过程指导、任务督导，强化政策、资源和资金支持，持续强力推进“双一流”建设。推动郑州大学建成国家一流大学，基本完成综合性大学的一流学科建设布局与研究型大学治理体系建设，临床医学、材料科学与工程、化学学科实力显著增强，实现基本科学指标数据库（ESI）排名前1‰学科的突破。河南大学生物学主要学科领域在国内的优势地位凸显，人才培养能力和科学研究水平显著提升，进入ESI排名前1%。强化示范引领，以“双一流”建设带动全省高校内涵发展、创新发展、特色发展、开放发展，争创一流。

4. 建设一流本科教育

坚持“以本为本”，加快建设高水平本科教育，全面提高人才培养能力。改革教学理念、内容、方法、评价和课程设置等，推进跨专业、跨学科、跨院系、跨学校交叉培养。强化通识知识教育，加强基础学科建设，使学生博学与精专统一、人文素养和科学素质兼备、知识积累和创造性思维贯通。实施本科教育质量提升工程。建成20所立德树人标杆学校，落实国家专业建设“双万计划”和课程建设“双万计划”，建设600个一流本科专业点，打造2000门一流线上线下精品课程，建设1000个优秀基层教学组织，培育500项优秀教学成果，选树200名潜心教书育人的教学名师。创新人才培养模式，推进科教、产教、企教、医教深度融合，加强校企合作，实现协同育人。深入实施“六卓越一拔尖”计划2.0，加强新工科建设，加强文科、医学、农林教育创新发展，着力办好一批涉农专业以及儿科、学前教育、健康养老、婴幼儿照护等民生急需学科专业，加强基础学科拔尖创新人才培养。建设一流网络安全学院。全面开展本科专业保合格、上水平、追卓越三级认证。强化科研育人，推动学生早进课题、早进实验室、早进团队，将最新科研成果及时转化为教育教学内容。强化实践育人环节，重点建设一批实验教学示范中心、工程创新训练中心、临床教学培训示范中心、大学生校外实践教育基地。围绕激发学生兴趣和潜能深化教学改革，加强依法依规、宽严相济、科学管用的教学管理制度体系建设。

着力优化人才培养结构。按照优化结构、补齐短板的原则，推动高校结构调整，加大力度建设一批农林类、师范类、医学类和工科类等行业特色鲜明、优势特色学科明显的特色骨干大学，争创行业或国内一流农业大学、一流师范大学、一流医科大学和一流工科大学等。健全高等教育人才分类培养体系，加大创新型、复合型、应用型人才培养力度。强化就业对人才培养的反馈作用，推动高校形成招生计划、人才培养与就业联动机制，建立健全高校本科专业动态调整机制。优先发展高新技术专业，加快发展与我省支柱产业密切相关的应用型专业，改造提升传统专业，培育特色优势专业集群。

实施高校毕业生就业创业促进计划。加强高校就业创业指导服务，健全就业创业工作评价预测机制。继续开展“新时代·新梦想”就业创业系列帮扶行动，引导毕业生到基层就业，做好大学生征兵工作。实施创新创业教育改革燎原计划，支持创新创业教育改革示范校建设，完善河南省大学生就业创业综合服务基地功能，适时启动二期工程建设。扶持一批在校大学生创新创业优秀项目。树立一批就业创业典型，带动高校毕业生更高质量就业。

5. 提升研究生教育水平

实施高层次人才培养能力提升计划。启动实施博士硕士重点立项建设单位提升工程，加大对博士硕士重点立项建设单位在政策、资金、人才等方面的支持力度，力争使其通过国务院学位委员会审核，正式成为博士、硕士学位授权单位。启动实施博士专业学位授权点培育工程，重点培育一批与经济社会发展密切相关、社会需求较大、培养应用型人才的学位授权点。继续开展学位授权点动态调整工作，推动存量结构调整。加强河南省重点学科建设，持续推进河南省优势特色学科建设工程，重点建成一批具备世界一流水平的优势学科和综合实力位居国内前列的特色学科，构建布局合理、结构优化、资源共享、相互支撑、适应我省产业结构优化升级的学科群。

完善产教融合的专业学位研究生培养模式，建立职业导向的课程体系，依靠行业企业加强实践基地建设。完善科教融合的学术学位研究生培养模式，探索建立基于重大科技创新平台、高水平科研项目和重大工程项目的研究生培养机制。实施国家及省内急需学科高层次人才培养支持计划，加强紧缺高端复合型人才培养，探索跨学科培养模式和评价模式，建立复合型人才培养新机制。健全以导师为第一责任人的责权机制，提升其指导能力。继续实施研究生教育创新计划、研究生教育改革与质量提升工程，深入实施研究生教育教学改革研究与实践项目。完善学位与研究生教育质量保障和监督体系，加大博士、硕士学位论文抽检力度，加强对学位授权点的诊断式评估，确保学位授予和研究生教育质量。

6. 增强高校科学研究和创新服务能力

实施高校基础研究增强工程。启动高校重点科研项目计划，加大长期稳定支持基础研究力度，有效提升原始创新能力，鼓励高校积极参与高校基础研究珠峰计划，夯实建设创新型河南和中西部科技创新高地的基础。实施高校科技创新团队和人才支持计划，着力培养一批具有战略眼光、能够把握科技发展趋势、善于组织大规模科技创新活动的科技创新领军人才和创新团队。实施河南省高校重点实验室培育基地建设计划，持续支持培育建设国家重点实验室、教育部重点实验室、河南省重点实验室，逐步建立国家、省、高校三级重点实验室体系，增强科技创新能力。鼓励高校积极参与建设国家重点实验室、国家临床医学研究中心和国家野外科学观测研究台站等国家级创新基地。探索新型科研组织模式，组建关键领域核心技术攻关大平台，积极参与国家重大战略布局。

实施高校社会服务水平提升工程。主动服务“一带一路”、乡村振兴、军民融合等国家决策实施和经济社会发展重大需求。加大河南省高校协同创新计划实施力度，加强国家、省、高校三级协同创新中心体系建设。支持河南粮食作物协同创新中心等国家级(省部共建)协同创新中心建设，建立省级协同创新中心动态调整机制，根据经济社会发展需求认定一批省级协同创新中心。鼓励高校与科研院所、行业、企业等联合建立国家工程研究中心、国家国际科技合作基地等创新平台，继续实施河南省高校工程技术研究中心建设项目，面向应用技术型高校和职业院校，每年立项建设20个河南省高校工程技术研究中心项目。支持高校主动融入军民融合发展战略，积极构建军民融合科技创新体系，促进军民科技成果转移转化。推进高校科技成果转化和技术转移基地建设，启动实施河南省产业科教联盟计划，每年立项建设10个产业科教联盟；支持高校、行业企业共建产教融合创新平台，推进高等教育与产业发展创新要素交叉融合，打通基础研究、应用开发、成果转移和产业化链条，推进我省高校加速科技成果转移转化，切实提升社会服务能力。优化科研管理，引导高校实行更加灵活多样的薪酬激励制度。发挥激励导向作用，突出创新质量和实际贡献，做好科技奖励工作。完善有利于鼓励协同创新、联合承担重大科技任务的分类评价体系，建立与绩效考核结果挂钩的经费奖补制度。

深入实施高校哲学社会科学繁荣计划。充分利用我省历史文明悠久、文化底蕴深厚的优势，建设立足河南、注重原创的学术体系，推出一批中原品牌的学术成果，形成具有中原特色的文化品牌。建设覆盖大中小学的人文社会科学研究体系，优化资源配置，厚植学术基础，激发科研热情。加强哲学社会科学人才队伍建设，实施哲学社会科学创新人才和创新团队计划，每年立项支持30名创新人才、10个创新团队。重点加强中青年学术骨干和学术团队培养，造就一批在全国有重要影响力的名师大家。创新科研组织模式，明确研究方向，汇聚高端人才，形成成果高地，继续推进高校社科重点研究基地建设，构建人才辈出、成果丰富、学术发展的科研创新平台体系。加强智库建设，形成高校智库联盟集约优势，培育10个左右高校智库进入全国高端智库序列。采取后期资助的形式，引导支持高校学者深入社会实践，积极建言献策。加强科研诚信建设，严守科研伦理规范，扎实做好学风建设和知识产权保护工作，营造风清气正的科研创新环境。

(五)全面加强新时代教师队伍建设

全面深化新时代教师队伍建设改革,把教师队伍建设摆在教育事业优先发展的战略地位,优先谋划教师工作,优先保障教师队伍建设经费,优先满足教师队伍建设需要,努力建设一支政治素质过硬、业务能力精湛、育人水平高超的高素质教师队伍,为教育现代化提供有力支撑。

1. 加强师德师风建设

深入贯彻落实教师职业道德规范,将师德建设贯穿教师发展管理全过程,将师德师风作为评价教师队伍素质的第一标准,建立师德师风建设长效机制。创新师德教育形式,丰富师德教育内容,引导广大教师带头践行社会主义核心价值观,成为先进思想文化的传播者、党执政的坚定支持者、学生健康成长的指导者和引路人。坚持教师入职宣誓制度。建设一批国家和省级师德教育基地。加强英雄教师李芳、时代楷模张玉滚等典型人物事迹宣传,充分发挥师德先进典型、教书育人楷模的示范引领、辐射带动作用。健全学校、教师、学生、家长和社会共同参与的师德建设监督机制,建立教师个人信用记录和违反师德行为联合惩戒制度,对师德失范行为进行曝光并定期通报,全面落实师德失范一票否决制。

2. 提高教师教育质量

实施教师教育振兴行动计划。支持高水平综合大学开展教师教育,构建开放灵活的教师教育新体系。加强教师教育学科队伍建设,建立教师教育改革发展保障机制。支持师范院校教育博士点、教育硕士点建设。建设一流师范教育基地,打造一批一流师范院校和一流师范专业。深入推进教师教育联动发展共同体建设。启动实施公费师范生培养计划,实行定向招生、定向培养、定向就业,精准培养本土化乡村教师。实行“县来县去”定向培养,完善中小学教师补充机制。努力建设高素质善保教幼儿园教师队伍,加强幼儿师范院校建设,提高培养层次和培养质量,积极推动初中起点五年制幼儿园教师培养。改革招生制度,支持办学条件好、教学质量高的高校师范专业实行提前批次录取或采取入校后二次选拔方式。落实卓越教师培养计划2.0,强化师范生教学基本功和教学技能训练,积极推进各类教师培养模式改革。加强职业技术师范院校建设,在高水平工科本科学校举办职业技术师范教育。完善教师教育质量评价标准制度,稳步推进普通高校师范类专业认证。提高师范专业生均拨款标准,在现行标准基础上提高30%,到2022年达到普通专业生均拨款标准的1.5倍。

支持教师终身学习。坚持中小学幼儿园教师继续教育制度。实施中原名师培育工程和名校长培育工程,建立教师校长海外研修常态化机制。加大高中教师培育支持力度,实施高中教师杰出青年培育计划。鼓励有条件的地方对中小学教师攻读教育硕士实施学费资助政策。实施中小学教师队伍建设提质工程,创新实施“国培计划”,扩大“省培计划”实施规模,完善教师培养培训联合联动机制。全面加强中高等职业学校教师队伍建设,实施卓越教师卓越校长培养工程,重点建设一批“双师型”“一体化”教师培养培训基地,分专业建设80个省级教师教学创新团队。落实职业教育教师全员轮训制度,实行5年累计不少于6个月企业实践制度。着力提升高校教师专业素质和管理能力,选送优秀教师到“双一流”建设高校访学和在职研修。鼓励高校校(院)长、中层干部到国内一流高校挂职锻炼。建立健全教师海外培训机制,加大教师国(境)外培训力度,提高师资国际化水平。加强辅导员队伍建设。

实施高层次人才队伍建设工程。扩大高校高层次人才规模,提升学科领军人才在全国的竞争力和影响力。继续实施中原百人计划、中原千人计划、特聘教授讲座制度等重大人才工程,以长江学者和省特聘教授等重大项目为抓手,着力引进和培养一批长江学者、国家杰青、省特聘教授等一流科学家、学科领军人才和创新团队。着力引进和培养120名学科领军人才,重点选拔培养1200名青年骨干教师,培训2000名新入职教师,建设20个教师教学发展中心,逐步完善教师发展平台体系。支持省级高端智库培育一批哲学社会科学名家名师。

3. 推进教师管理制度改革

创新规范中小学教师编制配备。在现有编制总量内,合理核定教职工编制,原则上每三年核定一次。盘活存量,优化结构,采取调剂、补充、压减、引进等方式保证教师需求。加大跨地区、跨层级、跨行业调整力度,省级统筹、市域调剂、以县为主、动态调配,优先满足教师队伍需要。实施高考综合改革基础条件改善攻坚计划,增加满足走班教学要求的在编教师或政府购买服务的教师。加大编制向乡村小规模学校倾斜力度,落实幼儿园教职工配备标准。鼓励实行政府购买服务,将教职工编制配备和购买工勤服务相结合,满足教育快速发展需求。

严格教师资格和准入制度。完善教师资格考试政策,积极推动教师资格育考结合。实施中小学教师资格定期注册制度。改革中小学教师招聘办法,充分发挥教育部门和学校的主体作用,落实用人单位自主权,加强人事综合管理部门和教育部门指导监督,确保新招聘教师质量。严把教师选聘入口关,将思想政治素质和业务能力考察作为高校教师选聘的必要环节。完善职业院校“双师型”教师资格认定标准,支持职业院校通过直接考核方式引进高层次、高技能人才。

完善职称评价标准。将中小学教师到乡村学校、薄弱学校任教1年以上的经历作为申报高级职称和特级教师的必要条件。适当提高中小学中级、高级教师岗位结构比例,在现行标准基础上,幼儿园、小学提高5%,初中、高中、中等职业学校、技工院校提高8%左右。学校可根据政策规定自主设岗和动态调岗,实现职称和岗位聘用有效衔接。中小学教师职称评审向乡村学校倾斜,在农村连续从教男满25年、女满20年的在编在岗教师,可不受岗位结构比例限制,符合申报条件的,直接评聘中小学一级教师。在农村连续从教满30年且离法定退休年龄不满5年的农村教师,可不受岗位结构比例限制,考核认定中小学一级教师。获得中原名师、省特级教师、省级以上优秀教师、河南最美教师称号,担任国家基础教育教学成果二等奖以上奖励项目的主要完成人,或者在农村学校从教且教龄男满30年、女满25年的在岗在编教师,符合申报条件的,可不受岗位结构比例限制,直接评聘中小学高级教师。高校高级教师岗位结构比例在现行标准基础上提高5%左右。鼓励优秀人才脱颖而出,高校业绩特别突出的专业技术人才,可不受资历限制,破格或越级申报高级职称。加强教师职称聘后管理,完善职称评聘退出机制。

创新教师管理。推行义务教育教师队伍"县管校聘"管理体制改革,统筹教师资源配置、促进教育公平、提高教育质量。大力推动城镇学校校长、教师到乡村学校交流轮岗,并作为选拔任用、职称评聘、评优表先的优先条件。实行学区(乡镇)走教制度。落实职业院校用人自主权,鼓励职业院校聘任兼职教师,打通企业工程技术人员、高技能人才进入职业院校任教通道。加快推进高等教育领域"放管服"改革,赋予高校更多用人自主权。加快推行高校员额制改革。

4. 提升教师地位和待遇

实施教师待遇提升行动计划。健全中小学教师工资长效联动机制,核定绩效工资总量时统筹考虑当地公务员实际收入水平,确保中小学教师平均工资收入水平不低于或高于当地公务员平均工资收入水平,确保乡村教师实际工资收入水平不低于当地同等条件县镇教师工资收入水平,并随着经济社会发展逐步提高。健全符合教师职业特点、有效体现工作量和工作绩效的收入分配激励机制和绩效工资动态调整机制,绩效工资分配向班主任和特殊教育教师倾斜。班主任工作按照教师标准课时工作量的一半计入基本工作量,并在绩效工资分配、津补贴发放等方面予以倾斜。实施中小学(中等职业学校)班主任津贴政策,最低标准不低于400元/月。鼓励各地探索制定寄宿制学校教师补助和延时服务津贴发放办法。

扩大高校收入分配自主权。完善适应高校和职业院校教学岗位特点的内部激励机制,逐步建立以增加知识价值为导向的收入分配政策。高校教师依法取得的科研奖励、科技成果转化奖励等收入,不纳入绩效工资总量,不纳入单位工资总额基数。支持高校盘活资源开发青年人才公寓。

提高教师政治地位和社会地位。各级党委和政府要切实负起中小学教师保障责任,落实公办中小学教师作为国家公职人员特殊的法律地位,依法保障教师合法权益。坚持尊师重教优良传统,大力弘扬优秀尊师文化,重振师道尊严,形成尊师重教良好社会风尚。开展尊师活动,支持鼓励企业在向社会提供服务时实行教师优先。完善教师荣誉表彰奖励体系,树立师德典型,加大教师表彰奖励力度,努力使广大教师在岗位上有幸福感、事业上有成就感、社会上有荣誉感。

5. 加强乡村教师队伍建设

继续实施乡村教师支持计划。全面提升乡村教师思想政治素质和师德水平。拓展乡村教师补充渠道,扩大"特岗计划"和农村学校教育硕士师资培养计划实施规模。持续开展贫困地区、革命老区对口支教。制定倾斜政策,教师职称(职务)评聘向乡村学校倾斜。全面落实惠及农村教师的生活补助、乡镇工作补贴等各项政策。将国家连片特困地区重点县义务教育学校乡村教师生活补助政策扩大到全省农村义务教育学校教师,根据艰苦边远程度实行差别化补助。启动农村教师周转宿舍和保障住房建设工作,解决农村教师住房保障问题。力争到2022年逐步实现保障特岗教师、支教交流教师和离家较远需在校食宿的农村教师每人一套周转宿舍。通过建设农村教师住房、组织团购、发放购房补贴或优惠券、按照当地公租房政策提供教师公寓租住等方式,稳妥有序解决全省乡镇(不包括县城所在乡镇)及以下学校(含教学点)在编在岗教师的基本住房问题。

完善乡村教师荣誉制度。开展乡村中小学首席教师岗位计划试点工作,实行银龄讲学计划和乡村优秀青年教师培养奖励计划。完善乡村教师发展支持服务体系,努力造就一支素质优良、甘于奉献、扎根乡村的教师队伍。

(六)努力提升贫困地区教育发展水平

扎实推进教育脱贫攻坚,积极实施乡村振兴战略教育行动,加大贫困地区教育支持力度,着力补齐教育发展短板,全面提升教育基础薄弱地区发展水平。到2020年,贫困地区教育发展达到或接近全省平均水平,实现教育脱贫目标。到2022年,农村薄弱地区教育事业整体发展水平显著提升。

1. 打赢教育脱贫攻坚战

围绕“两不愁三保障”，以保障义务教育为核心，全面落实教育扶贫政策，稳步提升贫困地区教育基本公共服务水平，阻断贫困代际传递。全面落实“两免一补”政策，完善义务教育控辍保学机制，建立重点监测制度，因地、因家、因人施策，实施以学生为中心的精准化帮扶政策，确保贫困家庭适龄儿童少年不因贫失学。深入实施贫困地区农村义务教育学生营养改善计划，逐步提高学生营养膳食补助标准和学校食堂供餐比例，进一步扩大实施范围。聚焦贫困县特别是深度贫困县，存量资金优先保障、增量资金更多倾斜，加大对贫困县教育投入和师资培养培训的支持力度，改善贫困地区学校办学条件，提高教育整体水平，促进贫困地区教育事业发展。充分发挥职业教育助力脱贫攻坚的作用，办好贫困地区职业学校，深入开展院校合作、中职招生兜底和劳务协作。对建档立卡贫困家庭劳动力进行职业技能培训，提高其就业能力，促进其家庭脱贫。鼓励支持高校发挥学科、人才优势，帮助贫困地区发展产业，促进当地经济发展。

贯彻落实国家大别山革命老区振兴发展规划，着力推进“三山一滩”地区群众脱贫，加大对“三山一滩”地区各级各类教育发展的支持力度。发展规划上优先考虑，政策上相应倾斜，资金上重点投入，将“三山一滩”地区高校作为区域经济发展的动力引擎，充分发挥其在服务区域发展中的示范引领和辐射带动作用。

保障家庭经济困难学生顺利完成学业。进一步完善学生资助政策体系，加大家庭经济困难学生资助力度，确保不让一个学生因家庭经济困难而失学。将义务教育阶段建档立卡学生，以及非建档立卡的家庭经济困难残疾学生、农村低保家庭学生、农村特困救助供养学生等四类家庭经济困难非寄宿生纳入生活补助范围。设立省级高校和中等职业学校学生奖学金，奖励人数约占在校生数的3‰。进一步完善国家助学贷款“双轮驱动”工作机制，扎实开展生源地信用助学贷款和高校国家助学贷款工作，强化贷后管理，确保“应贷尽贷”。坚持精准资助工作理念，完善各类家庭经济困难学生认定办法，持续加大学生资助监管力度，努力实现资助对象精准、标准精准和发放精准。

2. 补齐农村薄弱地区教育发展短板

支持农村学前教育发展。推进乡镇公办中心幼儿园建设。按照“园舍独立、经费独立、人员独立、教学独立”的要求，规范发展农村小学附设幼儿园。在学前教育师资不足地方，采取派驻公办教师、教研指导、志愿者服务、实时互动课堂等方式提高保教质量。

坚持优先发展农村义务教育。合理优化农村义务教育学校布局，持续改善农村义务教育学校基本办学条件，公共资源配置重点向乡村小规模学校和乡镇寄宿制学校倾斜，做好校舍建设、装备配备工作。保障小规模学校信息化、音体美设施设备和教学仪器、图书配备，设置必要的功能教室，改善生活卫生条件。在保障基本教育教学条件基础上，加强寄宿制学校信息化、安全防范设施建设，进一步改善床铺、食堂、饮用水、厕所、浴室等基本生活条件，建设开展共青团、少先队活动及文体活动所必需的场地与设施。充分利用同步课堂、公开课等方式推广强校带弱校、优秀教师带其他教师的模式，提高教学点、薄弱校教学质量。

加快普及高中阶段教育。继续加强教育基础薄弱县普通高中建设，提高教育基础薄弱地区特别是高中阶段毛入学率较低地区的普及水平。支持农村地区大力发展职业教育，提升服务当地经济转型和产业升级的能力。

3. 实施乡村振兴战略教育行动

大力发展面向“三农”的职业教育。充分发挥涉农职业院校和县级职教中心的阵地作用，加强涉农专业建设，积极培育农产品加工、乡村生态旅游、现代畜牧业等产业人才，有效服务农业产业振兴；培育农村公共卫生、老年照护、乡村规划等领域人才，提升农村民生保障水平。面向返乡农民工、退役士兵、在乡青年农民等群体，广泛开展学历职业教育，培育大批服务乡村振兴的高素质技术技能人才。统筹各类面向农村、农业、农民的培训资源，大力开展技术推广、扶贫开发和劳动力转移培训，加快培养新型职业农民，提升农村人力资源开发水平。加大农村基层干部培训力度，培养懂农业、爱农村、爱农民的“三农”工作队伍，为乡村振兴、农民致富培养带头人。推进实施农民工学历与能力提升行动计划——求学圆梦行动，建立健全政府、工会、用人单位和学习者共同分担成本、多渠道筹措经费的投入机制，构建以开放大学和开展网络远程教育的高校为主体，以开展成人教育的普通高校为支撑，成人高校共同参与的农民工学历继续教育格局，激励在豫务工、有学历提升需求且符合入学条件的农民工接受学历继续教育，提升学历层次和技术技能水平。鼓励涉农高校和职业院校面向农业主产区提供技术服务，推进涉农科技成果转化，培育乡村发展新动能。支持高校根据产业发展设置专业、开设课程，有针对性地培养人才，在智力、科技、培训、产销帮扶上为农村地区提供支持。

（七）大力促进教育区域协同发展

贯彻落实国家教育区域协同发展战略，大力实施教育区域协同发展战略规划，优化区域教育政策支持体系，以省部共建高校建设、郑州大都市区、晋陕豫黄河金三角区域和区域教育协作为重点，创新教育协同发展体制机制，着力先行先试，探索新时代区域教育改革发展和科技创新新模式，推动形成区域教育事业发展新格局。

1. 加大部省合建和省部共建高校建设力度

深化部省合建改革举措，协调联动，凝聚合力，加大资金、政策和资源配置的支持力度，重点推进郑州大学优势特色学科群对接全省新材料产业、文化旅游产业和医疗服务事业，显著提升服务区域重点产业发展的能力。推动郑州大学培养一流人才、产出一流成果，示范带动全省高等教育内涵发展和质量提升，为优化国家高等教育布局、促进我省经济社会发展提供有力支撑。

深入实施中西部高校基础能力建设工程，围绕强化本科教学、提高本科教育教学质量，夯实办学基础，改善教学条件，提高学校本科教学基础能力，重点加强教学实验、图书信息等设施建设，大力培养应用型、复合型人才。继续深化省部共建工作，加大对省部共建高校支持力度，统筹政策、资金等多方资源，推动共建高校深化体制机制改革，积极争取相关国家部委的资金和资源支持，提升办学水平，提高服务国家战略实施和区域、行业产业发展的能力。扩大省部共建范围，进一步丰富共建形式，完善共建机制，强化共建高校办学特色。

2. 推进郑州大都市区教育创新发展

强化省级统筹，加快推进郑州大都市区教育事业改革发展。支持郑州、开封、新乡、焦作、许昌等市进一步拓展教育协作深度和广度，在管理体制、办学体制、人才培养模式改革等方面率先探索，努力把郑州大都市区建成教育改革创新先导区、促进教育公平示范区、优质教育资源集聚区、教育开放合作引领区、教育现代化示范区。发挥郑州市优质教育集聚的主体作用，推动五市健全加快教育发展的领导决策机制、协同发展机制、推进落实机制和考核督导机制，围绕教育发展的关键领域和重点环节先行先试，力争在转变发展方式、破解发展难题、提升质量效益等方面率先取得突破，进一步提升郑州大都市区教育的竞争力和辐射力。

深化区域协作，加大区域内教育资源相互开放的力度，搭建各级各类教育协作发展与创新平台，实现资源优势互补和有序流动，不断满足区域内群众对高质量和多元化教育的需求。优化义务教育均衡发展政策与配套措施，通过联合办学、开办分校等模式，鼓励郑州市优质教育资源优先向其他四市中心城区和大都市区新兴增长中心流动，推动义务教育均衡向纵深发展。加强区域内高水平职业院校建设，加快构建现代职业教育体系，积极推动职业院校与企业、行业实现深度融合，为大都市区产业升级、社会发展培养更多高水平技术技能人才。以培养高端科研人才为目标，在郑州市郑东新区、郑州高新区和开封市建设高等教育中心，以郑州大学、河南大学“双一流”建设高校为引领，全面提升区域人才培养、科学研究、社会服务、文化传承创新、国际交流合作等综合实力。探索建立大都市区高校协同发展联盟，推动郑州大学、河南大学与其他高校联动建设国家科技创新平台，支持大都市区高校参与国家（河南）大数据综合试验区核心区建设，支持郑州大学建设国家超算郑州中心。加快推进郑开双创走廊合作办学高教园区建设，支持引进国内外优质高等教育资源开展合作办学或设立学院。

3. 推动晋陕豫黄河金三角区域教育一体化发展

加快构建联系紧密、沟通高效、协调有力的黄河金三角区域高层级教育交流合作机制。科学推进区域教育政策逐步统一和高质量一体化发展。采取年度轮值形式，通过举办现场会、交流会、报告会、论坛、沙龙等，着力推进区域教育督导、学校管理、教学研究、教师培训、信息技术等方面的经验交流。积极搭建黄河金三角区域教育第三方评估检测平台，形成“管办评”分离的现代化教育格局。加强黄河金三角职教基地建设，实施职业院校跨地区招生，开展多种形式的联合办学，实现职业教育资源和生源共享。

加快推进区域内高等教育融合发展、特色发展，开展多种形式的联合办学，推动区域内高等教育内涵发展。注重区域教育联动错位发展的顶层设计，加快建立健全教育发展政策支持体系，加快形成以企业为主体、市场为导向、产学研相结合的技术创新体系，提升自主创新能力。进一步落实完善有利于促进黄河金三角区域教育合作和一体化发展的政策措施，推动黄河金三角区域教育协作向更高水平、更深层次、更宽领域发展。

4. 深化区域教育交流合作

充分发挥南水北调中线工程的桥梁纽带作用，继续深化京豫教育交流与合作，借助北京市优质教育资源，提升南水北调中线工程水源地基础教育水平。持续实施一批对口协作教育项目，强化水源地六县与北京市六区基础教育结对帮扶，扎实开展两地中小学校“手拉手”“结对子”等活动，不断丰富两地结对校之间的交流合作内容，实现京豫两地优势互补、基础教育资源共享，提升水源地中小学校的教学管理水平，促进水源地基础教育事业快速发展。

深入推进京豫、沪豫结对高校交流与合作工作，推动高等教育创新发展。在京豫、沪豫教育合作协议框架下，加快推进与北京市、上海市结对高校在学术交流、人才培养、协同创新和学科建设等多个方面开展深层次、全方位的交流与合作,提升高校教学管理和科技创新水平。进一步加大区域教育合作力度,拓展合作范围,加强与国内教育发达地区和省份的教育交流与合作,吸引国内高水平大学来豫办学、合作设立研究院(所)。强化对口支援,完善工作机制,加大对新疆哈密地区教育事业的支持力度,创新思路,整体推进,提升受援地区教育发展水平。

(八)加快构建教育信息化新生态

实施"互联网+教育"行动计划,加快推进智慧教育创新发展,建设"互联网+教育"大平台,着力构建"互联网+"条件下的人才培养新模式,发展基于互联网的教育服务,探索信息时代教育治理新模式。

1. 推进信息化基础环境建设

实施中小学校信息化基础设施建设攻坚行动。到2020年,全省中小学校(含教学点)有线无线网络覆盖率、宽带网络接入率达到100%,网络出口带宽达到100兆级以上,多媒体教室占教室总数的比例达到95%以上;到2022年,全省中小学校信息化基础设施基本完备,80%以上中小学校达到河南省中小学校数字校园评估标准基本要求。加大中等职业学校数字校园建设力度,到2022年,90%以上的职业学校达到职业院校数字校园建设规范基本要求。实施高校智慧校园建设行动,推进状态全面感知、信息高效处理、应用便捷灵活、支持IPv6(互联网协议第六版)的泛在网络设施建设,构建基于5G、物联网、大数据和人工智能的智慧学习空间。

实施教育信息化支撑服务体系建设工程。完善河南数字教育资源公共服务体系,形成资源共享、教学支持的"平台+教育"服务模式。创建数字资源建设模式,形成开放、有序的资源汇聚与更新机制,融合众筹众创,推动多方参与数字资源开发。开展数字资源服务普及行动,加快优质资源共享,到2022年,基本建成覆盖全省中小学各年级各学科优质、适用、丰富的数字教育资源及其应用体系。建立健全中小学使用数字资源和学习类APP的审核与应用监管制度,提升内容和应用服务的教育性、科学性、规范性和安全性。积极推进教育管理公共服务平台、教育资源平台、网络学习空间融通,基本建成全省"互联网+教育"大平台。

2. 促进信息技术与教育教学深度融合

支持学校充分利用信息技术开展人才培养模式和教学方法改革,逐步实现信息化教与学应用师生全覆盖。加快推动教学与学习行为的数字化记录和分析,构建线上线下混合式学习、课内课外各学科互相融通的学习新生态。建设智慧学习空间和学习体验中心，推行场景式、体验式、沉浸式学习。

实施数字教育资源协作共同体建设工程。协同推进优质特色资源共享和教学模式创新，重点培育300个“网上结对”省级示范性教学创新协作共同体、500个“线上牵手”省级示范性网络直播共同体，形成一批信息化教学创新案例；推行“1＋N”或“N＋N”的网络直播课堂方式，以县（市、区）为基本单元，构建强校带弱校、优秀教师带其他教师的长效机制，促进城乡教育高位均衡。以国家精品在线开放课程、示范性虚拟仿真实验教学项目等建设为载体，支持高校通过协同共建方式开发满足不同教学需求的在线开放课程，鼓励高校共建优质公共基础课、专业基础课和创新创业类课程，建设1000门省级精品在线开放课程。建设虚拟仿真实验教学资源管理平台，认定300项省级虚拟仿真实验教学项目。实施“互联网＋教育”示范引领工程。重点培育20个教育信息化2.0示范县、300个智慧校园示范校、2000个中小学数字校园建设标杆校，开展教育行政人员信息化专题培训3000人次。

3. 创新“互联网＋”条件下的人才培养模式

探索基于信息技术的新型教学模式。加强对学习者认知和学习行为规律的研究，实施因材施教、个性化学习的新型教学组织方式。重塑教学评价和教学管理方式，利用新一代信息技术，跟踪监测教学全过程，开展学情分析和学习诊断，精准评估教学和学习效果，由结果导向的单一评价向综合性、过程型的多维度评价转变，由注重知识传授向注重能力素质培养转变，全面提升教师信息素养。实施人工智能助推教师能力建设行动，探索基于人工智能的教学新模式。实施新周期中小学教师信息技术应用能力提升工程，加大教师培训力度。实施教育管理人员信息素养提升工程，全面提升各级各类学校管理者信息化规划力与执行力。

4. 探索信息时代教育治理新模式

建设省级“国家教育考试管理与服务信息化支撑平台”，提升考试综合治理现代化水平。探索建设基于大数据和人工智能的试题库，推进信息化环境下考试形式变革，为实现全面素质考查夯实基础、创造条件。探索智能阅卷技术在大规模考试中的深度应用，利用大数据分析和教育测评技术对考试结果进行深度挖掘，向学生提供多维的成绩综合分析报告，向学校提供群体多维评价数据，为提升教学质量、教育管理水平发挥科学评价导向作用。

开展大数据支撑下的教育治理能力优化行动。分层建立教育数据目录体系，统一数据标准及规范，加强数据资产管理，推进教育数据交换与共享。充分利用云计算、大数据、人工智能等新技术，建设以教育重大决策问题、任务和需求为导向的教育决策支持服务系统。加快教育政务新媒体平台建设，推进教育政务服务系统和门户网站、APP整合，实现各级教育门户网站与本级政府政务服务网站互联互通、信息共享，推动更多事项“掌上办”。

(九)不断开创教育对外开放新格局

实施教育开放建设工程，深度融入“一带一路”建设，推动高水平涉外办学、高质量出国留学和来华留学，加快高层次、国际化人才培养，加强和改进中外人文交流，持续提升我省教育对外开放能力和水平，服务构建内陆开放高地。

1. 深化与“一带一路”沿线国家教育交流与合作

深入实施推进共建“一带一路”教育行动计划，加快教育互联互通。统筹河南省外国留学生政府奖学金，吸引沿线国家学生来豫留学。推进郑州亚欧交通职业学院建设，加快高速铁路、航空机械、航空物流、电子商务、国际金融等国际化专业人才培养，服务空中、陆上、网上和海上丝绸之路建设。搭建国际科教、产教和企教合作交流平台，鼓励国际科技协同创新，积极参与高校科技创新服务“一带一路”倡议行动。推动对外援助培训中心建设，做好对刚果(布)等国家和地区的教育援助工作。

完善人才培养机制，加快多语种外语人才培养。加快高水平英语语种人才培养，鼓励有条件的大中小学开展非英语语种外语教学，设立5—10个非英语语种外语培训基地。探索“英语+非通用语”“专业+非通用语”等复合型人才培养模式，支持我省高校与相关国家合作开设非英语语言外语专业，推动高校以“一带一路”沿线国家语言为重点，开设第二、第三公共外语，支持与沿线国家高校开展学生联合培养。

2. 加快高层次、国际化人才培养

探索多种渠道引进国外优质教育资源，开展高水平中外合作办学。围绕我省经济社会发展和产业转型升级对人才多样化的需求，聚焦科技前沿和薄弱、空白、紧缺学科专业，以理工科专业为重点，积极推进高水平中外合作大学建设，着力建设一批示范性中外合作办学机构和项目。支持特色学校、社会力量参与探索开展多种形式的境外办学。鼓励支持高校和职业院校配合企业走出去，推动建设一批“鲁班工坊”“仲景学院”“河洛学院”“大禹学院”等境外办学机构。健全质量保障体系，加强涉外办学质量监测和评估，逐步提升办学质量。

实施海外高层次人才培养工程，加快培养拔尖创新人才、外语非通用语种人才、国际组织人才、国别和区域研究人才。统筹“五区”联动、“四路”协同和创新驱动发展需要，拓宽公派出国渠道，扩大选派规模，深化与国外高水平教育科研机构合作，鼓励高校推荐毕业生到国际组织实习，支持到“一带一路”沿线国家研修。加大国外智力引进力度，为引进的海外高层次人才配偶工作、子女入学、家属居留等提供便利。拓展交流渠道，丰富交流形式，加快学生国际流动，推动学分和学位互认、互授、联授，促进学生国际化培养。

完善来豫留学管理体制机制，培养留学青年杰出人才，打造“留学河南”品牌。实施河南教育推介计划，组织我省院校到国外举办教育展，完善奖学金体系，吸引外国学生来豫留学，力争我省留学生规模突破10000人。创新人才培养模式，加强留学生管理干部队伍建设，提升留学管理服务水平。加大品牌专业、精品课程建设力度，加快具有河南特色的留学生教材研发。提升学历教育层次，加大研究生培养力度。

3. 加强中外人文交流

强化顶层设计，完善体制机制，打造内陆中外人文交流新高地。加强工作协同，丰富内容形式，大力支持民间中外人文交流，加强中外体育艺术等人文交流。整合资源，凝聚力量，创新举办“武林汉韵”海外巡演，加大中原文化创意产品的研发与推广力度，打造一批具有国际影响、中国特色、中原风格的中外人文交流品牌项目。充分利用政府间高级别中外人文交流、高层磋商、专业人士务实合作、师生友好往来平台，立体推进中外人文交流发展。加强职业教育、基础教育国际合作与交流，支持中小学国际友好学校建设。鼓励中小学开发国际理解教育校本课程，创新开展国际理解教育；加大高校学生对外研学交流力度，提升师生人文交流能力和素养。重点推进与世界主要大国、金砖国家和新兴市场国家的人文交流，加强与欧美、东南亚、南亚、中亚、非洲等国家和地区的教育合作。推动双边多边大学联盟建设，支持高校积极参加国际组织。深入推进友好省州（城市）交流与深度合作，推动外籍人员子女学校等国际化学校建设，持续提升开放包容度、交往便利度，优化开放营商环境。加强高校智库国际合作与交流，支持高校开展国别和区域研究，鼓励特色鲜明的高校设立中外人文交流中心，探索“国别/地区＋行业”研究新模式。

推动孔子学院（课堂）创新发展，扩大规模，提升办学质量。充分发挥我省文化资源和高校学科优势，建好特色孔子学院（课堂）和“汉语＋”项目。加强在办孔子学院内涵建设，创新办学模式，支持中资企业参与孔子学院（课堂）建设，增强服务企业能力。支持国家和省级汉语国际推广基地、海外中国武术健康文化中心以及中医药人才培养培训机构建设。加强汉语国际教育专业建设，加大国际汉语教师和志愿者培养选派力度，建设国际化师资队伍，培育一批文化推广使者。积极开发独具中原文化特色的教材和多媒体汉语国际推广资源，提升中原文化国际影响力。

（十）全面深化重点领域教育综合改革

加快重点领域和关键环节改革步伐，加强教育改革和发展的制度体系建设，创新办学体制，完善质量评价和考试招生制度，健全教育管理体制，为加快推进教育现代化提供制度支撑。

1. 深化教育领域“放管服”改革

加快转变教育管理职能，形成统放结合、权责匹配的教育管理体制。梳理优化职责职权，减少微观管理和具体审批事项。严格控制新增行政职权事项。深化“一网通办”前提下“最多跑一次”改革，推进“互联网＋政务服务”，切实提高教育领域审批服务便民化水平。制定完善事中、事后监管措施，创新监管方式和手段，大幅减少对学校的各类检查、评估、评价，为学校潜心治校办学创造良好环境。完善信用机制，充分利用大数据手段，加大信息公开力度。

加快推进高等教育领域“放管服”改革，破除束缚高等教育改革发展的体制机制障碍，完善高校学科专业设置机制，改革高校编制及岗位管理制度，改善高校进人用人环境，改进高校教师和辅导员职称评审机制，健全符合中国特色现代大学特点的薪酬分配制度，完善和加强高校经费使用管理，完善高校内部治理，强化监管优化服务，让学校拥有更大办学自主权，激发广大教学科研人员教书育人、干事创业的积极性和主动性。

建立健全现代教育制度体系。围绕推进教育治理能力和治理体系现代化，深化教育管理体制改革，构建政府、学校、社会之间的新型关系，完善政府依法宏观管理、学校依法自主办学、社会有序参与的格局。落实学校章程，充分发挥学术委员会的作用，完善教职工代表大会制度和学生代表大会制度，促进和规范理事会建设。根据各级各类学校特点，完善内部治理结构，提高学校办学活力和自我监管能力。完善现代大学制度，健全党委会、校长办公会议事规则，推动学术委员会、理事会等制度完善落实。健全现代职业院校制度，制定和完善学校章程，建立职业院校、行业、企业、社区等共同参与的学校理事会或董事会。推进现代中小学校制度建设，落实学校办学自主权，保障学校自主设立内设机构，依法依规实施教育教学活动。

2. 稳妥推进考试招生制度改革

坚持有利于推进素质教育、有利于促进教育公平、有利于科学选拔人才的原则，稳步推进考试招生制度改革，形成分类考试、综合评价、多元录取的考试招生模式，进一步健全促进公平、科学选才、监督有力的体制机制，构建顺应时代要求、符合教育规律和省情的考试招生制度。稳妥推进高考综合改革，深入研究省情、教情、考情，科学制定高考综合改革方案，统筹推进考试、评价、教学、招生全方位改革，建立基于统一高考和高中学业水平考试成绩、参考综合素质评价的考试评价录取机制。消除普通高中大班额，为高考综合改革顺利实施奠定坚实基础。完善高职院校分类考试招生制度，以高职院校单独招生为主，全面推行“文化素质＋职业技能”的评价模式，基本形成以分类考试招生为主、统一高考招生为辅的高职院校招生新格局。按照国务院高职扩招的决策部署，组织开展高职院校扩招工作，按照标准不降、模式多元、学制灵活的原则，为普通高中毕业生、中职（含中专、技工学校、职业高中）毕业生、退役军人、下岗失业人员、农民工和新型职业农民等群体，提供灵活多样的升学和培养模式，提升技术技能人才整体素质。深化高考加分政策改革，进一步减少和规范高考加分项目和分值，严格加分条件和认定程序，实现学生成长、国家选才和社会公平的有机统一。加强“阳光招生”平台和监督体系建设，完善监督管理机制，加大对违规招生行为的查处力度。

3. 实施民办教育分类管理改革

积极鼓励社会力量依法兴办教育，加强引导、监督、管理和服务，促进民办教育健康发展。稳步推进民办学校分类管理改革，通过政策引导，按照自主选择、科学分类、平稳过渡的原则，完成民办高校分类登记工作，推动各地自主开展其他学段民办学校分类登记工作。义务教育阶段不得设立营利性民办学校，严格规范公办学校举办或参与举办民办学校的行为。建立差别化政策体系，鼓励和支持社会力量举办非营利性民办学校，在政府补贴、政府购买服务、资金奖励、捐资激励、土地划拨、税费减免等方面给予扶持。拓宽办学筹资渠道，创新教育投融资机制，探索多元主体合作办学，鼓励和吸引社会资金进入教育领域举办学校或投入项目建设。规范民办学校办学行为，强化日常办学行为监管，促进民办学校依法诚信办学。健全民办学校退出机制，完善民办学校法人治理结构，健全资产管理和财务会计制度，落实安全管理责任。规范独立学院管理，鼓励支持独立学院转设。

4. 加快构建终身学习制度体系

实施继续教育推进工程。健全职责明确、统筹协调、规范有序的继续教育管理体制和运行机制。以拓宽知识、提升能力和丰富生活为导向，办好网络继续教育，推动有条件的院校通过网络在线等形式向社会开放课程，建设一批面向社会开放共享的优质继续教育网络课程。加强继续教育师资队伍建设，建设一批继续教育师资培养培训基地，实施继续教育专干培养培训工程，不断提高继续教育师资队伍专业化水平。打造一支继续教育专家队伍，推动全省继续教育健康、快速发展。

实施终身教育发展战略。完善党委领导、政府统筹、部门配合、社会积极参与的终身教育推进工作机制。逐步搭建集中各级各类学习资源的全民终身学习平台，实现不同类型学习成果的互认和衔接。完善终身教育学分积累与转换制度，建立终身教育学分银行，为学习成果认证、转换、积累提供基本依据。深入推进开放大学建设，以建设开放大学信息化平台为抓手，提升资源共建共享水平和社会参与度，切实满足全民学习、终身学习需要。

加快推进学习型社会建设。持续推进学习型城市、学习型企业、学习型家庭等各类学习型组织建设，全面推进城乡社区教育、老年教育。支持建设一批示范性社区学院（学校），持续开展社区教育实验区、示范区和示范性老年大学（学校）建设，研发一批老年教育课程资源。

三、保障措施

（一）全面加强教育系统党的领导

1. 落实党对教育工作全面领导的政治责任

坚持把政治建设摆在首位，坚持以习近平新时代中国特色社会主义思想统领教育工作，增强“四个意识”，坚定“四个自信”，做到“两个维护”，不断提高教育系统党的建设质量。全面加强教育系统党的政治建设、思想建设、组织建设、作风建设和纪律建设，把制度建设贯穿其中，坚定不移推进全面从严治党向纵深发展。各级党委要把教育改革发展纳入议事日程，切实加强对教育工作的全面领导，充分发挥总揽全局、协调各方的领导核心作用，动员组织各方面力量共同推进教育工作。各市、县党政主要负责人是本地推进教育工作的第一责任人，各级党委教育工作领导小组担负本地推进教育工作的重要职责。建立健全党委统一领导、党政齐抓共管、部门各负其责的教育领导体制，优先谋划、优先安排、优先支持教育改革发展，加大统筹规划、政策指导、协调落实力度，确保规划优先、投入优先、资源配置优先，形成齐抓共管、协同推进的强大合力。

2. 推进教育系统党的建设全面覆盖、全面从严

着力加强各级各类学校党建工作，不断提升党建工作质量，实现党的组织和党的工作全覆盖。加强对公办高校、中小学校、民办学校、中外合作办学机构党建工作的

分类精准指导，提升各类学校党建工作规范化、科学化水平。加强高校领导班子建设，在公办高校坚持和完善党委领导下的校长负责制，发挥党委在学校改革发展中的领导核心作用，完善校、院（系）两级议事决策规则。研究制定高校党建工作标准，健全测评体系，实施高校党组织对标争先建设计划，开展新时代高校党建示范创建和质量创优工作。实施高校教师党支部书记“双带头人”培育工程，不断加强教师队伍党建工作。指导开展高校各级党组织书记抓党建述职评议考核工作。实施基层党建质量提升攻坚行动，扎实推进“两学一做”学习教育常态化、制度化，认真开展“不忘初心、牢记使命”主题教育。重视在高校高层次人才和优秀青年教师中发展党员工作，完善学校领导干部联系教师入党积极分子等制度，夯实党在知识分子中的群众基础。健全中小学领导体制和工作机制，加强学校党的建设，强化党建带团建、队建。强化民办学校、中外合作办学机构党的建设和思想政治工作，建立健全党组织，探索党组织发挥政治核心作用的有效途径。落实意识形态责任制，牢牢把握教育领域意识形态工作的领导权、主导权和话语权。加强和改进高校统战工作，强化对党外人士的政治思想引导。优化加强党建带团建机制，将团建纳入党建工作考核。以加强基层党建带动工会、共青团、妇联等群团组织和学生会、学生社团建设，促进学校和谐稳定，培育优良校风学风。

坚持党管干部原则，坚持正确选人用人导向，突出政治标准，选优配强教育部门和学校领导班子。大力发现培养选拔优秀年轻干部，通过援派、挂职等多种方式培养锻炼年轻干部。注重培养专业能力、专业精神，增强干部队伍适应新时代中国特色社会主义发展要求和教育现代化建设要求能力。完善干部考核评价机制，建立教育系统干部激励机制和容错纠错机制。

深入推进教育系统党风廉政建设。推动教育系统各级党组织把全面从严治党引向深入，贯穿教育教学全过程，加强纪律教育，强化纪律执行，用好监督执纪“四种形态”，从严要求、监督、管理干部，把坚持党要管党、全面从严治党落到实处。巩固拓展落实中央八项规定精神成果，持之以恒纠正“四风”问题，净化教育生态。强化党内监督，加强巡视整改、推进巡察工作，把教育系统遵守政治纪律、落实党的教育方针政策和重大决策部署情况作为监督重点。加强重要领域和关键环节廉政风险防控机制建设，积极推进高校纪检监察体制改革。

（二）大力推进依法治教

1. 推进依法行政

根据教育发展需求和法定职权，配套制定各类教育标准、规范、程序，推动完善全省教育法规规章体系。进一步健全教育规范性文件合法性审核机制，严格执行规范性文件起草、审查、发布等程序规定，提高文件质量。严格执行重大行政决策的公众参与、专家论证、风险评估、合法性审核、集体讨论决定程序，确保决策制度科学、程序正当、民主公开、责任明确。建立健全决策跟踪反馈制度，按照“谁决策、谁负责”的原则，严格执行责任追究制度。

建立健全教育执法机制，支持各级教育部门调整内部机构设置和人员结构，加强教育执法能力建设。探索建立由教育部门会同财政、公安、市场监管、民政等部门共同参与的联合执法机制，开展联合执法。加强教育部门同政法部门的合作，建立校园欺凌、性侵犯学生等违法犯罪行为“零容忍”机制。严格执行政府信息公开相关规定，落实教育重大事项公开制度，保障人民群众的知情权、参与权和监督权。

2. 加强学校依法治校

完善各级各类学校章程。促进学校以章程为统领，建立健全教学、科研、学生、人事、资产与财务等方面的管理制度，形成科学规范的制度体系。完善学校章程审核、备案制度，探索建立章程核准后的执行和监督评价机制。建立健全学校信息公开制度，保障教职工、学生、社会公众对学校重大事项、重要制度的知情权。深入开展依法治校示范校建设活动，完善学校自查、专家评审、行政部门抽查的示范校考核机制和动态管理机制，不断提高依法治校工作整体水平和建设成效。依法健全各类社团、协会等在学校组织及开展活动的规则，完善监督机制。

加强与社会各方、各部门协作，开展“法律进学校”活动，增强法治教育的针对性和实效性，不断提升青少年学生法治意识和法治思维。整合各种社会资源，积极推动青少年法治教育实践基地建设，为区域内中小学校实施法治教育提供支持和服务。建立健全学生伤害事故调解制度，支持各地设立由司法、教育部门牵头，公安、银保监、财政、卫生健康等部门参加的学校学生伤害事故调解组织，充分发挥人民调解的作用。完善师生权益保护机制，鼓励依托教职工代表大会、学生代表大会制度，完善师生申诉制度，探索设立师生权益保护、争议调解委员会并吸纳师生代表，公平、公正调处纠纷、化解矛盾。

（三）提高教育经费保障水平

1. 完善教育经费投入机制

切实落实教育优先发展战略，财政资金优先保障教育事业发展需要，确保一般公共预算教育支出逐年只增不减，确保按在校学生人数平均的一般公共预算教育支出逐年只增不减，努力实现公共财政教育经费占财政总支出的比例逐年只增不减，努力提高各阶段生均一般公共预算教育事业费在全国的位次。加大财政投入力度，完善投入机制，科学划分教育领域省以下财政事权与支出责任，结合市县财政保障能力实行省财政分档分担办法；加大对投入政策落实情况的督查力度，确保各级政府落实投入责任；落实教育费附加、地方教育附加和从土地出让收益中按比例计提教育资金等教育投入政策，并严格落实使用管理有关规定。完善非义务教育阶段成本分担机制，按照规定的管理权限和属地化管理原则，综合考虑经济发展状况、培养成本和群众承受能力等因素，合理确定学费（保育教育费）、住宿费标准；适时调整高校收费标准；完善中外合作办学项目收费管理模式。积极扩大社会投入，完善落实奖励扶持政策，加大财政资金引导奖励力度，引导更多的社会资本投入教育领域，逐步提高教育经费总投入中社会投入所占比重。积极推动债务化解，对普通高中债务中属于存量地方政府债务的，可通过发行地方政府债券置换；加大对公办高校发行项目收益与融资自求平衡专项债券的倾斜力度，推动高等教育健康发展；鼓励学校通过盘活闲置资产化解债务。建立拨款标准、资助标准、收费标准“三位一体”的动态调整机制。制定教育经费统计实施细则，完善教育经费统计公告制度。

2. 优化教育经费使用结构

科学规划教育经费支出，加强教育事业发展与中期财政规划的统筹衔接。重点保障义务教育优质均衡发展，向农村寄宿制学校和小规模学校倾斜，向薄弱环节改善与能力提升倾斜。着力补齐教育发展短板，重点支持学前教育普惠发展、普通高中特色优质发展、职业教育融合发展、高等教育内涵发展，保障师范教育优先发展。足额保障资助资金，向建档立卡贫困学生倾斜；足额保障教育脱贫攻坚资金，向深度贫困地区和黄河滩区迁建教育项目倾斜；不断提高教师队伍建设保障水平，向乡村教师倾斜，持续加大教育教学改革投入。

全面实施绩效管理，将绩效管理范围覆盖所有财政教育资金，并深度融入预算编制、执行、监督全过程，争取省级层面到2020年年底，市、县级层面到2022年年底基本建成全方位、全过程、全覆盖的预算绩效管理体系。强化制度建设和信息化管理，全面提升内部控制水平。加强财会队伍建设，推动落实高校总会计师制度，加强经费监管队伍建设。加强教育内部审计，完善内部审计制度，继续实施领导干部经济责任审计、预算执行和财政财务收支审计，实施专项资金审计。

（四）加强教育督导评估

1. 完善教育督导管理体制

全面落实教育督导职能。严格落实《教育督导条例》，促进教育督导机构独立行使职能。充分发挥省、市、县三级教育督导委员会作用，完善工作规程，明确工作程序和各成员单位教育督导职责，加强沟通联络，形成三级教育督导机构统一协调、各成员单位分工负责、齐抓共管的教育督导工作格局。上级教育督导机构加强对下级教育督导机构的监督、指导。落实"管办评"分离原则，加强事中事后监管，创新监管方式和手段，大力推行"双随机、一公开"监管，规范各种评审、评估、评价、评选、评比、检查等活动，将对各级各类教育的督导评价、检查验收、质量监测等事项归口到教育督导部门。

完善发布、反馈、整改制度。健全教育督导报告发布制度，充分利用政府门户网站、新闻媒体等，扩大教育督导公开范围，接受人民群众监督。完善教育督导结果反馈制度。强化对督导发现问题的整改复查，推动公开监督和行政问责，提高教育督导的权威性和实效性。

2. 创新教育督导运行机制

建立常态化和专项化相结合的教育督导运行模式。健全市级政府和省直部门优先发展教育执行情况评价体系，开展市级政府履行教育职责年度评价，指导各地开展县级政府履行教育职责年度评价，层层压实各级政府教育职责。有效发挥教育督导"督导评估、检查验收、质量监测"职能，坚持督政与督学并重、监督与指导并重，保障教育事业优先优质发展，建设一批教育强市、教育强县。引入第三方评价，鼓励行业协会、专业学会等各类社会组织参与教育评价。引入市场机制，将委托专业机构和社会组织开展教育评价纳入政府购买服务范围，按照公开、公平、公正原则，保证教育评价服务的质量和效益。

进一步加强和改进教育评估监测。建立贯穿大中小幼的教育质量监测评估制度，逐步形成标准健全、目标分层、多级评价、多元参与、学段完整的教育质量监测评估体系。推动中小学校和幼儿园责任督学挂牌督导全覆盖。开展幼儿园办园行为督导评估，促进幼儿园规范管理、健康发展。建立中小学校管理评价制度，完善中小学校素质教育督导评估制度，推动建设一批中小学素质教育示范校。加强对校园和校车安全管理的督导，整治中小学校园欺凌行为，提高中小学生欺凌防治科学化水平。建立健全职业教育质量评价制度。以学习者的职业道德、技术技能水平和就业质量，以及产教融合、校企合作水平为核心，建立职业教育质量评价体系。建立健全政府、行业、企业、职业院校等共同参与的质量评价机制，将考核结果作为政策支持、绩效考核、表彰奖励的重要依据。完善高等教育质量标准和监测评价体系，推动高校完善教育质量保障体系，建设一批示范校。开展高等教育人才培养质量评估。完善学位与研究生教育质量保证与监督体系，开展研究生专业学位水平和学位授权点合格评估。建立健全教育质量年度报告制度和反馈改进机制。将落实国家和省课程方案、教材选用使用情况纳入督导内容。

建设一支高素质、专业化督学队伍。按照当地各级各类学校数、学生数的实际需要，建设一支数量充足、结构合理、业务精湛、廉洁高效、专兼结合的督学队伍，赋予教育督导评估队伍相应执法权。建立兼职责任督学工作补助制度，妥善解决兼职督学因教育督导工作产生的费用。

各级党委和政府要按照本方案要求，加强组织领导，强化优先发展教育责任，把思想和行动统一到省委、省政府关于加快教育现代化、建设教育强省的重大部署上来。省直各部门要根据实施方案和职能分工，主动履职尽责，制定相应的配套政策措施，明确各项工作进度安排、时间节点，建立健全跨部门统筹协调机制，确保本方案确定的目标任务落到实处。教育督导部门要定期组织督导评估，开展工作督查，跟踪监测分析工作进展，压实落实责任。有关部门要及时总结宣传各地、各学校推进教育现代化的典型经验和做法，凝聚全社会共同促进教育健康发展的共识，形成全社会共同关心、共同参与、共同支持教育现代化的良好氛围。